新坐标会计系列精品教材

国际会计学

刘 威 李洁慧 编著

清华大学出版社
北京

内容简介

本书是一本关于国际会计理论和应用的教科书。国际会计理论方面包括意大利簿记法的产生与传播、国际会计的基本概念、经济环境与会计模式分类、国际会计准则的协调与趋同、国际财务信息报告与披露等内容。国际准则应用方面包括存货会计、建造合同会计、租赁会计、养老金会计、外币报表折算会计、企业合并和合并报表会计等内容。本书在编写过程中,尽可能地做到理论与实践相结合,突出理论指导的重要性和实践应用的可操作性两个方面。

本书可以作为高等院校的会计学专业本科教材,以及会计学专业研究生选修课教材,也可以作为从事与跨国公司会计、财务、审计等相关工作的从业人员的参考书。

本书封面贴有清华大学出版社防伪标签,无标签者不得销售。
版权所有,侵权必究。举报:010-62782989,beiqinquan@tup.tsinghua.edu.cn。

图书在版编目(CIP)数据

国际会计学/刘威,李洁慧编著. —北京:清华大学出版社,2014(2021.3重印)
(新坐标会计系列精品教材)
ISBN 978-7-302-36787-1

Ⅰ. ①国… Ⅱ. ①刘… ②李… Ⅲ. ①国际会计—高等学校—教材 Ⅳ. ①F811.2

中国版本图书馆 CIP 数据核字(2014)第 124320 号

责任编辑:陆浥晨
封面设计:王新征
责任校对:宋玉莲
责任印制:沈 露

出版发行:清华大学出版社
网　　址:http://www.tup.com.cn,http://www.wqbook.com
地　　址:北京清华大学学研大厦 A 座　　邮　编:100084
社 总 机:010-62770175　　邮　购:010-62786544
投稿与读者服务:010-62776969,c-service@tup.tsinghua.edu.cn
质量反馈:010-62772015,zhiliang@tup.tsinghua.edu.cn
课件下载:http://www.tup.com.cn,010-62770175-4506

印 装 者:三河市金元印装有限公司
经　　销:全国新华书店
开　　本:185mm×260mm　　印 张:14　　插页:1　　字　数:318 千字
版　　次:2014 年 8 月第 1 版　　印　次:2021 年 3 月第 6 次印刷
定　　价:39.00 元

产品编号:044170-02

  当我们跨入 21 世纪时，会计准则国际趋同成了全球会计学界讨论的热点问题。经济全球化必然带来了会计的国际化，人们也就越来越关注国际会计准则如何在全球资本市场的应用的问题。本书主要以国际会计准则为指导，讨论和研究跨国公司国际会计准则的应用问题。

  本书由刘威老师拟定大纲，全书共分十五章，主要内容包括经济环境与国际会计、国际会计一般问题和国际会计特殊问题三个方面的内容。初稿由刘威和李洁慧两位老师分工编写，其中第一、二、三、五、六、七、八、十二、十四章由刘威老师编写，第四、九、十、十一、十三、十五章由李洁慧老师编写。最后由刘威老师对书稿进行修改、补充、总撰和定稿。

  国际会计准则的内容比较多，本书没有讨论全部国际会计准则。本书的特色是，理论阐述简明扼要，应用和讨论问题深入浅出，多讨论共性的会计问题，简要介绍特殊的会计问题。为了便于教学，每一章开始时提示了"本章主要内容"，每一章结束以"本章小结"进行归纳，每个章节还配套了"选择题""思考题""文献阅读"等课外复习、训练的内容。

  由于我们的水平有限，加上时间仓促，书中的失误和不妥之处，恳请读者批评指正。

作　者

2014 年 3 月

目录

第一章 国际会计导论 ········· 1
- 本章主要内容 ········· 1
- 第一节 国际会计的产生与发展 ········· 1
- 第二节 国际会计的概念 ········· 8
- 第三节 国际会计的特征 ········· 10
- 第四节 国际会计的内容 ········· 11
- 本章小结 ········· 13
- 练习题与文献阅读 ········· 14

第二章 经济环境与会计模式分类 ········· 16
- 本章主要内容 ········· 16
- 第一节 影响会计模式的社会环境因素 ········· 16
- 第二节 社会价值观与会计价值观的关系 ········· 19
- 第三节 会计模式分类 ········· 22
- 第四节 美国和英国会计模式研究 ········· 26
- 本章小结 ········· 34
- 练习题与文献阅读 ········· 35

第三章 国际会计准则协调与趋同 ········· 37
- 本章主要内容 ········· 37
- 第一节 国际会计准则国际协调的有关组织和机构 ········· 37
- 第二节 国际会计准则的制定与应用的历史 ········· 41
- 第三节 会计准则国际趋同的进程 ········· 43
- 本章小结 ········· 49
- 练习题与文献阅读 ········· 49

第四章 国际财务报告与披露 ········· 51
- 本章主要内容 ········· 51

第一节　国际会计报告与披露的主要差异 ……………………………………… 51
　　第二节　国际会计准则的概念框架 ……………………………………………… 54
　　第三节　资产负债表 ……………………………………………………………… 62
　　第四节　收益表 …………………………………………………………………… 66
　　第五节　现金流量表 ……………………………………………………………… 69
　　本章小结 …………………………………………………………………………… 74
　　练习题与文献阅读 ………………………………………………………………… 74

第五章　存货会计 …………………………………………………………………… 76
　　本章主要内容 ……………………………………………………………………… 76
　　第一节　国际会计准则有关规范 ………………………………………………… 76
　　第二节　存货的计价 ……………………………………………………………… 77
　　第三节　会计报告分析与披露 …………………………………………………… 80
　　第四节　存货计价方法讨论与评述 ……………………………………………… 81
　　本章小结 …………………………………………………………………………… 83
　　练习题与文献阅读 ………………………………………………………………… 83

第六章　建造合同会计 ……………………………………………………………… 85
　　本章主要内容 ……………………………………………………………………… 85
　　第一节　国际会计准则有关规范 ………………………………………………… 85
　　第二节　会计的确认和计量 ……………………………………………………… 85
　　第三节　会计报告和披露 ………………………………………………………… 91
　　本章小结 …………………………………………………………………………… 91
　　练习题与文献阅读 ………………………………………………………………… 92

第七章　不动产、厂房和设备会计 ………………………………………………… 94
　　本章主要内容 ……………………………………………………………………… 94
　　第一节　不动产、厂房和设备的基本概念和分类 ……………………………… 94
　　第二节　不动产、厂房和设备会计计量与记录 ………………………………… 95
　　第三节　不动产、厂房和设备研发费用的资本化与费用化 …………………… 99
　　本章小结 …………………………………………………………………………… 102
　　练习题与文献阅读 ………………………………………………………………… 102

第八章　租赁会计 …………………………………………………………………… 104
　　本章主要内容 ……………………………………………………………………… 104
　　第一节　租赁的基本概念 ………………………………………………………… 104
　　第二节　租赁业务的目标与分类 ………………………………………………… 105
　　第三节　租赁业务的会计处理 …………………………………………………… 106

本章小结	110
练习题与文献阅读	110

第九章　养老金会计 ··· 113

本章主要内容	113
第一节　国际会计准则有关规范	113
第二节　雇员福利的确认和计量	114
第三节　雇员福利的报告和披露	122
本章小结	123
练习题与文献阅读	124

第十章　投资性房地产会计 ··· 126

本章主要内容	126
第一节　国际会计准则有关规范	126
第二节　投资性房地产的确认和计量	128
第三节　投资性房地产的转换和处置	131
第四节　投资性房地产的信息披露	132
本章小结	133
练习题与文献阅读	133

第十一章　借款费用会计 ··· 136

本章主要内容	136
第一节　国际会计准则有关规范	136
第二节　借款费用的确认与计量	137
第三节　借款费用的列报和披露	140
本章小结	141
练习题与文献阅读	142

第十二章　外币财务报表折算会计 ··· 144

本章主要内容	144
第一节　国际会计准则有关规范	144
第二节　折算汇率选择与外币财务报表折算方法	145
第三节　外币折算损益的会计处理	151
本章小结	152
练习题与文献阅读	152

第十三章　外汇风险管理会计 ··· 155

本章主要内容	155

第一节　外汇风险管理概述 …………………………………………… 155
　　第二节　外汇风险的识别与计量 ………………………………………… 156
　　第三节　外汇风险的管理策略与方法 …………………………………… 158
　　第四节　利用衍生金融工具进行套期保值 ……………………………… 159
　　第五节　衍生金融工具在财务报表中的披露 …………………………… 165
　　本章小结 …………………………………………………………………… 167
　　练习题与文献阅读 ………………………………………………………… 167

第十四章　企业合并与合并财务报告会计 …………………………………… 169
　　本章主要内容 ……………………………………………………………… 169
　　第一节　导论 ……………………………………………………………… 169
　　第二节　企业合并 ………………………………………………………… 170
　　第三节　合并财务报表 …………………………………………………… 174
　　本章小结 …………………………………………………………………… 190
　　练习题与文献阅读 ………………………………………………………… 191

第十五章　国际税收会计 …………………………………………………………… 193
　　本章主要内容 ……………………………………………………………… 193
　　第一节　国际税收的税种和各国税制的差异 …………………………… 193
　　第二节　跨国公司对跨国双重征税的避免 ……………………………… 197
　　第三节　国际避税与反避税 ……………………………………………… 201
　　第四节　国际转移价格 …………………………………………………… 206
　　第五节　国际税收筹划 …………………………………………………… 209
　　本章小结 …………………………………………………………………… 211
　　练习题与文献阅读 ………………………………………………………… 212

第一章

国际会计导论

本章主要内容

1. 意大利借贷簿记法
2. 国际会计的定义
3. 国际会计的特征
4. 国际会计的主要内容

第一节 国际会计的产生与发展

一、会计溯源和借贷复式簿记法

会计与我们的生产、生活息息相关。美国会计学会(AAA)在其研究报告《会计基本理论说明书》中提出：会计是为了信息使用者能做出有依据的判断和决策而进行的确认、计量和传递信息的程序。尽管目前会计理论界对会计概念的界定存在一定的差别，但是基本的观点强调两个方面：一方面，会计是一项管理活动，它履行经济管理的职能；另一方面，会计又是一个信息系统，它为经济决策者提供有用的经济信息。

翻看历史的记载，会计的概念可追溯到 7 000 年前的美索不达米亚，即底格里斯河和幼发拉底河两河流域，那里人们用会计来记录收获的作物和狩猎。

Accounting is thousands of years old; the earliest accounting records, which date back more than 7 000 years, were found in Mesopotamia (Assyrians). The people of that time relied on primitive accounting methods to record the growth of crops and herds. Accounting evolved, improving over the years and advancing as business advanced.

(资料来源：维基百科 Wikipedia, http://en.wikipedia.org/wiki/Accountancy)

关于追溯"会计"的词源，最早是来自于拉丁语 computare，到了法国就称之为 compter，后来流入到英国，英文称为 accountant。在英国，会计刚开始从法国输入时被写成"accomptant"，但是随着流传和应用，人们在拼写上省略了"P"，就成了当今的写法。尽管在书写方面我们仍然可以看到 accountant 的雏形，但是 accountant 的读音却有了很大的变化。

在会计方法的文献记载中，我们可以找到古希腊和古罗马就有了折旧的概念和方法，例如当时认为墙的折旧率是每年 1/80。

中国是个世界历史悠久的文明古国之一。赵丽生教授对中国会计考古后，撰写《武丁甲骨：中国会计可考的源头》一文指出：我国山西省文物资料中有一部分具有刻痕的动物骨片，疑为人类最早的记录、计量猎物的符号，文物的绝对年代距今有 29000 年。[①]

也有人认为，中国古代会计可以追溯到西周时代。那时，在我国的朝廷中就有了专设的会计官职，掌管赋税收入、钱银支出等工作。对会计的解释为：零星算之为"计"，综合算之为"会"。

尽管世界各国的会计源远流长，但许多会计学家都认为，现代会计的起源以 15 世纪的复式簿记制度为标志。

1494 年，帕乔利（Luca Pacioli）的复式簿记理论在意大利问世，被公认为是现代会计史上的第一个里程碑。当时这种记账方法的目的主要是为业主提供财务信息。

据史书记载，13 世纪到 15 世纪，意大利在欧洲首先出现了资本主义的萌芽，意大利的热那亚（Genoa）、佛罗伦萨（Florence）、威尼斯（Venice）这三座城市成了意大利乃至整个欧洲文艺复兴的发源地的中心，同时出现的商业的繁荣和发展，奠定了借贷复式簿记产生和商业会计簿记发展的基础。李 H. 拉德鲍（Lee H. Radebaugh）在他的《国际会计与跨国企业》一书中描述：对复式簿记产生最有影响的城市是热那亚、佛罗伦萨[②]和威尼斯。

热那亚是一个富商喜欢居住的城市，商业繁华，商品交易量大。商人采用货币计量的方法来记录自己拥有的财富。同时，为了分清自己原有的财富和新增加的财富，即利润与资本的区别，在账簿记录中，将资本项目和收入、费用项目分开记录。热那亚的商业活动的繁荣同时带来了金融银行业的发展，当时的银行簿记中首先出现了以货币作为主要的记账手段，并且将经营账户与权益账户分开记录和报告。

佛罗伦萨是意大利另一个商业发达的城市，同时也是欧洲的艺术中心，资本的需求促使企业的形式由独资发展为合伙，合伙企业的组织形式可以为企业的发展带来更多的资本，同时也带来了利益分配的会计问题。因此，与独资企业相比，合伙对企业的利润的确认就显得更为重要。佛罗伦萨的商人们在会计核算方面，对利润和亏损有明确的记载，权益中的投入资本和利润的分配，被分别在报表中反映。在佛罗伦萨商人簿记中，出现了用"借""贷"两字来记录发生的交易和交易的结果。"借"（debit）就是"人欠"，或者解释为应收的债权，"贷"（credit）就是"欠人"，或者解释为应付的债务。在财务报告中，借记项目在报告的上方，贷记项目在报告的下方。会计信息采用货币计量、按照借贷分类进行报告。

威尼斯是意大利第三个商业繁华的城市，也是对借贷记账法的产生有重要影响的城市。这个交通发达的"水城"不但拥有大批的商人和游客，同时也出现了早期银行资本家。银行资本家发现，在商品交换的过程中，商品的买主在购买商品时需求更多的资本，而商品的卖主出卖商品后有剩余的资本。银行资本家一方面从卖主那里吸收闲散的资本；另一方面又将吸收来的资本借给那些需要资本的买主，交易结束后，银行资本家账上的借贷资本是相等的。银行资本家就采用借贷复式记账的方法，一方面把贷入的资本记录在账

---

① 张文贤. 21 世纪 100 个会计学难题. 上海：立信会计出版社，2010.

② Lee H. Radebaugh, International accounting and Multinational Enterprises 6th Edition, John Wiley & Sons, Inc.

簿的右方;另一方面把借出和结存的资本记录在左方,最后得到借贷总额的平衡,见图 1-1。

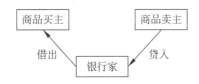

图 1-1　银行资本家借贷复式记账法的应用

帕乔利发现了意大利银行家这种借贷复式记账的方法。1494 年,帕乔利在威尼斯出版了《算术、几何及比例概要》(Summa de Arithmetic, Geometria, Proportioni et Proportionalita)一书,这本书共用了 27 页纸的篇幅,详细论述了借贷复式记账的理论和方法。帕乔利被会计界誉为当代借贷复式簿记的奠基人。

其实,帕乔利本人并不是一位簿记员,他更不是一个会计学家,他是一名传教士,也担任过大学里的助教和讲师,见图 1-2。他写的《算术、几何及比例概要》是一部数学书,其中的一章写到了当时的商人应用的复式记账方法。在书中,他提出完整的会计簿记应开设三本账簿,分别为备忘录(memorandum book)、日记账(journal)、分类账(ledger),企业发生的经济业务采用复式方法在账簿中登记,并可以自动得到平衡,以检查会计记录是否正确。他提出的这样的记账方法的理论在会计实践中得到了公认。

图 1-2　帕乔利肖像(1495)

总结帕乔利对会计记录和报告方面做出的主要贡献有三个方面:

第一,他归纳了银行家的借贷簿记的理论,完善了这样的理论,并使这样的理论在银行、商业界得到传播和应用。

第二,他建立了与借贷记账法为一体的簿记系统。他认为,企业的簿记系统应包括至少三个账簿体系,即备忘录、日记账和分类账。备忘录相当于会计的原始凭证,或一般日记账,用以证明交易的发生和完成。日记账相当于记账凭证,用以准备对交易的科学记录。分类账是对交易的最终记录,用以汇总、分析和报告交易。

第三,他完善了复式记账的科学的平衡验证体系,使交易的记录和报告都能够自动平衡和得到检验。

尽管在会计史书中帕乔利已被公认为是借贷复式簿记的奠基者,但是意大利人却认为复式簿记并不是在威尼斯创造的,威尼斯只是发展和完善了意大利的复式簿记制度。

15世纪后,随着社会和经济的发展,意大利的借贷复式簿记法得到了全世界的关注。会计越来越具有国际性,被公认为是一种全球性的"商业语言"。这种记账方法也逐步被世界各国所认可和接受。图1-3显示了意大利借贷复式簿记理论的传播及其对世界各国会计的影响。

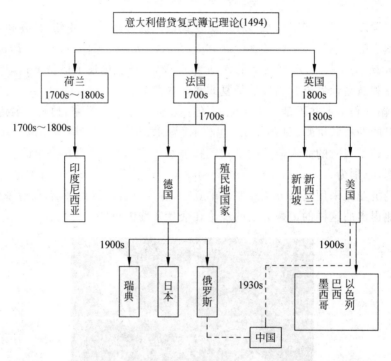

图1-3　意大利借贷复式簿记理论的传播及其对世界各国会计的影响
(注：根据"Hekinus manao, Lobbying Behavior in International Accounting Standards Setting: Evidence from the IASC's Comparability Project, 1995. 9. CSU."整理)

尽管意大利的借贷记账法目前已经通行全球,但是从历史分析,其传播和发展是一个非常缓慢的过程。

从图1-3中我们可以看到,意大利簿记法首先被传播到法国。17世纪意大利簿记法刚输入的法国时,曾遭到法国重商主义者的批判,认为意大利簿记法对于银行会计比较适用,而法国的本土的簿记方法在商业界的应用会优于意大利簿记法。但是后来拿破仑有效地推动了意大利簿记法在法国的应用。历史记载了拿破仑对意大利簿记法的赞赏(见Lee H. Radebaugh,国际会计学)。1673年,法国颁布的第一部会计法典中规定：企业必须每两年编制一次资产负债表。从此,会计工作被正式列为一项具有法定程序的工作。在这段时期内,会计的理论和方法得到了进一步的完善,出现了拟人化理论、独立实体的概念、标准的账户体系等。

18世纪意大利的复式簿记法传到了英国。到了18世纪末19世纪初,在英国工业革命(1760—1830)的推动下,会计在记录和报告方面有了很大的发展。在英国,机器工业替代了手工业和作坊式的生产,生产的分工和生产规模的扩大,企业追逐利润的动机使企业的投资者和管理者越来越重视会计工作。存货的计价、固定资产折旧会计、管理费用的归类和分配等一系列会计问题,伴随股份有限公司的建立得到了进一步的完善。特别是随着资本的流动、股票市场的建立,使会计成为企业经营管理中必不可少的组成部分。1853年,英国成立了世界上第一个会计职业团体,爱丁堡特许会计师协会(Edinburgh Association of Chartered Accountants)。英国创建了报告式的资产负债表的报告体系,英国会计模式引领全球会计发展,会计期、应计制、账项调整、会计报表体系等得到了完善。

在这段时期,世界商业活动中心从意大利转移到了西班牙、葡萄牙和北欧等国家和地区,美洲大陆的发现使国际商业中心又从北欧向北美发展,出现了会计分期的概念,有了权责发生制。递延处理、记录某些跨期的经济业务、年末进行账项的调整等会计记录方法也有了进一步的发展。随着国际商业中心的转移和商业经营业务的扩展,会计在国际商业经营管理中的地位越来越重要,会计的计量、记录、报告、披露体系也越来越得到科学的发展和完善。

早期的会计文献告诉我们,会计发展是缓慢的,会计发展的目标不是为了探讨理论问题,多数会计学家也认为,会计发展的动力主要为了解决的应用问题,并不是希望建立会计的理论和完整的会计准则体系。因此会计在一些西方国家被定义为是"艺术",而不是"科学"。

美国的会计来自于"英国模式",但是同时也建立在美国的独立的政治和经济的发展,美国对英国的会计模式提出了新的挑战,这样的挑战到了20世纪更为明显,主要是来自于跨国公司。

到了20世纪,美国经济日趋活跃,特别是第二次世界大战后,美国经济由国内向国际范围扩张,国际投资、国际贸易和跨国公司迅速增长。据统计,1963年联合国公布的世界最大的500家跨国公司中,美国就占了300家。跨国公司的出现,企业在国际范围内的购买、兼并以及资本的流动使会计实践越来越复杂,因此美国在世界上率先发起了研究会计的国际问题。

进入20世纪80年代后,会计的国际问题更加明显和复杂了。科学技术日新月异,互联网为国际间信息传递和跨国交易的完成提供了良好的平台。市场经济高度发展,国际专业化分工与专业化合作紧密相连,国际经济联系得到了前所未有的发展,表现为商品交换,资本、技术、人才、资源分配的国际化,带来了会计的国际化。国际汇率的变化使跨国公司会计变得非常复杂,在公司的会计记录和财务报告中,如果采用不同会计准则对用外币编制的财务报表进行折算,可能使一个同样的公司报告为盈利,也可能报告为亏损,这会对会计信息使用者的决策产生误导作用。各国会计信息之间的差异也很大。比如,一个公司随着其股份的扩张和分散,它的股东可以遍及全球,怎样编制能使各国、各地区的股东都能看懂的财务报表?通货膨胀问题是当前国际经济中面临的又一难题,会计又如何反映通货膨胀对财务信息的影响?跨国公司的母公司与子公司是一个经济实体,怎样编制集团公司的合并财务报表?面临诸如此类的问题,各国会计学家比任何时候都注重国际会计的研究,国际会计又有了新的发展。许多大学都开设了国际会计课程,许多国家设立了关于国际会计的研究中心,联合国、经济合作与发展组织、欧洲共同体等也专门建立了国际会计规范化问题的组织和机构。1999年,欧元的启动又使欧洲货币单一化得以实现,统一的欧洲经济政策和统一的欧洲资本市场已经形成,这意味着会计在欧洲地区的协调取得了阶段性成功,但与此同时,尚需解决的问题也对国际会计理论与实践发展提出了一次重要挑战。国际会计已经成为会计学界最活跃的领域之一。

二、国际会计发展的重要历史事件

对国际会计的历史发展作简要的回顾,理解国际会计发展过程中的主要事件,有助于我们进一步理解它的重要地位和发展趋势。下面以时间顺序分别列出主要的历史上影响国际会计发展的重要事件。

1. 国际会计师大会

1904年,在美国圣路易斯举行了首次国际会计师大会。此后,这样的大会每4年举行一次,由世界各国的会计师参加,但大会讨论的主题并没有连续性。

2. 欧洲经济财务专家委员会

1951年11月,在法国巴黎成立了欧洲经济财务专家委员会。该委员会成立时,共有奥地利、比利时、法国、联邦德国、意大利、卢森堡、荷兰、葡萄牙、西班牙、瑞士等国12个会计职业团体参加,讨论主题为欧洲国家范围内的会计问题。

3. 亚太地区会计师大会

1957年,第一次亚太地区会计师大会在马尼拉举行,以后每3年召开一次,主要讨论解决亚洲及太平洋地区国家的会计问题。

1959年,在美国旧金山召开的美国注册会计师大会上,雅各布·克劳诺夫(Jacob Kraaynhof)发表讲话,提出会计学术界必须对国际会计准则进行研究。

4. 国际会计问题研究小组

1966年,国际会计问题研究小组成立。该研究小组主要对英国、加拿大和美国的会计审计问题进行比较研究。同年,美国注册公共会计师协会和加拿大、墨西哥等其他国家合作,创立了国际会计合作委员会。该委员会的宗旨在于帮助和促进第三世界会计事业的发展。

在这个历史时期,许多国际性的组织相继建立,它们开展了一系列的活动,这对于建立国际会计的理论结构和解决国际会计中的一些重要问题,特别是解决各国会计准则方面存在的差异问题无疑起了重要的作用。但是,国际会计组织的真正建立和国际会计研究的战略目标的制定是在1972年以后。

5. 国际会计准则委员会

1972年,第10次国际会计师大会在澳大利亚悉尼举行。大会决定成立两个组织,专门从事研究不同国家之间的会计差异问题。这次大会对国际会计的充分注意,导致了1973年国际会计准则委员会和1977年国际会计师联合会的成立。

1973年,由澳大利亚、加拿大、法国、联邦德国、日本、墨西哥、荷兰、英国、美国9个国家发起,在伦敦成立了国际会计准则委员会。目前该委员会已发展了130个国家和地区的会计职业团体参加。

6. 经济合作与发展组织跨国公司委员会

1975年,经济合作与发展组织成立国际投资和跨国公司委员会,1976年该委员会发布《跨国公司投资宣言》,制定了跨国公司"信息披露"的有关规定。

7. 国际会计师联合会

1977年国际会计师联合会(The International Federation of Accountants,IFAC)成立。

从1983年起,作为国际会计师联合会成员的所有会计职业团体均已成为国际会计准则委员会的成员。

8. 联合国经济与社会理事会专家组

1977年,联合国经济与社会理事会专家组公布《跨国公司会计和财务报告国际准则》。

9. 欧洲经济共同体

欧洲经济共同体(The European Economic Community,EEC)成立于1958年,其前身为1952年成立的欧洲煤钢共同体(ECSC)。1978年,欧洲经济共同体正式公布第4号指令。指令要求欧共体所有成员国都必须根据指令的有关规定来编制财务报表。这一指令的实施标志着财务会计准则在欧共体各国之间开始协调。

10. 国际会计准则委员会核心准则的研究

1981年,国际会计准则委员会成立了一个"顾问小组"。这个小组由非成员国或团体参加,目的是争取国际会计准则在讨论和制定过程中能够得到更为广泛的支持。

1987年,国际会计准则委员会才认识到,原有的国际会计准则中包括了许多自由选择的方法,它不能完全适应国际资本市场和国际经营的需要。因此,国际会计准则委员会决定开展可比性的研究。证券交易委员会国际组织(International Organization of Securities Commission,IOSCO)提出支持国际会计准则委员会的工作,并倡导今后采纳接受经过修订的国际会计准则。

1989年,国际会计准则委员会颁布财务报表的可比性第32号征求意见稿(ED32),提出对国际会计准则可比性的研究。

1990年,国际会计准则委员会公布了1991—1995年规划。

1995年,国际会计准则委员会取得了世界性的证券管理机构的支持。证券委员会国际组织与国际会计准则委员会正式签订了一份《关于共同努力制定和运用国际会计准则》的协议,确定了其在1999年底前完成制定一套通用核心会计准则,经IOSCO批准后,在世界资本市场作为上市公司编制财务报表的准则。这也就意味着国际会计的研究主导已经从协调化(harmonization)上升到了标准化(standardization)。

1999年底,国际会计准则委员会完成并公布了39个国际会计准则。2000年5月,证券委员会国际组织(IOSCO)对IASC已完成的40项核心准则中的30项通过了评审,并将其推荐给各个成员的证券监管机构。

11. 重组国际会计准则委员会

2001年,国际会计准则委员会(IASB)替代国际会计准则委员会(IASC)。其组织结构进行了改革。制定和公布了国际财务报告准则(IFRS)。

12. 国际会计趋同

随着 21 世纪的到来,我们迎来了会计国际趋同的新浪潮。下面分别就国际会计趋同的重要事件进行讨论。

2005 年 11 月 8 日,中国会计准则委员会(CASC)与 IASB 签署联合声明:中国制定的企业会计准则体系,实现了与国际财务报告准则的趋同。2007 年中国宣布,在 2008 年至 2010 年的过渡期内,认可中国会计准则与欧盟采纳的国际财务报告准则等效。2010 年,双方签署联合声明,将共同努力最迟在 2011 年底实现中欧会计准则的最终等效。2010 年 4 月 2 日,中国财政部发布了《中国企业会计准则与国际财务报告准则持续趋同路线图》。

2007 年 12 月,美国证监会决定允许境外上市公司采用国际财务报告准则编制其财务报表,无须再编制国际准则和美国准则的差异调节表,并在 2010 年发布声明支持建立全球统一的高质量会计准则,承诺在 2011 年就是否要求美国本土企业采用国际财务报告准则做出决定。

2007 年 7 月,印度宣布将从 2011 年 4 月起要求所有的公众利益主体全面采用国际财务报告准则。

2009 年底,日本发布采用国际财务报告准则的路线图,日本计划于 2012 年前后做出关于自 2015 年或 2016 年起强制采用国际财务报告准则的决定。

第二节 国际会计的概念

关于国际会计的概念,1971 年,美国会计学家韦里奇(Weirich)和安德森(Anderson)在《国际会计杂志》上,总结了对国际会计的三种不同的理解。

一、跨国公司会计

跨国公司会计(multinational accounting 或 transnational accounting)的观点认为,由于公司的经营业务跨越了国界,公司面临国与国之间会计准则差异产生的种种问题,也包括跨国公司母公司与其所属子公司之间的某些特殊的会计问题。这是在国际会计形成时最初的观点,它的研究范围比较小,但是比较具体。例如外币会计问题,所得税会计问题等。这些问题主要是针对跨国公司经营管理过程中出现的具体会计问题进行研究,即就会计问题谈会计问题。

其研究的特点是:解决会计的特殊性问题,研究范围小,实用价值大。

二、比较会计

比较会计(comparative accounting)的观点认为,研究会计跨国问题不能仅研究会计准则,要扩大研究的范围,研究各国准则的制定与实施,研究不同国家的会计模式。因此研究会计的国际化问题,首先就必须将各国的会计进行比较,找出差异,然后解决问题。这种比较包括:

① 对各国会计的社会环境进行比较。

② 对各国的会计准则的制定与实施进行比较。
③ 对各国会计理论和实务进行比较。

这种观点认为,如果各国存在着政治、经济、法律和社会文化等方面的差异,并且这些差异将不可避免地影响到会计的理论和实践,比较会计就显得尤为重要。通过比较就可以找出差异,寻求减少差异,从而使各国的会计准则达到协调(harmonization),同时经过长期的努力,最终有可能建立世界统一的会计模式。

三、世界会计

世界会计的观点认为,建立一套世界各国能够接受的、统一的、标准的、全球公认的会计准则(world accounting),是国际会计研究的根本目标。这样的会计准则有利于全球资本市场的流动,有利于全球的跨国公司财务报告的编制,有利于全球跨国公司财务会计信息的比较,也有利于满足跨国公司的全球投资者的决策需求。这是一个理想的会计国际化的目标。如今国际会计的理论工作者和会计实践者所付出的种种努力,都是为了达到这个目标。虽然从过去到现在,经过长期的努力,人们已取得了一定的成果,但是,要达到会计在全球各国的大同,还需经过很长的过程,另外,也有人认为这样的观点是过于理性,很难实现。

上述三种不同的观点如图 1-4 所示。

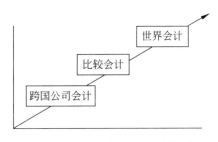

图 1-4 国际会计的三种不同概念

四、国际会计的定义

根据以上对国际会计的解释,乔伊和穆勒(F. D. S. Choi & G. G. Mueller)提出国际会计的定义如下:

国际会计就是把国界内的一般目标会计向超越国界的四个方面进行扩展:
① 国际比较分析;
② 独特的跨国交易和跨国企业的会计计量和报告;
③ 满足国际资本市场需求的会计;
④ 通过政治、组织、职业团体、会计准则制定机构等努力,协调世界会计和报告的差异。

"International accounting extends general-purpose, nationally oriented accounting in its broadest sense to: ①international comparative analysis, ②accounting measurement and reporting issues unique to multinational business transactions and the business form of the multinational enterprise, ③ accounting needs of international financial markets, and ④ harmonization of worldwide accounting and financial reporting diversity via political, organizational, professional, and standard-setting activities."

通过对国际会计概念和定义的解释和论述,我们认为国际会计的基本定义应包括:跨国交易和跨国公司的会计,比较会计和各国会计差异的协调和趋同。同时,国际会计的定义随着国际经济和社会的发展得到不断发展和完善。

第三节 国际会计的特征

国际会计具有广泛性、复杂性和独特性三个方面的特征。

一、广泛性

国际会计的广泛性是指国际会计涉及的领域非常广泛,也就是说它既包括对各国会计制度和会计实践在国际范围内进行比较和分类,同时也包括跨国企业的会计管理和控制、国际投资会计问题以及各国会计的协调化和标准化等。如果会计研究的范围仅限于某一国内,就不能称之为国际会计,但是当对某国的会计研究范围扩大到国际领域时,这就是国际会计。从这一意义上讲,国际会计又包括了国与国之间有联系的各种会计问题。如在研究美国会计模式的同时,关注一下德国会计模式的形成和发展,有助于我们更好地理解什么叫成文法国家的会计模式,什么叫不成文法国家的会计模式。又如,跨国公司母公司与子公司之间以及子公司与子公司之间交易时的转移价格,它是一种在不确定的世界市场中,基于国际规模的获取最大限度利润基本经营战略而确定的内部价格,其会计问题会涉及多个国家。

二、复杂性

国际会计可以说比任何国家的会计都复杂,因为它涉及的领域广泛,即涉及世界各国的会计问题。解决这些会计问题不能只考虑会计方面的问题,往往会涉及国际经济、国际贸易、国际税收,甚至国际政治等问题。例如,美国制定的关于外币折算的会计准则就会影响美国和与美国经济有联系的其他国家的利益;2008年的国际金融危机告诉人们金融工具会计准则应谨慎应用"公允价值"模式;国际会计准则委员会制定的会计准则英国可能会接受,但美国、日本可能会反对;诸如此类的问题往往使国际会计变得很复杂。目前,这种复杂性在会计理论上,表现为会计准则的协调化、标准化与各国会计准则的多元化的矛盾。在实务上,这种复杂性表现为跨国公司财务报表的合并、外币折算会计、物价变动会计等。

三、独特性

虽然国际会计是国内会计跨越国界的延伸和发展,但是国际会计具有与国内会计完全不同的独特的研究领域,这就是国际会计的独特性,如国际贸易带来的外币会计问题、跨国公司经营管理中产生的地区和分部财务报表的披露问题、各国会计模式的比较和分类问题、国际会计准则的制定和实施等问题,这些都是国际会计独特研究和解决问题的领域。这些会计问题的解决方法既不能采用某国的会计方法来替代,也不能脱离某国的会计来独立解决。

第四节　国际会计的内容

国际会计是第二次世界大战后兴起的会计学的一个分支。20 世纪 60 年代初期,美国各大学开始对国际会计的内容和教学进行研究,但是对于国际会计应包括那些内容,各大学的学者意见并不统一。当时对国际会计研究做出重要贡献的有美国伊利诺伊大学(University of Illinois)、纽约大学(New York University)和华盛顿大学(the University of Washington)的学者们。

伊利诺伊大学的学者认为,国际会计研究的目的是找出产生各国会计差别的影响因素,并对这些影响因素进行分析比较;纽约大学的学者认为,必须以国内会计为基础对涉及国际方面的有关会计问题进行研究;而华盛顿大学的学者则认为,凡涉及有关国际投资和融资业务的会计问题,无论是与本国相关或不直接相关,都可以作为国际会计问题进行研究。

因此,自 1966 年以来,美国高等院校开设了国家会计课程内基本有三种类型。伊利诺伊大学着重强调对各国会计与社会环境及由此产生的会计差别的研究;纽约大学则重点研究美国会计中存在的有关国际会计方面的问题;华盛顿大学着重提出会计在跨越国界的情况下出现的各种问题。当然,这三所大学研究的内容并不是完全独立的,而是相互交叉的,但又各有侧重。

由于研究国际会计目标不同,在认识方面就存在着差异,到了 20 世纪 80 年代,国际会计的研究方法趋于综合性,其研究的范围也有了新的扩展。

综合缪勒(Mueller)教授对国际会计的研究成果,我们认为,国际会计的研究内容应包括以下十个方面:

一、经济发展与会计学方面

各国都面临经济发展的问题,但发展中国家这一问题尤为突出。在经济发展中会计的作用是什么?美国模式或欧洲模式可以适用什么样的环境?在满足各个发展中国家的需求时是否要进行改革或完全照搬?国际会计准则是否与发展中国家有关?上市公司与非上市公司对经济发展有何不同的影响?它们是否应遵循统一的会计制度?在经济发达国家有哪些成功的经验和有效的会计制度可以借鉴?等等。

二、国际证券市场与会计信息披露

经济全球化带来了会计的国际化。参与国际资本市场的竞争,为此制定合理的法规保护投资利益十分重要。在这样的情况下,发达国家的资本市场是否要考虑接受发展中国家的公司跨国上市的问题?国际会计准则与全球资本市场的关系是什么?在发达国家和发展中国家之间财务报表的主要差异是什么?财务会计信息又如何在国际资本市场上进行公开的报告和披露？

2008年的金融危机促使人们进一步认识到监管金融市场的重要性。金融市场的国际化带来了如何面对各国不同的法规和会计制度,共同合作制定资本市场的交易法规问题。值得研究的问题有：国际会计准则是否可以替代各国会计准则？国际会计准则究竟是采用"规则基础",还是采用"原则基础"？会计准则是由政府部门制定,还是由民间组织制定？国际会计准则在全球资本市场是否具有权威性？

三、国际跨国公司的信息披露

随着跨国企业的发展,在不同的文化传统的会计制度下,怎样解决跨国公司的财务控制、盈利衡量、投资估价等问题？合资的双方是否都可以有意识或无意识地运用自己会计制度中比较先进的方面？他们又如何解决利润的分配问题和现金流量问题？

市场经济理论告诉我们：在国际资本市场上,跨国公司有义务对外披露其财务信息,以利于他们以较低的成本筹集资本,扩充其资本实力。这就需要我们研究如何制定一个国际会计信息披露的标准,这种标准的特点和范围是什么？法律依据是什么？等等。

另外,国际信息传播及信息系统安全等,也是国际跨国公司需要考虑和研究的问题。跨国公司不但要具有本国的管理控制系统,而且必须建立国际性的分散的管理控制系统,例如可将美国、日本、等国的跨国公司的不同管理和控制进行比较,研究产生这些差异的原因。

四、国际财务报表分析方面

随着资本和证券投资的国际化,对财务信息的比较就显得尤为重要。因此,有必要研究各国会计及企业管理的差异和各种惯例。其中包括在收益的计算、盈利、负债及偿债能力等方面国际会计与各国会计有何差异？在那些方面跨国公司的股票会受到国际股票市场的影响？这些差异是否会影响到国际债券的投资？

在全球经济的背景下,国际公司的财务报表越来越受到投资者的重视,但目前仍有一些主要的问题尚未解决。例如,财务报表究竟应列报哪些基本的信息？利润表应包括哪些信息？如何进行外币财务报表的折算？折算时是否应考虑国际、国内的通货膨胀问题？折算的利得和损失如何处理？

五、会计准则的国际比较方面

世界各国有制定会计准则的不同模式和程序。制定会计准则的机构可以是立法机构、政府行政机构,或者民间组织。因此会计的规范可能是法律、规则,或职业惯例。通过国际间的比较我们可以提出许多问题,例如政治、经济、法律、社会文化等因素对会计准则的制定程序有哪些影响？从历史上看,哪些方面曾影响会计准则的制定？在什么范围内,会计职业将变得越来越重要或越来越不重要？

六、国际会计准则的趋同方面

自1973年国际会计准则委员会成立公布准则以来,许多国际机构和组织为国际会计准则的协调做出了努力。2001年国际会计准则委员会改组后,会计准则的趋同成了会计界共同为之努力的目标。主要的机构和组织有联合国、欧盟、经济合作和发展组织、国际会计准则委员会等。研究的问题有：这些机构和组织在哪些方面对国际会计实践产生了影响？有哪些政治方面或其他方面的组织参加了国际会计协调？来自国际间投资的压力是否大于国际间协调的压力？国际机构和组织与会计准则国际趋同的关系是什么？

七、国际会计模式的分类方面

为了比较国际财务信息,必须对各国的财务报表进行分类。因此,对各国会计模式的研究就显得十分必要。在分类中,我们可以分析出各国的会计模式产生了哪些变化？产生变化的主要原因是什么？

八、国际税收比较方面

研究的问题有：什么叫作转让定价？在哪些方面各国税收的差异影响到全球或地区性经济的增长？税收对各国会计差异产生哪些影响？怎样利用不同的税收政策来吸引投资？是否能够建立全球一致的跨国公司税收政策？

九、国际会计师职业和审计方面

许多会计师事务所发展了跨国业务,开展国际审计业务。这就提出了怎样加强全面管理和控制的问题,同时也提出了独立审计师的地位和职责等问题。国际审计组织是否能够提供一个全球性的审计准则,以指导跨国审计业务的开展？金融危机导致了安达信会计师事务所的破产,其他的"四大"事务所将如何发展国际审计业务？

十、国际会计教育比较方面

随着跨国公司的兴起和国际审计业务的开展,对合格会计人才的需求向会计教育提出了挑战。如何正确认识会计是国际"商业的语言"？会计专业的大学生是否都必须学习国际会计？会计学专业主干课程设置、学制是否应该延长？全球范围注册会计师资格的认定问题等。

本 章 小 结

本章对国际会计的定义、特征、内容等方面进行了讨论和描述。

本章认为：首先,会计本身就具有国际性。1494年产生的意大利复式簿记法,奠定了现代国际会计的基础。其次,国际会计是国际经济发展的产物,同时,国际会计在国际资本流动和经济发展中起着重要的作用。最后,会计的国际化是当今会计发展的必然产物。跨国公司的出现和资本在全球范围内的流动,给国际会计注入了一股新的血液,为国际会计的发展带来了新的机遇和挑战。

练习题与文献阅读

（一）单项选择题

1. 借贷记账法产生于（　　）。
   A. 意大利　　　　B. 法国　　　　C. 英国　　　　D. 美国
2. 帕乔利是一位（　　）。
   A. 会计学家　　　　　　　　　　B. 传教士
   C. 出版了《算术、几何及比例概要》一书　　D. B+C
3. 在法国，拿破仑对借贷记账法的态度是：（　　）。
   A. 反对　　　　　　　　　　　　B. 支持
   C. 没有发表意见　　　　　　　　D. 先反对后支持
4. 国际会计的定义是（　　）。
   A. 跨国公司会计　　　　　　　　B. 比较会计
   C. 世界会计　　　　　　　　　　D. A+B+C
5. 以下国家中，成文法的国家有（　　）。
   A. 美国　　　　B. 英国　　　　C. 德国　　　　D. 澳大利亚
6. 2008年金融危机，对会计提出的问题主要有（　　）。
   A. 历史成本计量　　　　　　　　B. 利润的计算
   C. 公允价值的计量　　　　　　　D. 金融市场的监管
7. 国际会计准则制定的主要结构是（　　）。
   A. 国际会计师协会　　　　　　　B. 美国财务会计准则委员会
   C. 国际会计准则委员会　　　　　D. 证券委员会国际组织
8. "转让定价"涉及的主要问题是（　　）。
   A. 会计准则的制定　　　　　　　B. 跨国公司利润的分配
   C. 财务报表的分析　　　　　　　D. 资产的计量
9. 关于国际会计的发展，以下正确的说法是（　　）。
   A. 国际会计的发展原动力是国际经济的发展
   B. 国际会计的发展是来自于意大利簿记制度的发展
   C. 国际会计的发展是来自于国际会计准则委员会的建立
   D. 国际会计的发展是来自于美国对会计准则国际趋同的支持
10. 会计教育国际化研究的内容有（　　）。
    A. 国际会计课程的开设　　　　　B. 会计学专业学制的设置
    C. 会计学课程的教学内容　　　　D. A+B+C

（二）思考题

1. 如何理解借贷记账法的产生与发展？
2. 为什么说会计本身就具有国际性？

3. 国际会计的定义主要包含了哪些基本内容？

4. 国际会计有哪些基本特征？

5. 国际会计研究的内容有哪些？

（三）文献阅读

1. Gary Giroux, A Short History of Accounting and Bussiness, September 1999.

2. Research on the Evolution of Accounting thought and Accounting practice, The Accounting Historians Journal, December 1995, Volume 22 No 2.

3. Lauwers and Willenkens, Five Hundred years of Bookkeeping, Tijdschrift voor Ecomonie en Mangement Vol. XXXIX, 3, 1994.

4. Steps to a professional body-a timeline of the development of the Accountancy Profession in the United Kingdom. 网站：http://www.icaew.com/en/library/subject-gateways/accounting-history/resources/timeline

5. 杨敏. 会计准则国际趋同最新进展与我国应对举措. 财务部网站：http://www.mof.gov.cn/

6. 刘威. 国际会计准则可比性研究. 上海：上海财经大学出版社, 1999.

第二章 经济环境与会计模式分类

本章主要内容
1. 影响会计模式的因素有经济制度、政治制度、法律制度和文化教育制度等
2. 社会价值观、会计价值观
3. 社会价值观、会计价值观与会计模式的相关性
4. 会计模式分类的意义和方法
5. 会计模式分类

第一节 影响会计模式的社会环境因素

会计是社会环境的产物。会计产生与发展的历史告诉我们，社会环境对会计模式产生重要影响。影响会计模式的社会环境因素有哪些？这些社会环境因素对会计模式的影响程度如何？这是本章讨论的内容。从国际会计的文献研究得知，不同的研究视角对社会环境诸要素有不同的理解。本章讨论的主要社会环境要素有：经济制度，政治制度，法律制度和文化教育制度四个方面。

一、经济制度

一个国家的经济制度对其会计模式具有重要影响。经济制度包括经济发展水平、资本市场与企业的组织形式、和经济稳定的程度等。

1. 经济发展水平

经济学说史家往往把经济发展阶段定义为狩猎阶段、游牧阶段、农耕阶段、农工阶段和农工商阶段五个不同的发展阶段。现代经济学派把经济发展过程分为农业经济、工业经济、商业经济和服务经济四个不同的发展阶段。经济发展阶段的不同程度代表了不同的经济发展水平，也对该国的会计模式提出了不同的要求。

在农业经济阶段（agriculture economies），社会财富增长缓慢，会计模式主要体现为履行经济管理的职能。记录财富的变化和变化的结果，单式的会计记录和简单的账簿和报告体系就能够满足这样的生产和经济管理的需求。例如我国的收付记账法以及与之相适应的簿记和报告制度，就出现在长期的农业经济发展阶段，会计的信息基本上是企业内部的信息，为经营管理者服务。

在工业经济阶段（industry economies），资本的累积和集中创造了财富的快速增长，会计的模式要求记录和报告资本的原始投资以及资本的增值。会计的记录由单式演进为复式簿记制度，账簿体系和报告体系得到进一步的完善。例如英国的产业革命和股份公司的建立，从根本上改革的原有的会计模式。

在商业和服务经济阶段(commercial & service economies),商品和资本的流通成为社会经济发展原动力,商品交易、商品经营的全球化和国际资本的流动对会计记录和报告提出了新的挑战,资本市场的建立为新的会计模式的建立开辟了新的途径。会计的模式表现为会计信息数据的处理,例如美国如今发达的商业和服务业背景下形成的会计模式,提出会计的目标主要为企业的投资者提供决策有用的信息。

2. 企业的组织形式

企业的基本组织形式有独资企业、合伙企业和股份有限公司三种形式。不同的企业组织形式会影响建立不同的会计模式。

独资企业的特点是,投入企业的资本少,企业的经营规模小。企业的投资者就是企业的管理者,分享企业经营的利润和风险,投资者的经济责任是无限的,会计为企业的业主服务。

合伙企业的特点是,与独资企业相比,投入企业的资本增多,企业的经营规模扩大。企业投资者和管理者的人数增加到二人以上。企业经营的利润和风险按照合伙人签订协议履行。合伙人的经济责任是无限的。会计为企业的合伙人服务。

股份有限公司与独资企业和合伙企业不同的特点是,它是一个法人。公司投入的资本来自于社会公众,由股东投票选举公司的董事和董事会,由公司董事会聘任管理者对公司进行经营管理。公司的股东分享公司的经营利润,同时承担公司有限的经济责任。为了保护公司投资者的利益,国家法律规定,公司必须定期向其投资者报告公司的财务状况和经营成果。会计为企业的全体股东服务。

3. 经济稳定程度

经济稳定是社会经济发展的基础,会计的记录和报告的模式是以稳定的经济环境为前提。如果一个国家的经济是稳定的,会计模式基本也是稳定的,不需要进行调整或补充。但是,如果一个国家的经济是不稳定的,例如有比较严重的通货膨胀,会计的记录和报告就会失真,会计信息的有用性就会得到质疑。会计模式就应进行必要的调整。如南美的墨西哥、阿根廷等国曾经历了较严重的通货膨胀,物价指数持续上涨。这些国家采用一般物价指数法(the general price-level accounting),或现行成本法的会计(the current cost accounting)调整模式。

二、政治制度

一个国家的政治制度与经济制度密切相关,因此一个国家的政治制度同样会影响其会计模式的选择。在本书的第一章,我们探讨和研究了国际会计的产生,探讨了意大利复式簿记法在全球的传播,在图1-1中描绘的借贷记账法的传播的轨迹告诉我们,一方面借贷记账法的科学性为这种方法在全球应用奠定了基础,另一方面政治影响对这种方法在各国的接受和实施起了重要的影响。如果法国没有拿破仑的肯定,法国就不会放弃本土的会计方法而接受意大利的簿记方法。如果没有英国的殖民主义的强权政治,美国、新加坡、新西兰、澳大利亚等国,在历史上可能也不会沿袭英国的会计模式。法国、德国、日本三国的会计模式尽管各有不同,但是我们如果观察这三个国家的会计历史发展,或许也可以找到一些由政治影响带来的会计模式的相似之处。

三、法律制度

一个国家的法律对这个国家会计模式的选择的影响是显而易见的。根据法律对会计的影响分类,我们可以把全球各国的会计模式分为两大体系,即成文法(the code law)和不成文法(the common law)。

成文法的法律体系起源于罗马法,历史上以欧洲的国家为代表。在这些国家里,法律体系比较完整,一切行为必须受到法律的约束。同样,会计的行为必须受到公司法、商法等法律的约束。例如,在法国公司法中就包括了有关会计记录和报告的详细规定,其中包括有关会计人员、会计处理、会计报告等方面的法律文本。又如在德国,法律规定会计处理必须遵循国家税法的规定。成文法的国家有意大利、法国、德国、西班牙等。

不成文法的法律体系起源于英国。历史上的英国立法与法国等欧洲国家有明显的不同。英国法律的制定不是追求比较完整的法律体系,更多的是来自于法庭对案例的审判结果,所以也称之为案例法(case-by-case basis),这些法律的特征是比较具体,不抽象,便于执行,所以成为不成文法。在不成文法的体系下,会计规范一般不包括在法律的文本中,或法律只规定一般的会计原则,对会计更详细的规定由会计职业团体来制定。不成文法国家有英国、美国、加拿大、澳大利亚等。

成文法与不成文法的国家,见表2-1。

表 2-1 成文法与不成文法国家(举例)

不成文法(the code law)	成文法(the common law)
美国(United States)	法国(France)
英国(United Kinden)	意大利(Italy)
爱尔兰(Ireland)	德国(Germany)
加拿大(Canada)	西班牙(Spain)
澳大利亚(Australia)	荷兰(Netherlands)
新西兰(New Zealand)	葡萄牙(Portugal)
	日本(Japan)

四、文化教育制度

文化教育制度对各国的会计模式有重要的影响。社会学家认为,文化是一个国家的语言、文学、艺术以及意识形态等精神产品的总和。不同的文化受其教育制度的影响。文化和教育的影响决定了这个国家的社会价值观和会计价值观,不同的社会价值观和会计价值观又影响与其相适应的会计模式。霍夫斯泰德(Geert Hofstede,1984)通过对社会文化与教育的研究,提出了社会价值观的四个方面:

① 个人主义或集体主义;

② 权距大或权距小;

③ 规避风险或厌恶风险;

④ 阳刚或阴柔。

会计学家格雷(Gray,1988)根据文化与教育对社会价值观的影响,提出了会计价值观的四个方面,分别为:

① 职业主义与法律控制;

② 统一性与灵活性;

③ 稳健主义与激进主义;

④ 保密与透明。

关于社会价值观、会计价值观、会计模式三者关系的讨论,见本章第二节。

第二节 社会价值观与会计价值观的关系

一、社会价值观

1. 个人主义或集体主义

个人主义或集体主义(individualism versus collectivism)反映了不同文化的人格结构的价值取向。

个人主义的价值观强调人们在社会中个人的特异性、独立性型。个人主义认为,在一个社会,每个人的价值观是不同的、是有差异的,他们有不同的人格、不同的思想、不同的个性,因此他们是独立的、开放的、外向的。个人主义提倡在社会中个人的自由,敢于冒险,通过竞争来提升自己,从而达到提升国家利益的目标。美国是一个崇尚个人主义的国家。

集体主义的价值观强调人们在社会中的整体性、联系性。集体主义认为,国家就是一个大的集体,国家的利益高于一切,国家中的全体个人必须服从国家的利益。个人的利益又与国家的利益紧密相连,个人的利益依附在国家利益之上,国家发展了,个人的利益也会得到发展。德国是一个崇尚集体主义的国家。

2. 权力距离较大或权力距离较小

权力距离的大小(power distance)体现了一个国家的政治制度对经济管理的影响或市场体制对经济管理的影响。

权力距离较大的社会价值观认为,权力是法律赋予掌权者的特权,权力有严格的等级,国家是一个社会的最高权力机构,国家可以通过设立各种不同等级的授权,对社会进行管理。权力距离较大的国家,提倡通过国家调控对社会经济进行管理。德国是一个崇尚权力距离较大的社会价值观的国家。

权力距离较小的社会价值观认为,尽管权力是法律赋予掌权者的特权,但是权力的实施是有制约的,社会中的每个人都享有公平的权力。一个社会的权力的等级差别应尽可能地减少。权力距离较小的社会价值观认为,国家应该尽量减少对经济的调控作用,而应最大可能发挥市场对经济的影响。美国是一个崇尚权力距离较小的社会价值观的国家。

有研究表明,权力距离的大小程度可以用权力距离的指数 PDI(power distance index)来表示。各国权力距离指数地图,如图 2-1 所示。

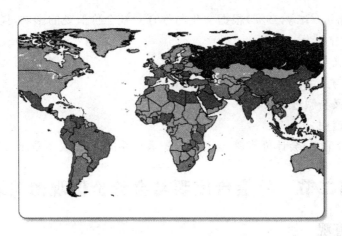

图 2-1 各国权力距离指数地图

注：在上图中，颜色越深，表示这个国家的权力距离越大。按照权力距离指数排名，权力距离比较大的国家有：中国 80；印度 77；巴西 69；法国 68。权力距离比较小的国家有：美国 40；英国 35；瑞典 31；爱尔兰 28。

（资料来源：http://www.joselise.com/wp/2010/01/09/power-distance-index/）
In Outliers, Malcolm Gladwell reports that the pilots PDI match up

3. 规避风险或偏好风险

Uncertainty 直译为"不确定性"，这里我们把它意译为"风险"。对风险的态度是规避，还是偏好风险（uncertainty avoidance），体现了不同国家的不同社会价值观。

4. 阳刚或阴柔

阳刚或阴柔（masculinity versus femininity）体现了社会对男性和女性社会地位、所起的作用等方面的社会价值观。阳刚的社会价值观认为：男性具有较高的社会地位，应成为该社会的主体。阴柔的社会价值观认为：女性具有较高的社会地位，应成为该社会的主体。也有人认为阳刚表现的社会价值观是趋于理性，而阴柔表现的社会价值观是趋于感性。

霍夫斯泰德后来又把他的研究扩展到第五个方面，即短期导向或长期导向（short-term versus long-term orientation）的社会价值观。

二、会计价值观

霍夫斯泰德对社会价值观的研究为研究会计价值观奠定了基础。在他的理论影响下，格雷（Gray）提出了相对应的四个方面的会计价值观。

1. 职业主义与法律控制（professionalism versus statutory control）

相对社会价值观而言，如果这个社会崇尚的是个人主义价值观，那么这个社会的会计价值观就认为会计的规范应由会计职业团体（行业）来制定。相反，如果这个社会崇尚的是集体主义价值观，那么这个社会的会计价值观就认为会计的规范应通过法律来制定。

2. 统一性与灵活性（uniformity versus flexibility）

反映权力距离的大小的社会价值观对会计价值观的影响是：在崇尚权力距离比较大

的社会,认为对会计的规范应该是统一的;而在崇尚权力距离比较小的社会,认为对会计的规范应该是有弹性的。

3. 稳健主义与激进主义(conservatism versus optimism)

稳健主义与激进主义反映了这个社会对风险的态度。在崇尚规避风险的社会价值观的指导下,会计的计量和记录应该是稳健的;而在崇尚不规避风险、偏好风险的社会价值观的指导下,会计的计量和记录应该是有弹性的。

4. 保密性与透明性(secrecy versus transparency)

保密与透明体现了一个社会对会计报告和披露的态度,崇尚规避风险的社会价值观认为,会计信息的报告和披露应该以公司的利益为重,报告和披露时应该考虑保护公司的商业秘密。崇尚偏好风险的社会价值观认为,会计信息的报告和披露不应该以公司的利益为重,而应该以保护公司的投资者的利益为原则,会计的信息应该在资本市场上得到尽可能透明的报告和披露。

三、社会价值与会计价值的关系

上文我们分别讨论和研究了社会价值观与会计价值观。一个国家如果有不同的社会价值观,就可能产生不同的会计价值观。这两种价值观的关系可见表2-2。

表 2-2　霍夫斯泰德的社会价值观与格雷的会计价值观之间的关系

社会价值观 (霍夫斯泰德)	会计价值观(格雷)			
	职业主义	统一性	稳健主义	保密性
个人主义	＋	－		
权力距离大	－	＋	?	＋
规避风险	－	＋	＋	＋
阳刚	?	?	－	－

注:"＋"表示因素之间的直接关系;"－"表示相反关系;"?"表示关系的性质不能确定。
(资料来源:节选自 Nabil Baydoun and Roger Willett,"Culture Relevance of Western Accounting Systems to Developing Countries," *Abacus*(March 1995),p.71.)

表2-2归纳了社会价值观与会计价值观的关系。通过该表我们可以对某些国家的不同的会计价值观作出解释。例如,美国是一个个人主义社会价值观的国家,其会计价值观就表现为美国崇尚会计职业组织制定会计规范;会计规范不提倡统一性,而应该是有弹性的;稳健主义也不是美国的会计价值观;会计信息的报告和披露公开透明是美国会计的价值观。

如果我们观察另一个国家,例如德国,会计的价值观与美国截然不同:会计规范包含在国家法律之中;会计规范提倡统一性;稳健性是德国会计价值观的一个重要的特征;由于德国的资本市场不如美国发达,因此保护公司的商业秘密是德国会计的主要特征。

四、社会价值观、会计价值观与会计模式的关系

我们结合霍夫斯泰德的社会价值观、格雷的会计价值观与各国的会计模式进行了分

析，得出结论如下：

(1) 社会价值观中的个人主义或集体主义，影响这个国家的会计价值观中的职业或法律、统一性或有弹性两个方面，从而影响这个国家的会计制度的制定和实施。

(2) 社会价值观中的权力距离较大或权力距离较小，影响这个国家的会计价值观中的稳健性或激进性，从而影响这个国家的会计对资产和利润的计量。

(3) 社会价值观中的规避风险或偏好风险、阳刚或阴柔，影响会计价值观中的会计信息报告的保密性或透明性。

(4) 会计模式的建立对这个国家的会计价值观以及社会价值观具有反作用的影响。

以上四点结论见图 2-2，社会价值观、会计价值观与会计模式的关系。

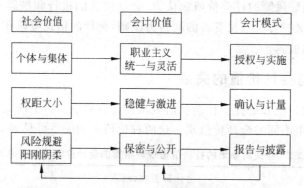

图 2-2　社会价值观、会计价值观与会计模式的关系

第三节　会计模式分类

一、会计模式分类的意义

1. 有利于寻求会计准则协调的途径

由于各国的经济制度、政治制度、法律制度、文化教育制度的不同，各国的社会价值观、会计价值观影响下的会计模式也不同。这种本土化的会计模式可以适应和满足各国社会经济发展的需要。但是，随着经济全球化和跨国公司的多地区、多元化的发展，各国会计准则的协调就成为国际会计关注的热点。对各国会计模式进行科学分类，是解决各国会计模式差异问题的前提。

2. 有利于会计准则趋同和标准化

对各国会计模式分类，分析各国会计模式的特点，寻求国与国之间会计准则的共同点和不同点，在不可能短期内从根本上消除各国会计差异的情况下，可以为全球会计准则的趋同和建立国际标准会计准则提供依据。

3. 有利于帮助和促进某些国家建立比较理想的会计模式

各国会计模式的比较是分类的基础，分类的过程可以使人们理解各国会计模式的产生发展的规律，发展中国家可以借鉴和吸取发达国家已建成的比较成熟的会计模式经验，在建立和完善会计模式的过程中，减少成本，提高效率。

4. 有利于发展国际会计教育,提高国际会计理论和实践的水平

对各国会计模式分类的过程,也是一个全球会计准则趋同和标准化的过程。这个过程又是一个教育和学习的过程。全球的会计理论工作者和会计实务工作者对会计模式的探讨和分类,可以推动国际会计教育的发展和提高,从而提高国际会计的理论和实践的水平。

二、会计模式分类方法

如何对各国的会计模式进行科学分类,是我们值得探讨的一个难题。从基本的科学研究的方法出发,我们认为会计模式分类的一般方法有两种:演绎法和归纳法。

1. 演绎法

演绎法(deductive or judgmental approach)又称为规范研究的方法。它是从普遍性结论或一般性事理,通过分析推理得到个别性结论的一种研究方法。演绎法通常应用三段论,即首先建立大前提,大前提是一般事理。其次提出小前提,小前提是论证的个别事物。最后,分析提出的小前提是否符合大前提,在小前提符合大前提的情况下,得出结论。下面我们举例说明。

举例1:账户的余额

① 假设1(大前提):资产账户的余额在借方;

② 假设2(小前提):固定资产账户是资产账户;

③ 结论:固定资产账户的余额在借方。

2. 归纳法

归纳法(inductive or empirical approach)又称为实证研究的方法。它通过对许多个别的事例或分论点的观察和分析,然后寻求归纳出它们所共有的特性,从而得出一个一般性的结论的研究方法。归纳法通常也可以应用三段论,首先提出研究问题的理论假设。其次对各个别的事例、事项进行观察和分析,证明提出的假设是否成立。最后,确定假说的支持度,得出结论。下面我们举例说明。

举例2:账户的余额

① 假设1:资产账户的余额在借方;

② 观察1:固定资产账户的余额在借方;

③ 观察2:应收账款账户的余额在借方;

④ 观察3:存货账户的余额在借方;

⑤ 结论:资产账户的余额在借方。

三、会计模式分类

1. 穆勒分类法

1967年,穆勒(G. Mueller)根据环境因素对会计模式产生重要影响的理论,应用演绎法,对各国的会计模式进行了分类,见图2-3。他认为在国际范围内,会计模式可以分为四大类,即:

① 宏观经济模式(the macroeconomic pattern);

② 微观经济模式(the microeconomic pattern);

③ 独立学科模式(the independent discipline approach);
④ 统一会计模式(the uniform accounting approach)。

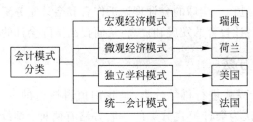

图 2-3　1967 年穆勒分类模式

穆勒第一次提出根据环境要素对各国会计模式进行分类,得到了全球会计理论界的肯定。但是也有人对他的分类方法提出了质疑,认为:
① 穆勒考虑的环境要素中,没有考虑社会文化对会计模式的影响。
② 穆勒考虑了不同的环境对会计的影响,但是没有对结论进行检验。
③ 穆勒将会计模式分成四大类,没有进一步分层次。

1968 年,穆勒根据各国企业会计经营环境的不同,对上述的分类有了进一步的改进,见图 2-4。

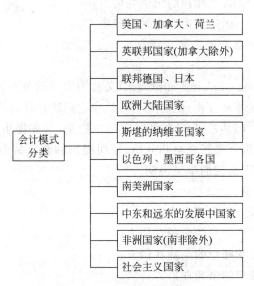

图 2-4　1968 年穆勒分类模式

他把会计模式归为十大类:
① 美国、加拿大、荷兰;
② 英国和英联邦国家(加拿大除外);
③ 德国、日本;
④ 欧洲大陆国家(德国、荷兰、斯堪的纳维亚各国除外);
⑤ 斯堪的纳维亚各国;
⑥ 以色列、墨西哥;
⑦ 南美洲;

⑧ 近东和远东的国家;
⑨ 非洲国家(南非除外);
⑩ 社会主义国家。

2. 美国会计学会(AAA)分类法

1976年,美国会计学会提出根据"影响地区"对会计模式进行分类。认为这样的"影响地区"的会计模式可分为五大类:

① 英联邦;
② 法国、西班牙、葡萄牙;
③ 荷兰;
④ 美国;
⑤ 社会主义国家。

3. 诺布斯分类法

1983年,诺布斯(C. W. Nobes)接受了穆勒的分类思想,观察各国会计实践方面的差别,借鉴了生物学的分类方法。以西方发达国家为主要对象,把会计模式分为纲(class)、亚纲(sub-class)、族(family)、种(species)四个层次,见图2-5。具体如下:

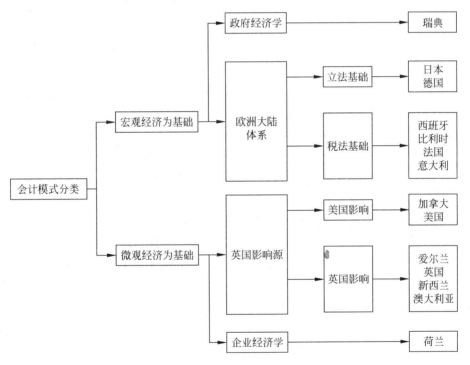

图2-5 诺布斯会计模式分类

4. 其他分类法

除了上述的分类法外,也还有一些其他的学者和组织等对会计模式进行比较和分类的研究。例如1973年,法兰克(Frank)采用普华会计事务所(Price Waterhouse)对公司会计实践进行调研的数据,采用实证检验的方法,对不同强弱的资本市场对会计披露的要求的影响进行分类,把会计模式分为:英联邦国家、拉丁美洲、欧洲大陆、美国四大类。1980

年耐尔和法兰克(Nair and Frank)在法兰克前期研究的基础上,通过数据更新等再次进行会计模式的分类。1995年多普尼克和索尔特(Doupnik and Salter)对50个国家的会计实务进行比较和分层,得出2个、6个、9个不同集群个数的分层方法。1998年诺布斯对公司财务报告差异比较的分类法。

四、会计模式分类及其评述

本章首先讨论了不同国家的社会环境所形成的不同的社会价值观,其次讨论了不同社会价值观影响下形成的不同的会计价值观,最后分析了社会价值观、会计价值观、与会计模式的关系,提出了会计模式分类的意义和分类的方法。社会环境、社会价值、会计价值、与会计模式的关系,如图2-6所示。

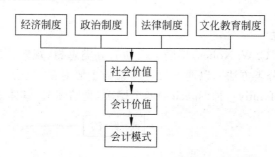

图2-6 社会环境、社会价值、会计价值与会计模式的关系

会计研究的文献告诉我们,全球各国的会计模式五彩缤纷,可以说我们找不到两个国家会计模式是完全相同的。因此,会计模式的分类是会计学界研究的一个难题。

西方发达国家对会计模式的研究值得我们借鉴,无论是穆勒、诺布斯、耐尔、法兰克,还是美国会计学会等,尽管这些分类的方法还存在一些问题,但是他们开创了会计模式分类的先河。同时,对研究文献进行综述,我们也可以看到上述各种分类方法存在的问题,总结一下有以下四点:

① 上述分类以西方发达国家为对象,没有或很少考虑发展中国家。

② 上述分类比较集中于对各国会计计量和记录差异的比较,没有或很少考虑会计的报告和披露的差异的比较,因为或许会计的报告和披露存在的差异会更大。

③ 上述分类主要考虑各国国内会计的差异的比较,没有考虑跨国公司对各国会计的影响。例如,有些国家的跨国公司就编制两套财务报告。

④ 上述分类是对当时会计记录和报告差异的比较,没有考虑国际资本市场的发展对各国会计产生的影响及其变化。

第四节 美国和英国会计模式研究

一、美国会计模式

1. 美国的政治与经济环境

美国是联邦制国家,政权组织形式为总统制,美国总统是美国政府最高行政首长,即国家元首。联邦政府独立行政机构实行立法、司法,行政三权分立与制衡相结合的政治制度。根据美国宪法,联邦政府将所有立法权力赋予由参议院及众议院两院组成的国会。司法机关以联邦最高法院为首,下设上诉法院、地方法院和特别法庭。行政机关最高行政首长由美国人民直接选举产生,行政机关下设各个行政职能部门。政府的权力有联邦政府、州政府之分,各州政府本身拥有立法、司法、行政等权限。在政治上,美国实行共和党和民主党两党制。

美国是一个经济发达的国家,有 313 847 465 人口(2012 年),国土面积大约 962.9 万平方公里(美国国家审计局公布)。资本市场高度发达,根据表2-3 世界十大证券交易所市值排名,美国榜居前首,世界500强公司营业收入排名美国有四家进入前十名,见表2-4。

表2-3 世界十大证券交易所市值排行榜

证券交易所	市值(USD Billions)
1 纽约泛欧证券交易所	14 242
2 纳斯达克-OMX集团	4 687
3 东京证券交易所	3 325
4 伦敦证券交易所	3 266
5 上海证券交易所	2 357
6 香港证券交易所	2 258
7 多伦多证券交易所	1 912
8 圣保罗证券交易所	1 229
9 悉尼证券交易所	1 198
10 法兰克福证券交易所	1 189

表2-4 2012年财富世界500强排名(营业收入) 百万美元

排名	公司名称	营业收入	利润	国家
1	荷兰皇家壳牌石油公司(ROYAL DUTCH SHELL)	484 489.00	30 918.00	荷兰
2	埃克森美孚(EXXON MOBIL)	452 926.00	41 060.00	美国
3	沃尔玛(WAL-MART STORES)	446 950.00	15 699.00	美国
4	英国石油公司(BP)	386 463.00	25 700.00	英国
5	中国石油化工集团公司(SINOPEC GROUP)	375 214.00	9 452.90	中国
6	中国石油天然气集团公司(CHINA NATIONAL PETROLEUM)	352 338.00	16 317.00	中国
7	国家电网公司(STATE GRID)	259 141.80	5 678.10	中国
8	雪佛龙(CHEVRON)	245 621.00	26 895.00	美国
9	康菲石油公司(CONOCOPHILLIPS)	237 272.00	12 436.00	美国
10	丰田汽车公司(TOYOTA MOTOR)	235 364.00	3 591.30	日本

资料来源:《财富》中文网,http://www.fortunechina.com

2. 美国会计职业团体

美国注册会计师协会(American Institute of Certified Public Accountants,AICPA)是美国唯一的会计职业团体。其前身为美国公共会计师协会(American Association of

Public Accountants，AAPA)，该组织成立于1887年，距今已有126年的历史。目前有会员约386 000人，分布于128个国家。从事对企业、事业、非营利组织和政府部门等进行审计。

(资料来源：//www.aicpa.org)

3. 美国会计准则制订机构

美国财务会计准则委员会(Financial Accounting Standards Board，FASB)成立于1973年，它是美国当前制定财务会计准则的一个民间组织(private sector)。其前身为1959年建立的会计原则委员会(Accounting Principles Board，APB)，和1938年建立的会计程序委员会(Committee on Accounting Procedures，CAP)。

根据美国1934年的证券交易法(The Securities Exchange Act)，美国证券交易委员会(the Securities and Exchange Commission，SEC)是美国法律授权的制定美国会计和财务报告准则的法定机构。但是，在历史上美国证券交易委员会从没履行这样的权利和义务，它把制定财务会计准则的权力授予了财务会计准则委员会这样的一个民间组织。美国证券交易委员会就把会计准则的制定授权给美国注册会计师协会。2003年，美国证券交易委员会公布了《财务报告公告第一号》(Financial Reporting Release No.1)，再次重申了这样的立场。尽管美国经历了2001年的安然公司丑闻事件和2008年的金融危机，也有人曾经怀疑或评判美国这个的准则制定机构的权威性，但是目前财务会计准则委员会仍然是美国制定会计准则的唯一机构。

财务会计准则委员会是一个独立的民间组织，共由7人组成。由基金会(the Foundation's Board of Trustees)任命，任期5年。会计准则制订有公开的程序。

(资料来源：美国财务会计准则委员会网站)

4. 美国会计准则制定机构的历史演变

美国会计准则制定机构经历了三个阶段的发展，分别为：1938—1959，会计程序委员会；1959—1973，会计原则委员会；1973—现在，财务会计准则委员会。美国会计准则制订机构的历史沿革见表2-5。

表2-5 美国会计准则制定机构的历史沿革

时间	会计准则制定机构名称	制定的主要会计准则
1938—1959	会计程序委员会	会计研究公报
1959—1973	会计原则委员会	会计原则委员会意见书 会计原则委员会公告
1973—现在	财务会计准则委员会	概念框架公告 财务会计准则公告

1938年，美国注册会计师协会在美国证券交易委员会的授权下，建立专门制定会计准则的委员会，称为美国会计程序委员会(Committee on Accounting Procedures，CAP)。该委员会指导会计实践的文件就是《会计研究公报》(Accounting Research Bulletins，ARB)。至1959年，共发表《会计研究公报》51份。

《会计研究公报》的发表对当时的美国会计具有积极的指导意义，但是也存在一定的问题，具有表现为：

① 作为会计准则的《会计研究公告》缺乏独立性和权威性，因为制定准则的会计程序委员会是美国注册会计师协会的一个下属机构。

② 会计准则的指导性不够，《会计研究公告》指导的是会计实务中特殊的、个别的事件，缺乏会计准则的整体性。

1959年，会计程序委员会被撤销，更名为会计原则委员会（Accounting Principles Board，APB）。但是仍然是美国注册会计师协会的一个下属组织。会计原则委员会的成员来自会计师事务所、产业界、学术界，较会计程序委员会具有更广泛的代表性。公布的会计准则主要有《会计原则委员会意见书》（APB Opinions）和《会计原则委员会公告》（APB Statements）。但是，作为一个会计准则制定机构，会计原则委员会仍然存在一些问题，主要有：

① 在会计准则制定的理论上缺乏概念框架（conceptual framework）。

② 制定准则的人员来自于会计职业界，缺乏代表性和独立性。

③ 缺乏解决会计实务新问题的能力，例如企业合并、商誉等会计问题。会计准则制定的程序不透明。

1973年，会计原则委员会撤销，正式成立财务会计准则委员会（the Financial Accounting Standard Board，FASB）。财务会计准则委员会与会计原则委员会的根本区别是，它不属于美国注册会计师协会的领导。它是一个独立的民间机构，专职人员来自于职业界、工商界、学术界、政府部门等。该委员会下设特别工作小组（Emerging Issues Task Force，EITF）和顾问委员会（Advisory Groups）等机构。财务会计准则委员会公布的会计准则主要有《概念框架》（Concepts Framework）和《财务会计准则公告》（the Statements）。至2012年底，共分布了8个《概念框架》公告，见表2-6，美国财务会计准则委员会公布的财务会计《概念框架》（第1~8号）和168个《财务会计公告》（SFAS），见表2-7，美国财务会计准则公告160~168）。另外公布的与会计准则有关的文件还有：《财务会计准则委员会解释》（FASB Interpretations），财务会计准则委员会（FASB Staff Positions），财务会计准则委员会技术公告（FASB Technical Bulletins）。

表2-6 美国财务会计准则委员会公布的财务会计《概念框架》（第1~8号）

序号	公布时间	内容	
		英文	中文
概念框架 第1号	1978年11月	Objectives of Financial Reporting by Business Enterprises	企业财务报告的目标
概念框架 第2号	1980年5月	Qualitative Characteristics of Accounting Information	会计信息的质量特征
概念框架 第3号	1980年12月	Elements of Financial Statements of Business Enterprises	企业财务报表的要素
概念框架 第4号	1980年12月	Objectives of Financial Reporting by Nonbusiness Organizations	非企业营利组织财务报告目标
概念框架 第5号	1984年12月	Recognition and Measurement in Financial Statements of Business Enterprises	企业财务报表的确认和计量

续表

序号	公布时间	内容	
		英文	中文
概念框架 第6号	1985年12月	Elements of Financial Statements—a replacement of FASB Concepts Statement No.3（incorporating an amendment of FASB Concepts Statement No.2）	财务报表要素——替代原《概念框架》第3号
概念框架 第7号	2000年2月	Using Cash Flow Information and Present Value in Accounting Measurements	会计计量中现金流量信息和现值的应用
概念框架 第8号	2000年9月	Conceptual Framework for Financial Reporting—Chapter 1, The Objective of General Purpose Financial Reporting, and Chapter 3, Qualitative Characteristics of Useful Financial Information（a replacement of FASB Concepts Statements No.1 and No.2）	财务报告概念框架——第一章 财务报告的目标以及第三章 有用的财务信息的质量特征（替代原概念框架第一号和第二号）

资料来源：根据 http://www.fasb.org/jsp/FASB/Page/SectionPage&cid=1176156317989 整理

《概念框架》对美国会计理论和实践的重要意义表现为：
① 指导具体会计准则的制定；
② 在没有会计准则的情况下，作为解释会计问题的参考；
③ 规定财务报表编制的范围；
④ 有利于会计报表的使用者理解财务报表，以增强对财务报表的信心；
⑤ 有利于会计信息的可比。

表2-7　美国财务会计准则公告160～168（SFAS）

准则序号	准则英文名称	准则中文名称
Statement No.160	Noncontrolling Interests in Consolidated Financial Statements—an amendment of ARB No.51	合并报表中的少数股权
Statement No.161	Disclosures about Derivative Instruments and Hedging Activities—an amendment of FASB Statement No.133	金融衍生工具和套期保值活动的披露
Statement No.162	The Hierarchy of Generally Accepted Accounting Principles	公认会计准则的层次
Statement No.163	Accounting for Financial Guarantee Insurance Contracts—an interpretation of FASB Statement No.60	财务担保的会计
Statement No.164	Not-for-Profit Entities：Mergers and Acquisitions—Including an amendment of FASB Statement No.142	非营利实体的收购和兼并
Statement No.165	Subsequent Events	资产负债表日后事项
Statement No.166	Accounting for Transfers of Financial Assets—an amendment of FASB Statement No.140	金融资产的转移的会计处理
Statement No.167	Amendments to FASB Interpretation No.46(R)	对FASB第46解释的修正
Statement No.168	The FASB Accounting Standards Codification® and the Hierarchy of Generally Accepted Accounting Principles—a replacement of FASB Statement No.162	对第162号准则的修订

从总体来看,美国财务会计准则委员会的建立,得到了美国会计界、商界、政府部门等各方面的肯定,它的对美国资本市场的发展和会计信息的记录和披露起了重要的作用,与其前身会计原则委员会和会计程序委员会相比,其主要特征主要表现为:
① 会计准则制定机构相对独立;
② 制定会计准则的《概念框架》理论;
③ 制定会计准则有公开透明的程序;
④ 有会计准则制定的特别工作小组和会计准则的解释,有利于会计准则的实施。

但是,在美国社会经济发展的过程中,财务会计准则委员会也存在一些问题,例如:
① 有些特殊的会计问题,例如特殊目标实体(speciel purpuse entity,SEP),在会计准则中没有包括。美国2001年爆发的安然事件就是一个例证。
② 会计准则的制定是"规则导向"(rule-based),会计准则过多,过细,不易理解和掌握。美国2008年的金融危机是一个例证。

5. 美国财务会计准则的应用

在美国,财务会计准则委员会是一个民间组织,是美国唯一的会计准则的制定机构,制定的会计准则多而且详细,被称为规则基础模式(rule-based)。但是财务会计准则没有权利要求美国的公司去实施会计准则。美国证券交易委员会起了重要的作用,美国证券交易委员会要求美国所有美国的上市的公司,必须应用财务会计准则委员会制定的公认的会计原则编制财务报告。因此,对于美国的上市公司来说,公认的会计原则就是会计的"法律"(GAAP is the "law" of accounting)。对于非上市公司来说,公认会计原则的应用是非强制性的。但是如果非上市公司要审计,则也要按照公认的会计原则来编制财务报告,因为美国资产会计师协会要求,对公司进行审计时,公认的会计原则是财务审计的依据。所以,尽管从形式上看,公认的会计原则在美国不是法律,但是它实质"视同"法律的作用是显而易见的。美国财务会计准则应用见图2-7。

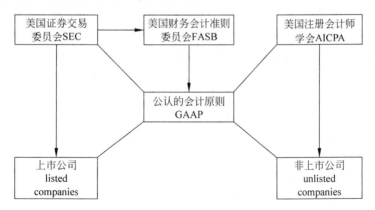

图 2-7 美国财务会计准则应用

二、英国会计模式

1. 英国的政治与经济环境

英国是一个君主立宪国家,英国女王是英国的国家元首和最高权力的拥有者。英议会是英国的最高权力和立法机关,也是最高的法律监督机关。英国议会分上议院和下议院。

上议院也叫贵族院,其历史悠久,在历史上曾显示过其国家机关无法比拟的权威。上议院由世袭贵族、终身贵族、宗教贵族和法律贵族组成。上议院可以拒绝下议院已经通过的法案,或者可以对法案进行修改,同时还可以行使司法权和监督权。

下议院也叫平民院。平民院是国家权力的中心。下议院主要行使立法、代议和监督等功能。

英国首相是政府的首脑,是英国政治中最有权势的人。首相是内阁的主持人,也是议会的议员,女王的最高政治顾问。

英国首相和议会的关系是:首相领导内阁对议会负责。由于首相是多数党的领袖,所以首相可以通过政党控制议会,但是议会也可以对首相和内阁成员进行监督和质询。

英国是一个非法典国家,所以英国的宪法是不成文的宪法,英国的法律以各种判案构成。

2. 英国的资本市场

英国伦敦是世界金融中心之一,它有世界最大的跨境银行拆借市场及世界最大的外汇交易市场。近500家国际银行在伦敦设有分支机构,近1/3世界500强企业的总部设在伦敦。

伦敦证券交易是英国证券交易的主板市场,具有二百多年的历史。伦敦证券交易所也是欧洲主要的资本市场之一,交易所的年成交量巨大,伦敦城的金融、证券、投资咨询的从业人员达100万人。目前伦敦交易所有大约2 000家英国公司及五百多家海外公司挂牌交易。

除了主板市场外,1995年,英国为了协助中小企业,特别是中小型高科技公司通过资本市场获取资金进行投资,英国政府在伦敦证券交易所内设立了一个为中小企业提供融资服务的证券市场,即英国全国性的二板市场(alternative investment market,AIM)。AIM直接受伦敦证券交易所的监督与管理,并由交易所组成的专人负责经营。

英国证券市场没有单独的证券法,其相关的证券法规主要体现在《公司法》及《金融服务与市场法》等法律中。

3. 英国会计职业团体

英国是世界上最早创立会计师制度的国家,1854年苏格兰特许会计师协会(ICAS)在英国苏格兰的爱丁堡市创立,获得皇家特许正式注册登记。它是英国第一个会计师职业团体,也是世界上第一个会计师职业团体。

英国的会计职业团体与美国不同,英国采用多元制的会计职业团体。目前的会计职业团体主要有:

(1) 特许公认会计师公会(the Association of Chartered Certified Accountants,ACCA)。该公会前身为伦敦特许会计师公会,于1904年11月30日由8名特许公认会计师发起成立,总部设在伦敦。目前该公会在全球共设有83家分支机构和办事处,现有会员154 000人,遍及全球170国家和地区。公会的详情见网址 http://www.accaglobal.com。

(2) 英格兰及威尔士特许会计师协会(The Institute of Chartered Accountants in England and Wales,ICAEW)。该协会 1880 年成立,总部设在英国伦敦,现有会员 140 000 人。在北京、香港、新加坡等地设有分支机构。公会的详情见网址 http://www.icaew.com。

(3) 苏格兰特许会计师协会(Chartered Accountant in Scotland,CA)。协会于 1854 年建立,是英国最早的会计职业团体,现有会员 19 000 人,分布在英国以及全球一百多个国家和地区。公会的详情见网址：http://icas.org.uk。

(4) 英国特许管理会计师公会(Chartered Institute of Management Accountant,CIMA)

英国特许管理会计师公会成立于 1919 年,总部设在伦敦,是世界上最大的管理会计师认证、管理和监督的机构之一。至 2014 年 5 月,该公会拥有 21.8 万会员和学员,遍布 177 个国家和地区,主要分布在英国、美国、中国香港、新加坡和澳大利亚。2012 年,该公会与美国注册会计师公会合作,推出了管理会计师新头衔——全球特证管理会计师(The Chartered Global Management Accountant,CGMA),以推动全球管理会计发展。

公会的详情见网址：http://www.cimaglobal.com。

(5) 国际会计师公会(The Association of International Accountants,AIA)

国际会计师公会成立于 1928 年,总部设在英国。是世界领先的国际会计认证团体,在许多国家设有分会,其会员遍布全球。公会审计业务处于全球领先水平,目前有近 30 万执业会员,分布于全于 140 多个国家和地区。

公会的详情见网址：http://www.aiaworldwide.com。

4. 英国会计准则的制定与应用

从历史上看美国会计模式来自于英国,所以英国的会计模式类似于美国,会计准则由英国会计准则委员会(Accounting Standards Board,ASB)制定。ASB 的前身是 ASC,其全称为 Accounting Standards Committee,翻译成中文也称会计准则委员会。ASC 公布《会计标准实践公告》(the Statements of Standard accounting Practice,SSAPs)。1990 年,ASB 替代 ASC,之后公布的会计准则改名为《财务报告准则》(the Financial Reporting Standards,FRSs)。

英国根据《公司法》制定会计准则,提出财务报告必须"真实和公允"的原则,也称之为"原则基础模式"(principal-based)。但是,不管是在英国的《公司法》还是会计准则,英国没有对"真实和公允"做出严格和完整的定义。理解"真实和公允"一般可以从以下三个方面进行判断：

(1) 如果一个公司遵循了英国的会计准则,就被认为其财务报告是"真实和公允"的。

(2) 如果一个公司没有遵循英国的会计准则,但是其能够更好地披露和列报公司的财务信息和经济后果,这样的财务报告也符合"真实和公允"的原则。

(3) 在新的经济环境下,如果新的会计准则还没有出台,但是为了更好地反映和披露公司的财务信息和经济后果,依据过去的法律判案列报公司的财务报告,这样的财务报告,也符合"真实和公允"原则。

英国在制定会计准则的过程中,积极提出会计准则的国际趋同。英国的会计概念框架在很大程度上是参照了国际会计准则委员会制定的概念框架。

1996年，英国的会计准则委员会借鉴国际会计准则，起草了每股收益和分部报告两个准则。1998年，英国正式公布了每股收益，这个准则与美国、国际会计准则委员会公布的每股收益基本趋同。

此后，英国会计准则委员会与国际会计准则委员会合作，制定"准备和或有事项"(provisions and contingencies)和"业绩报告"(preformance reporting)等会计准则。

在英国的会计准则中，没有单一的收入确认的会计准则，因此国际会计准则第18号收入，是英国会计实务者进行收入会计处理的一个参考的标准。

另外，过去英国的递延所得税会计和养老金会计与国际会计准则存在着较大的差异。

递延所得税会计，《国际会计准则第12号》(IAS12)所得税会计，要求采用全部递延的方法，而英国过去的会计准则(AASP15)第15号，要求采用部分递延的方法。此后，英国对此作了修订，在公布的《财务报告准则第19号》(FRS19)中，也同意采用全部递延的方法。

养老金会计，《国际会计准则第19号》(IAS19)雇员福利提出，要用市场价值来制订养老金计划，而英国的《会计准则第24号》(SSAP24)，提出用实际价值来制订养老金计划。此后，英国又进行了修订，在公布的《财务报告准则第17号》(FRS17)中，英国提出了采用公允价值来制订养老金计划。

另外，长期以来英国关于商誉和无形资产的会计准则曾经遭到国际会计准则委员会和美国财务会计准则委员会的反对，但是现在这个准则与《国际会计准则第22号》(IAS22)和《国际会计准则第38号》(IAS38)已基本趋同。

在会计准则的国际趋同过程中，英国总是试图走在国际会计准则委员会的前面，这样在制定国际会计准则时，可以更多地考虑英国的利益。例如，英国在其公布的《财务报告准则第3号》(FRS3)中，首先提出了利得和损失的确认和列报，这个准则影响了《国际会计准则第1号》(IAS1)的制定。

本 章 小 结

一个国家的社会环境、社会价值、会计价值是我们对这个国家会计模式进行研究的基础。

世界各国社会环境的不同带来了会计模式各有不同，各国的经济制度、政治制度、法律制度以及文化教育制度等对会计模式产生重要影响。

社会价值观、会计价值观与会计模式具有相关性。社会价值观包括个人主义或集体主义、权力距离较大或权力距离较小、规避风险或偏好风险、阳刚或阴柔四个方面。会计价值观包括职业主义与法律控制、统一性与灵活性、稳健主义与激进主义、保密性与透明性等。

会计模式的分类对会计准则趋同具有重要意义。会计模式的分类方法有演绎法和归纳法。穆勒、美国会计学会、诺布斯等对各国会计模式进行了研究和分类。

美国会计模式、英国会计模式对世界各国的会计模式产生重要影响。

练习题与文献阅读

(一) 单项选择题

1. 一个国家的经济制度包括(　　)。
   A. 经济发展水平　　　　　　　　B. 企业的组织形式
   C. 经济规定程度　　　　　　　　D. A+B+C
2. 以下国家中,不成文法国家包括(　　)。
   A. 德国　　　B. 荷兰　　　C. 日本　　　D. 英国
3. 霍夫斯泰德提出了社会价值观的四个方面,其中不包括的因素有(　　)。
   A. 稳健主义与激进主义　　　　　B. 个人主义与集体主义
   C. 规避风险与厌恶风险　　　　　D. 权距大与权距小
4. 如果一个国家的社会价值是个人主义,那么其会计价值观表现为崇尚(　　)。
   A. 职业主义　　B. 统一性　　C. 稳健主义　　D. 保密性
5. 如果一个国家的社会价值是规避风险,那么其会计价值观表现为不崇尚(　　)。
   A. 职业主义　　B. 统一性　　C. 稳健主义　　D. 保密性
6. 如果一个国家的会计价值是崇尚保密性,那么其社会价值观表现为崇尚(　　)。
   A. 权距大　　B. 个人主义　　C. 不规避风险　　D. 权距小
7. 美国财务会计准则委员会是一个(　　)。
   A. 注册管理会计师组织　　　　　B. 实施会计准则权力组织
   C. 注册会计师组织　　　　　　　D. 制定美国会计准则的组织
8. 美国的证券交易委员会是一个(　　)。
   A. 制定会计准则的机构　　　　　B. 管理上市公司的机构
   C. 制定审计准则的机构　　　　　D. 管理注册会计师的机构
9. 英国最早的会计师职业组织是(　　)。
   A. 英国特许会计师公会　　　　　B. 苏格兰特许会计师协会
   C. 国际会计师公会　　　　　　　D. 特许会计师公会
10. 英国会计准则委员会目前制定的会计准则的英文名缩略语是(　　)。
    A. IFRS　　B. FRS　　C. SSAP　　D. GAAP

(二) 思考题

1. 简述会计模式分类的意义。
2. 如何对会计模式进行分类?
3. 简述社会价值、会计价值各要素的相关性。
4. 美国会计模式的主要特点有哪些?
5. 英国会计模式的主要特点有哪些?

(三) 文献阅读

1. Lee H Radebaugh. 国际会计与跨国公司(原书第6版). 第三章,国际财务会计比较,北京:机械工业出版社,2007.

2. 登录美国财务会计准则委员会网站:http://www.fasb.org/home,选"ABOUT US",理解美国财务会计准则委员会的历史、组织结构、人员、制定和公布会计准则的程序、已公布的会计准则的内容等.

3. 登录美国财务会计准则委员会网站:http://www.fasb.org/home,选"40th Anniversary",了解美国财务会计准则委员会的历史、现在与将来.

4. Gurdeep K. Chawla, United States versus United Kingdom Financial Statements, National University. 2002.

第三章 国际会计准则协调与趋同

本章主要内容
1. 国际会计准则协调化、标准化、趋同的基本概念
2. 国际会计准则协调的有关组织和结构
3. 国际会计准则制定和应用的历史
4. 国际会计准则趋同的进程
5. 国际会计准则趋同的机遇与挑战

第一节 国际会计准则国际协调的有关组织和机构

一、国际会计准则协调的有关国际组织

(一) 国际会计师联合会

1972年,第10届国际会计师大会在澳大利亚的悉尼召开。会议提议成立了国际会计职业协调委员会,从事处理国际会计事务的协调。1977年10月14日,国际会计职业协调委员会改名为国际会计师联合会(International Federation of Accountants, IFAC),总部设在美国纽约。国际会计师联合会的最高领导机构是代表大会和理事会。代表大会由各国会计师职业团体各出一人组成,代表大会与5年一次的会计师大会同时召开。理事会由来自15个不同国家的职业会计师团体的代表组成。理事会下设7个常设委员会,分别为教育委员会、职业道德委员会、国际审计实务委员会、国际大会委员会、管理会计委员会、计划委员会、地区组织委员会。每个委员会都规定有其工作范围和期限。

国际会计师联合会的宗旨是,以统一的标准发展和提高世界范围内的会计专业,促进国际范围内的会计协调。从1985年起,参加国际会计师联合会的成员国同时就是国际会计准则委员会的成员国。中国注册会计师协会于1997年5月8日正式成为国际会计师联合会成员和国际会计准则委员会的成员。国际会计师联合会参与国际会计协调的主要组织是其下属的国际审计实务委员会,国际审计实务委员会制定公认的国际审计准则。

国际会计联合会的网站是:http://www.ifac.org/。

(二) 国际会计准则委员会

1973年,由澳大利亚、加拿大、美国、英国、法国、墨西哥、荷兰、日本、联邦德国九个国家的会计职业团体发起,成立国际会计准则委员会(International Accounting Standard Committee, IASC)。总部在英国伦敦。2001年,这个组织进行了重组,改名为International Accounting Standard Board,简称IASB。国际会计准则委员会的网站:http://www.ifrs.org/。

至今，国际会计准则委员会已发展为有 150 多个会计职业团体、100 多个国家和地区参加的，制定国际会计准则的民间组织。

国际会计准则委员会的目标是：制定一套高质量、可理解的、可强制实施的、全球接受的、以清晰表述的原则为基础的财务报告准则。

为了实现上述目标，国际会计准则委员会努力做到以下五个方面：

① 具有广泛地区和专业背景的受托人团体对公开资本市场权威机构组成的监督委员会承担公众受托责任，负责监督独立的准则制定理事会。

② 国际财务报告准则咨询委员会和为实务中的分歧提供指南的国际财务报告准则解释委员会的外部支持。

③ 全面、开放、参与和透明的应循程序。

④ 在应循程序的每一阶段，保持与投资者、监管机构、企业领导人和全球会计职业界的接触。

⑤ 与世界准则制定机构协作能力。

二、国际会计准则协调的国际机构

（一）欧洲联盟

欧洲联盟（European Union，EU）简称欧盟，它根据 1992 年签署的《欧洲联盟条约》（也称《马斯特里赫特条约》）所建立的国际组织，现拥有 28 个会员国，正式官方语言有 24 种。欧洲联盟的网站：http://europa.eu/。

欧盟是世界上具有政治权力的国际组织之一，在贸易、农业、金融等方面趋近于一个统一的联邦国家，而在内政、国防、外交等其他方面则类似一个独立国家所组成的同盟。

追溯欧盟的历史，其最早的组织是欧洲煤钢共同体，建立于 1951 年，当时只有六个成员国。1958 年，欧洲又成立了欧洲经济共同体和欧洲原子能共同体。1967 年，这三个共同体合并，成为欧洲共同体。1993 年正式改名为欧洲联盟。欧洲联盟成立后，其性质也由原来的贸易实体的联盟转变成经济和政治的联盟。

根据《欧洲联盟条约》，欧洲联盟共由三大支柱组成：

① 欧洲共同体，其中包括关税同盟、单一市场、共同农业政策、共同渔业政策、单一货币、申根条约等诸多部分。

② 共同外交与安全政策。

③ 刑事案件的警察合作与司法合作。

欧洲中联盟的主要机构有欧洲理事会、欧盟理事会、欧盟委员会、欧洲议会、欧洲法院、欧洲中央银行等。

欧盟的会计准则协调主要体现在其公布的欧盟指令（directives）。欧盟指令是欧盟为了协调各成员国的法律不一致而制定的法律要求。各成员国政府有责任将本国的法律与指令协调一致。欧盟公布指令的目的是为了消除欧盟成员国之间的贸易技术壁垒，实现产品在成员国之间的"自由流通"。

至今，欧盟共公布了 9 份指令，其中与财务报告事项协调的指令主要有 3 份，即第 4 号、第 7 号和第 8 号指令。

1. 欧盟第 4 号指令

1978 年,欧盟首先公布了第 4 号指令:公司年度报告的内容、估值和列报(the Fourth Directives: Annual accounts, content, valuation, presentation rules)。该指令主要规定了财务报告列报和披露的要求。指令中强调了"真实公允"在列报和披露中的重要性。在某些特殊环境下,其成员国可以不执行欧盟的规定,"真实公允"地根据其所在国的会计体系进行调整。

欧盟第 4 号指令对会计信息列报的要求主要有:

① 固定资产必须按照其使用年限计提折旧,如果其成员国允许有特殊的税务激励而导致较高的折旧费用,则应该披露该项折旧的性质和金额。在通货膨胀的经济环境下,允许对固定资产进行重估,按照重置成本计价,并在财务报表中披露通货膨胀的影响。

② 对附属公司的投资,应采用成本法核算,同时也允许其成员国使用权益法。如何采用权益法,则应披露投资账户的变化以及其变化后的结果。

③ 无形资产,例如商誉、筹备费、研究和开放成本等,一般应该在不超过 5 年的时间内摊销。

④ 开办费可和其他无形资产一样摊销,但是其适用于股利限制原则。在未限定的留存收益至少和未摊销开办费相等之前,公司不可以发放股利。

⑤ 存货核算的方法有实际成本法、先进先出法、后进先出法、加权平均法等,并按照成本与市价孰低的原则进行调整。

⑥ 流动资产的单个项目应按照实际成本和市价孰低的原则进行调整。

⑦ 长期负债如果采用的折价发行,每年必须摊销合理的金额,在其债务清偿之前全部摊销完毕。

欧盟第 4 号指令对会计信息披露的要求主要有:

① 公司主要的会计政策;

② 公司持有 20% 或以上的股份的附属公司的名单;

③ 股东权益的变化和公司的流通股份数量;

④ 公司长期担保的债务;

⑤ 各项债务的细节,例如单独披露的养老金负债等;

⑥ 按照产品的类别和地区分部的销售收入的信息;

⑦ 故意的雇员的数量和人工总成本、董事会报酬、贷款、预付款等信息;

⑧ 当期应交所得税等。

2. 欧盟第 7 号指令

1983 年,欧盟公布了第 7 号指令:包括附属公司在内的合并报告(the Seventh Directives: Consolidated accounts, including associated companies)。第 7 号指令可以被认为是对第 4 号指令的补充。主要是针对公司的合并财务报告进行规范。其主要内容有:

如果母公司控制了子公司,母公司应该编制合并财务报告。如果母公司符合下列情况之一,则被认为母公司控制了子公司:

① 母公司拥有子公司大部分的表决权的股份;

② 母公司拥有任命子公司大部分董事会成员的权力;
③ 根据合同母公司可以对子公司实施重要影响;
④ 根据和子公司的其他股东的协议,母公司控制了子公司多数表决权。

如果母公司不控制子公司,子公司不应该编制在合并财务报告之内。如果符合下列情况之一,则被认为子公司的财务报告可以不合并:
① 子公司的业务不重要,不影响真实公允的观点;
② 子公司存在长期的限制,例如外汇限制等;
③ 合并报告的费用过高,或者可能会延误财务报告的编制;
④ 持有的子公司的股份是为了出售,控制是暂时的。

3. 欧盟第 8 号指令

1984 年,欧盟公布了第 8 号指令:设计师的资格和工作(the Eighth Directives: Qualification and work of auditors)。第 8 号指令的主要内容有:
① 作为一名设计师必须完成培训计划;
② 欧盟成员国对审计师的独立性可以自行确定;
③ 如果两个欧盟的成员国对审计师的资格的规定相当,并足以证明其具有当地的法律知识,欧盟的一个成员国可以批准另一个成员国的审计师,取得全部或部分审计师的资格。

1999 年欧元正式启用,称为欧盟的官方货币,目前已经由 28 个成员国中的 16 个国家采纳为流通货币。欧元不仅仅使欧洲单一市场得以完善,欧元区国家间自由贸易更加方便,而且更是欧盟一体化进程的重要组成部分。

(二) 经济合作与发展组织

经济合作与发展组织(the Organization for Economic Co-operation and Development, OECD)共由 34 个经济发达国家组成,1961 年成立,总部设在法国巴黎。经济合作与发展组织的宗旨是:
① 促进成员国经济和社会的发展,推动世界经济增长;
② 帮助成员国政府制定和协调有关政策,以提高各成员国的生活水平,保持财政的相对稳定;
③ 鼓励和协调成员国为援助发展中国家作出努力,帮助发展中国家改善经济状况,促进非成员国的经济发展。

该委员会下设跨国企业国际投资委员会(Committee on International Investment and Multi-national Enterprises),下属有"会计准则工作小组"(Working Group on Accounting Standards),制定指导跨国企业信息的披露。1976 年,经济合作与发展组织公布"关于在跨国企业投资的指南",规定了跨国公司财务报告信息披露的要求。主要内容如下:
① 公司财务报告编制遵循的会计原则;
② 企业的名称和结构;
③ 母公司所在地和直接或间接控制的子公司及其持股比例;
④ 公司的资产负债表;

⑤ 公司新投资项目以及投资的资本；
⑥ 按照公司经营的商品或地区划分的分部报告。

这个组织支持国际会计准则委员会的会计准则的协调化的工作。经济合作与发展组织的网站：www.oecd.org/。

（三）联合国

联合国（the United Nation，UN）设有"经济与社会理事会"（ECOSOC），主要指导发展中国家的跨国公司的财务报表的信息披露。该委员会下设联合会计与报告国际准则政府间专家工作组（ISAR），1982正式建立，从事对跨国公司会计实务和财务报告提供可比性的会计信息的协调工作。

联合国会计与报告国际准则政府间专家工作组是联合国体系中解决公司报告透明度和会计问题唯一的常规性机构，其宗旨是提高全球在公司报告方面的可比性及可靠性，通过开展研究、政府间对话、建立共识和技术合作等方式，解决有关公司会计和报告方面的问题，目标是协助发展中国家和转型经济国家提高公司透明度，促进引进投资和经济发展。

联合国会计与报告国际准则政府间专家工作组在帮助发展中国家和转型经济国家采用高质量的会计和报告准则及指南，促进会计和报告的国际趋同方面发挥了重要作用。该组织每年举行一次会议，为发达国家和发展中国家的政策制定者、监管机构、准则制定者、职业会计组织、学术界和其他利益相关者提供了一个国际性的论坛，各国代表可以就共同关心的问题进行交流和磋商，以在各国政府间达成一致。联合国的网站：www.un.org/。

（四）证券委员会国际组织

证券委员会国际组织（the International Organization of Securities Commissions，IOSCO）是国际间各证券期管理机构所组成的国际合作组织，创建于1974年，总部设在加拿大的蒙特利尔市。1983年，该组织正式成为全球性组织。目前共有81个正式会员、10个联系会员和45个附属会员。

该委员会的宗旨是：通过交流信息，促进全球证券市场的健康发展；各成员组织协同制定共同的准则，建立国际证券业的有效监管机制，以保证证券市场的公正有效；共同遏止跨国不法交易，促进交易安全。

1995年，中国证监会加入了该组织，成为其正式会员。

证券委员会国际组织的常设工作机构主要有技术委员会、新兴市场委员会、自律组织顾问委员会。

证券委员会国际组织网站：www.iosco.org/。

第二节 国际会计准则的制定与应用的历史

一、制定主体国际会计准则阶段（1973—1989）

本着与各国会计准则协调的原则，在这个阶段国际会计准则委员会共制定了26份国际会计准则。

1975年,当第一份国际会计准则问世时,美国《华尔街邮报》预言道:国际会计准则的公布和应用,将会有助于资本在国际市场上流动。但是12年后(1987年),使《华尔街邮报》的预言家所失望的是,国际会计准则没有能够在资本市场上得到广泛的应用。

1987年,在资本市场的巨大压力下,国际会计准则委员会开始对准则的应用问题进行调查。

被调查的对象有78个会计职业团体、20个国家的100个跨国公司。调查的总体结论是:

① 准则中规定的可选择的方法过多,这样使编制的财务报表失去可比性;

② 对准则的解释较少,造成理解的困难;

③ 准则覆盖的会计事项不够全面,缺乏整体性

④ 准则本身缺乏标准性,即准则中的有些定义不严格和每个准则的格式不规范。

二、提高国际会计准则可比性阶段(1989—1995)

1989年,国际会计准则委员会考虑对已公布的国际会计准则进行修订,公布了"财务报表可比性"征求意见稿。

修订国际会计准则的基本宗旨是,在准则中规定了基准处理方法,减少了可选择的方法,废除了不适用的方法。

1990年,国际会计准则委员会又公布了"财务报表可比性意向性报告"。

在上述两份重要文件的指导下,至1995年,这个委员会共完成了对10个准则修订和18个准则的修正。

三、制定核心准则阶段(1995—2001)

1995年7月,国际会计准则委员会与证券交易委员会国际组织(International Organization of Securities Commissions,IOSCO)正式签订了一份共同努力制定和应用国际会计准则的协议,协议书主要内容如下:

"国际会计准则委员会与证券交易委员会国际组织宣布,国际会计准则的制定已经跨入了一个新的里程碑。国际会计准则委员会的工作规划,即在1999年前完成制定出一套能够在国际资本上通用的核心准则,已得到了证券委员会国际组织的技术委员会的同意。如果国际会计准则委员会完成了这一套核心准则的制定,并得到IOSCO技术委员会的批准,那么技术委员会将会把这套核心准则作为世界资本市场上市公司编制财务报告的准则。"

为了增强国际会计准则的可比性,证券委员会国际组织规定了核心会计准则应包括的内容,具体可为五大类40个项目:

第一大类:总则

包括会计政策的披露、会计政策的变更、财务报告应披露的信息三项。

第二大类:收益表

包括收入的确认,建筑合同,生产与采购成本,折旧,减值,税收,非常项目,政府补贴,

退休金,其他雇员福利,研究和开发,利息和套期保值13项。

第三大类:资产负债表

包括地产、厂房和设备,租赁,存货,递延税,外币,投资,金融工具,合资企业,或有事项,资产负债表日后事项,流动资产和流动负债,企业合并(包括商誉),其他无形资产等13项。

第四大类:现金流量表

包括现金流量表一项。

第五大类:其他

包括合并财务报表,恶性通货膨胀经济中的附属公司,关联企业和权益会计,分部报告,中期报告,每股收益,关联者披露,中止经营,基本差错,估价变更10项。

国际会计准则委员会主席怀特先生深刻地指出了这份协议将产生的影响:

国际会计准则发展的动力来自于国际资本市场,国际资本市场发展越快,其对国际会计准则的需求就会越大。

2000年5月,证券委员会国际组织批准了国际会计准则委员会制定的核心准则。

第三节 会计准则国际趋同的进程

一、会计准则协调会、标准化与会计准则国际趋同的基本概念

1. 会计准则的协调化(harmonization)

会计准则的协调化是指全球各国对会计实务差异设定限度以增加其可比性的过程。协调的最终目的是为了达到会计准则的标准化。会计准则协调的方式可采用单边协调、双边协调、地区协调和国际协调等。

单边协调,指一个国家以另一个国家的会计准则为标准进行的协调。例如:如果中国的公司希望在美国上市,就应该根据美国的会计准则,对中国公司的会计报告进行协调和调整。

双边协调,指两个国家之间以双方国家利益为基础的协调。例如:如果英国和美国都允许其各自的公司到对方国家上市,那么,这两个国家就可以就国外上市公司的会计准则规范进行双边的协调和调整,以达到与本国上市公司上市标准的一致性,保护投资者利益。

地区协调,指会计准则在多个国家或地区间的协调。例如:欧盟对其成员国以颁布"指令"的方式的会计准则的协调。又如:非洲会计理事会,它是一个地区性的政府间组织,对非洲国家的会计标准化、可比性等方面进行协调。

国际协调,指会计准则在全球各国之间的协调。例如:国际会计准则委员会建立的宗旨,就是在全球范围内协调和制定会计准则。

2. 会计准则的标准化

会计准则的标准化(standardization)通常意味着要求上市的国际跨国公司,在同一情况下,强制执行非常严格和选择范围很小的会计准则,或执行单一的会计准则。

会计准则标准化是会计准则协调的最终目标。

3. 会计准则国际趋同

会计准则国际趋同（convergence）是指会计准则趋近同一，即在全球不同的司法管辖内，相同的经济交易事项应用同一的会计处理方法。

二、国际会计准则委员会改组后的组织结构

（一）国际财务报告准则基金会受托人

国际财务报告准则基金会受托人（IFRS Foundation Trustees）（简称基金会）是一个非营利的私营部门主体。为了保持地区间的平衡，基金会受托人由21名具有不同地域及功能背景的个人组成。基金会受托人由公开资本市场权威机构组成的监督委员会（IFRS Foundation Monitoring Board）提名。2013年，基金会受托人的名额分配是：21名成员中，主席1名，来自于法国前证券监督机构主席，曼克尔·普拉达；副主席2名，分别来自日本的注册会计师协会和美国的财政部；5名来自北美；5名来自欧洲；6名来自亚太地区，其中来自中国的是中国注册会计师协会会长李勇；非洲和南美各1名。

基金会的基本任务有三项。第一项任务是，为国际会计准则委员会筹措资金。资金的主要来源有：全球资本市场的参与者，各国家或地区的受益者等。资金的计算标准是根据国内生产总值，按照适当的比例，由世界各主要经济体分担。第二项任务是，任命理事会（IASB）、常设解释委员会（SIC）（2001年12月起更名为国际财务报告解释委员会IFRIC）以及准则咨询委员会（SAC）成员。第三项任务是，负责对IASB的效率进行监控，为IASB的预算进行审批及负责修改章程。

（二）国际会计准则理事会

国际会计准则理事会（the International Accounting Standards Board，IASB）由15人组成，包括主席1名和成员14名，其中12名专职成员和2名兼职成员，任期5年。理事会成员的首先要求是技术专家，其中要求至少5名具有执业审计师的背景，3名具有编制财务报表的经验，3名具有财务报表使用者的背景，1名具有学术的背景。14名理事会成员将有一些（不超过7名）成员（即英国、美国、加拿大、澳大利亚和新西兰、德国、法国、日本等成员）直接负责一个或多个国家准则制定机构的联络。理事会的每名成员对技术性事项或其他事项拥有一票表决权。准则、征求意见稿或常设解释委员会解释（定稿）的发布都需要理事会14名成员中的8名成员同意。其他决策，包括原则公告草案或讨论稿和议程安排的发布将要求由50%或更多理事会成员参加的理事会会议上多数出席者的同意即可。理事会对其技术性的议程有完全的控制权。

2001年4月改组后，理事会公布的会计准则改名为国际财务报告准则（International Financial Reporting Standards，IFRS）。

国际会计准则委员会改组后，其准则制定的程序也进行了修改。国际会计准则的制定共分为三个阶段，即准则研究阶段，准则制定阶段和准则检查阶段。

准则研究阶段。根据提案发布原则草案公告（draft statement of principles）或讨论

稿,列出对新准则的各种可能的要求以及支持或反对的不同观点。

准则制定阶段。公布征求意见稿(ED)以征求公众的意见。对于各种意见进行讨论和修改。投票通过新制定的准则。

准则检查阶段。各国国家准则制定机构与国际会计准则理事会定期进行准则实施的交流。这样的交流每年有3次,交流形式有:与有联络关系的国家准则制定机构的主席见面;研讨会交流经验和观点;国际会计准则理事会与各国国家准则制定机构共同承担研究项目等。

同时,由于国际财务报告准则咨询委员会(SAC)的组成,使各国准则制定机构代表也可以参与国际财务报告准则的制定工作中,从而制定出的准则得到世界各国准则制定者的支持。

国际财务报告准则制定程序见图3-1。

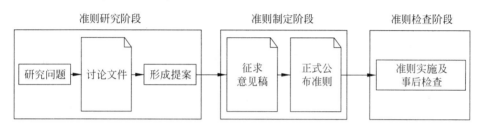

图3-1 国际会计准则制定程序

(资料来源:国际财务报告准则网站:www.ifrs.org)

(三)国际财务报告准则咨询委员会

国际财务报告准则咨询委员会(IFRS Advisory Council)由来自全世界的49名成员组成,并有3名观察员。其成员分配是:非洲2名,亚洲(日本除外)6名,澳大利亚、新西兰2名,中欧和东欧2名,欧洲联盟13名,日本2名,拉丁美洲3名,中东2名,美国和加拿大11名,国际机构6名,官方观察员3名(即欧洲委员会、日本政府的金融服务机构、美国SEC各1名),其任期是3年。其责任是向IASB建议其日程和优先目标,对主要准则项目的观点告知理事会,并向理事会或受托人提出其他建议。根据咨询的需要,该委员会下设:会计准则、财务报告、资本市场、新经济体、金融危机、全球财务报告编制、中小企业会计等专门咨询小组。

(四)国际财务报告准则解释委员会

国际财务报告解释委员会(IFRS Interpretations Committee,IFRIC)由14名有表决权的成员和1名不具表决权的主席组成。均由基金受托人任命。IFRIC的作用是起草IFRS的解释提交IASB批准,同时,根据国际会计准则《概念框架》对国际财务报告准则中未予具体规范的财务报告问题及时提供指南。

国际财务报告准则解释的制定要经过应循程序。在不超过3名IFRIC成员反对的前提下,才公布解释草案征求公众意见,考虑征求意见期限内收到的对解释草案的所有意见;在考虑对解释草案的公众意见后,若不超过3名IFRIC成员投票反对,IFRIC就批准该解释;最后由至少8名IASB成员投票批准该解释。

国际会计准则委员会改组后,突出解决了国际会计准则理事会的独立性问题。首先,从准则制定的监督体系上看,受到基金会受托人以及公开资本市场权威机构的监督与支持。其次,从会计准则的专业性和制定高质量的会计准则看,理事会讨论研究会计准则得到了咨询委员会的战略性意见,实施会计准则得到了解释委员会的支持。最后,该委员会建立了一个独立的财务体系,改变了过去由会计职业团体提供资金的状况,主要财务运作的资金来自于基金会筹措的活动。

国际会计准则组织结构如图 3-2 所示。

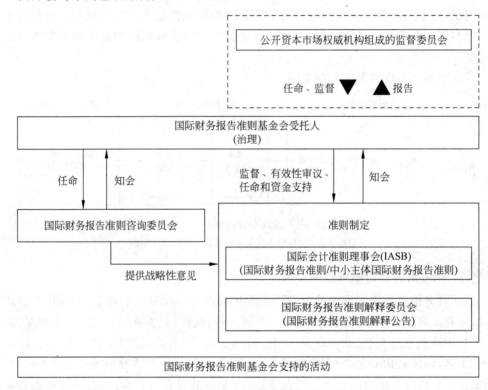

图 3-2　国际会计准则组织结构

(资料来源:国际财务报告准则网站:www.ifrs.org)

三、国际会计准则国际趋同进程

2001 年,国际会计准则委员会改组,是会计准则国际趋同的一个重要的里程碑,从此也加快了国际会计准则趋同的步伐。2002—2012 十年期间,影响会计准则趋同的主要事件如下。

2002 年,欧洲议会和欧盟委员会在布鲁塞尔召开大会,讨论通过了《关于应用国际会计准则的第 1606 号(2002)决议》(以下简称《决议》),《决议》提出:欧盟成员国上市公司最迟从 2005 年开始采用 IAS 和 IFRS 编制年度财务会计报告。这个《决议》意味着要求欧盟的 7 000 多家上市公司,包括银行、保险和中小型公司,必须按照国际会计准则编制合并财务报告,并对将要上市的公司的招股说明书的指令进行更新,以保证证券市场建立单一会计准则编制基础,以达到上市公司会计信息的可比。这个决定也表明了欧盟基本放弃了原来实施的欧洲地区性会计准则的协调、采纳了降低准则制定成本、直接接受国际财务报告准则的态度。

国际会计委员会的主席认为,欧盟这一法规的出台,是国际会计准则委员会为达到单一全球准则的"分水岭"。

2002年10月,美国财务会计准则委员会与国际会计准则委员会签订了会计准则趋同的合作协议。

过去,如果国外的公司要想到美国的证券市场上市,必须按照美国公认的会计原则编制财务报表,或按照美国公认的会计原则调整原来的财务报表。但是,由于美国公认的会计原则的内容丰富,又比较稳健,所以按照美国公认的会计原则编制或调整的财务报表不但成本很大,而且存在很大的差异。由此一些欧洲国家认为,与美国公认的会计原则相比,国际会计准则更适合在全球的应用。美国证券交易委员会注意到了这样的状况,美国担心一旦国际会计准则成为国际惯例,将大大影响外国公司到美国上市的可能性,也会影响美国公认的会计原则在国际资本市场的地位。因此,国际会计准则委员会主席认为,美国与国际会计准则委员会的合作,是国际会计准则委员会与国家准则制定机构合作、实现一套真正全球化会计准则进程中走出的至关重要的一步。

2003年,国际会计准则理事会发布首个准则:《国际财务报告准则第1号》。

澳大利亚、中国香港、新西兰、南非 宣布同意从2005年起采用国际财务报告准则。

2004年,国际会计准则理事会与日本企业会计准则委员会签订协议,实现日本一般公认会计原则与国际财务报告准则的趋同。

2005年,欧洲25个国家约7 000家公司同时从国家一般公认会计原则转向采用国际财务报告准则。

2006年,中国公布新准则,即采用实质上与国际财务报告准则趋同的会计准则,2007年在上市公司实施,并致力于在未来实现会计准则的完全趋同。中国积极倡导的会计准则的国际趋同,并归纳了会计准则国际趋同的四项基本原则是:趋同是进步、是方向;趋同不是一字一句的等同;趋同是过程;趋同是互动的。

2006年,欧盟通过了对第8号指令的修改,宣布在欧盟采用国际审计准则进行审计。第8号指令修改的内容主要有:

① 建立一个对审计职业界进行公众监管并增强成员国之间合作的制度。

② 要求公司的主要审计合伙人或法定审计师每7年轮换一次。

③ 为加强欧盟的监管者之间的有效合作,与美国公众公司会计监督委员会以及其他的国家的监管者开展合作。

④ 要求上市公司成立审计委员会或类似的机构组织,以提高审计师的独立性。

2007年,美国证券交易委员会允许非美国公司使用国际财务报告准则,并在国内就采用该准则展开咨询。

巴西、加拿大、智利、以色列、韩国 制定实行国际财务报告准则时间表。

国际会计准则委员会官方消息:100多个国家要求或允许采用国际财务报告准则。

2008年,马来西亚、墨西哥 宣布采用国际财务报告准则的意向。

2009年,20国集团领导人支持国际会计准则理事会工作,并呼吁快速建立全球倡导准则。

日本通过了国际财务报告路线图,允许自行采用国际财务报告准则。

2011年,俄罗斯决定从2012年起,采用国际财务报告准则。

2012年,20国集团成员国中,有3/4的成员国要求采用国际财务报告准则,见表3-1。

表3-1　20国集团成员国采用国际财务报告准则的情况

序号	国家	上市公司采用国际财务报告准则的情况
1	阿根廷	2012年1月开始采用。
2	澳大利亚	2005年起,所有私营部门报告主体使用,并作为公共部门报告的基础。
3	巴西	2008年1月,在个别公司报告中逐步采用;2011年12月起,银行和上市公司采用。
4	加拿大	2011年1月,所有上市公司采用,允许包括非营利组织在内的私营部门主体采用。
5	中国	2007年1月,采用实质性趋同的会计准则
6	欧盟	2005年起,要求所有欧盟成员国上市公司采用国际财务报告准则。
7	法国	2005年起,要求按照欧盟的采用和实施程序使用。
8	德国	2005年起,要求按照欧盟的采用和实施程序使用。
9	印度	与国际财务报告准则趋同,日期待定。
10	印度尼西亚	正在进行趋同,预期2012年就全面遵循国际财务报告准则的目标日期做出决定。
11	意大利	2005年起,要求按照欧盟的采用和实施程序使用。
12	日本	2010年起,允许一些国际性企业采用。
13	墨西哥	2012年起,采用国际财务报告准则。
14	韩国	2011年起,采用国际财务报告准则。
15	俄罗斯	2012年起,采用国际财务报告准则。
16	沙特阿拉伯	要求银行、保险公司采用,计划完全与国际财务报告准则趋同。
17	南非	2005年起,要求上市主体采用国际财务报告准则。
18	土耳其	2008年起,要求上市主体采用国际财务报告准则。
19	英国	2005年起,要求按照欧盟的采用和实施程序使用。
20	美国	2007年起,允许在美国上市的外国发行人采用。

(资料来源:国际财务报告准则网站:www.ifrs.org/)

四、国际会计准则趋同的机遇与挑战

(一)支持会计准则的国际趋同

(1)增进财务报告信息的可比性,使国际投资者具有决策有用的经济信息,从而推动国际资本市场的发展。

(2)节约跨国公司编报的时间和成本,有利于合并报表的编制。

(3)有利于全球会计准则水平的提高,特别是对于发展中国家。

(4)有利于提高跨国公司在若干个国家经营管理水平和工作效率。

(二)反对会计准则的国际趋同

(1)各国的环境(管辖权)与税收政策不同,会影响国际会计准则趋同。

(2) 会计准则的协调,得到最大的利益的是国际会计公司。

(3) 会计准则过多(本土、地区、国际),反而不利于应用。

(4) 资本市场的发展,并非要依靠"世界公认的会计准则",如果要有,必须首先要有一个公认的制定国际会计准则的权力机构。

(5) 有人曾对某些国际机构影响会计准则制定提出批评,认为带有政治色彩的机构不应该参与国际会计准则的制定。

(6) 会计准则的"经济后果",即根据会计准则编制的会计报告对企业、政府、投资者、债权人、公会等不同利益的集团产生影响。这样很难得到不同利益的集团有"统一"的认可。

本 章 小 结

本章讨论了会计准则协调化、标准化、国际趋同的基本概念。分析了国际会计准则协调化过程中,国际会计职业团体、国际资本市场监管机构、国际会计准则委员会等所做出的贡献。认为:国际资本市场的发展和完善、国际会计准则委员会的改组、欧盟与国际会计准则委员会的合作、美国与国际会计准则委员会的合作、中国的会计准则国际化等,是会计准则国际趋同的主要驱动力量。最后,本章对会计准则国际趋同的机遇与挑战进行了分析和归纳。

练习题与文献阅读

(一) 单项选择题

1. 国际会计师联合会成立于( )。
   A. 1972 年　　　　B. 1973 年　　　　C. 1977 年　　　　D. 1983 年
2. 欧盟公布了( ),提出对公司合并报表的编制和列报进行规范。
   A. 第 8 号指令　　B. 第 7 号指令　　C. 第 9 号指令　　D. 第 4 号指令
3. 国际会计准则委员会(IASC)建立于( )。
   A. 1972 年　　　　B. 1983 年　　　　C. 1973 年　　　　D. 2001 年
4. 国际会计核心准则由( )制定。
   A. 证券委员会国际组织　　　　　　B. 国际会计准则委员会
   C. 国际会计师联合会　　　　　　　D. 联合国
5. 国际会计核心准则中,涉及收益表的准则有( )。
   A. 租赁　　　　　B. 外币　　　　　C. 企业合并　　　D. 建筑合同
6. 欧盟于( )宣布,2005 年欧盟成员国的上市公司开始采用国际财务报告准则。
   A. 2005 年　　　　B. 2001 年　　　　C. 2002 年　　　　D. 2003 年
7. 澳大利亚于( )宣布,从 2005 年起开始采用国际财务报告准则。
   A. 2005 年　　　　B. 2001 年　　　　C. 2002 年　　　　D. 2003 年
8. 中国于 2006 年宣布,从( )起上市公司开始采用与国际财务报告准则趋同的新准则。

  A. 2006 年 B. 2007 年 C. 2008 年 D. 2009 年

9. 支持会计准则趋同的观点认为,会计准则国际趋同可以(　　)。

  A. 增进财务报告信息的可比性 B. 节约编制财务报告的时间和成本

  C. 提高跨国公司经营管理的能力 D. A+B

10. 反对会计准则趋同的观点认为,会计准则趋同(　　)。

  A. 会导致会计准则过多

  B. 使某些国际会计公司获取更多的利益

  C. 满足某些政治权力机构的需求

  D. A+B+C

(二) 思考题

1. 影响国际会计准则制定和实施的国际民间组织有哪些?在国际会计准则实施过程中的问题是什么?

2. 国际会计准则委员会为什么要改组?改组后与它的组织结构发生哪些变化?

3. 国际财务报告准则基金会受托人与国际会计理事会的关系是什么?如何理解制定国际会计准则机构的独立性问题?

4. 会计准则国际趋同的主要事件有哪些?

5. 你对会计准则国际趋同是支持还是反对?理由是什么?

(三) 文献阅读

1. Ian Loss Hutchison, World Order and Governance Changes at the IASC 1946—2000, Thesis, Queen's University December, 2003.

2. Deloitte, IFRS and US GAAP: A Pocket Comparison, 2008.

3. Stephen Barlas, Lance Thompson, Dennis Whitney, SEC Wants Convergence Insight: Rubber Starting to Hit the Road, Strategic Finance. Montvale: Oct 2010. Vol. 92, Iss. 4; pg. 26, 1 pgs.

4. www.IFRS.org, Who-We-Are-Chinese-2013.

5. Luzi Hail, Christian Leuz, and Peter Wysocki, Global Accounting Convergence and the Potential Adoption of IFRS by the U.S. Accounting Horizons, Vol. 24, No. 3, 2010, pp. 355-394.

第四章 国际财务报告与披露

本章主要内容
1. 国际财务报告与披露的差异
2. 国际会计准则概念框架的主要内容
3. 资产负债表的格式与主要内容
4. 收益表的格式与主要内容
5. 现金流量表编制的直接法和间接法

第一节 国际会计报告与披露的主要差异

向企业外界的使用者提供财务报表,在世界各国已经是一种普遍的惯例。由于影响会计的环境因素和不同国家的财务报表所依据的会计准则不同,各国财务报表之间也存在不同。造成各国财务报表分歧的根本原因在于国际会计多样性的存在。由于各国财务报表赖以建立的会计准则不同,对收入和资产计量会产生不同的影响。在国际范围内,人们对计量原则和计量实务多样性的认识正在逐渐增强,但对会计差别可能给收入和股东权益带来的全面影响人们还知之甚少。从财务报告跨国分析的角度来看,各国会计差异可能引发一系列的问题。在对外国公司评估时,人们倾向于从自己国家角度来看待收入和其他财务数据,从而可能忽略了国与国之间会计差异隐含的风险。对国际差别的认识提醒我们要熟悉外国会计准则,以便更好地理解不同计量方法下的收益数据。以下就与关键计量事项选择有关的会计原则进行一些国际比较。

一、计量基础(measurement)

在全球范围内至今流行的资产计量基础仍然是历史成本计量模式,但实际上,任何国家或地区早就不存在纯粹的历史成本计量,而是或多或少地在应用原始交易成本时掺杂某种形式的重估价或按现行市价估价的方法。美国、巴西、瑞士、中国和日本普遍要求保守地应用历史成本法。然而,在欧盟国家,尤其是英国和荷兰,人们倾向于使用一种更灵活的方式,在这两个国家中,历史成本被重估的市价或重置成本所频繁修正,尤其是涉及土地和建筑物以及更小范围的工厂和设备的情况下。存货计量普遍以"成本和市价孰低原则"为基础,但对市价的定义有多种,即可变现净值或重置成本。

二、折旧会计(depreciation accounting)

迄今为止,直线折旧法仍然是广为流行的折旧方法,但这并不排除在纳税申报环节采用加速折旧法。在美国和欧盟,尤其是英国,折旧会计倾向于以实用经济寿命这个概念为基础,而在法国、德国、瑞士和日本,税法普遍鼓励使用加速折旧法。

三、建造合同（construction contracts）

建造合同中在建工程的金额一般比较大,故而开工日期和完工日期通常分属于不同的会计年度,因此如何将合同收入与合同成本进行配比,分配计入实施工程的各个会计年度,就成为非常重要的问题。建造合同惯例普遍采用完工百分比法进行会计处理,但在瑞士、中国和日本可能采用更加保守的全部完工法。

四、研发支出（research & development costs）

关于研发支出的流行会计惯例,一般因研究与开发活动的分类而异。由于基础研究的成功几率一般较低,因此存在很大程度的不确定性,其研究成本通常费用化。应用研究的针对性虽然很强,但成功的不确定性仍然很高,因此其研究支出的主流惯例也趋于费用化。开发活动是在研究已经达到预期目标,大规模投产可以合理预期的前提下的一个稳定性开发过程,因此其支出的会计处理的主流惯例是资本化。在英美和日耳曼国家,研发支出通常在发生后就被立刻计入费用,但巴西普遍采取一种更为灵活的方式。

五、借款费用（borrowing costs）

借款费用是指主体因借入资金而发生的利息和其他费用。对于企业发生的权益性融资费用,不应包括在借款费用中。借款费用的确认主要解决的是将每期发生的借款费用资本化、计入相关资产的成本,还是将有关借款费用费用化、计入当期损益的问题,国际会计界对借款费用的会计确认原则未形成统一处理意见。美国、巴西、中国、日本允许借款费用资本化,而欧盟和瑞士对借款费用允许但不要求资本化,通常立即予以费用化。

六、收益表折算汇率（income statement translation rate）

在收益表折算汇率的确定上,各国的做法也有些不同。美国采用即期汇率或平均汇率,欧盟采用期末汇率,日本、巴西采用平均汇率或期末汇率,中国采用即期汇率和即期汇率的近似汇率,瑞士通常采用平均汇率。

七、退休福利（retirement benefits）

在处理养老金负债方面,国际差异较为显著。从国际范围内来看,是否预计在职职工的养老金负债,按什么基础预计,许多国家还没有制定和发布这方面的会计准则。美国、欧盟、瑞士的退休福利通常以应计方式进行会计处理,计划福利对员工来说可能是应付的,这与中国和巴西采取的成本在支付时立即费用化的即走即付方式不同。

八、递延税款（deferred tax）

所得税会计的惯例主要涉及所得税跨期摊配方法的采用和递延税款期末余额的处理方法。由于资产负债表债务法更便于解释企业未来期间所得税成本与利益同企业目前占用的有关资源之间的联系,从而更为便于体现纳税基础概念,目前已成为流行的国际惯例。关于递延税款期末余额是否调整,以及递延税款在资产负债表中的列报和所得税成本或利益在损益表中的列报问题,国际上也存在着不同的惯例。

九、企业合并和商誉(business combinations and goodwill)

各国对企业合并的处理方法按照特殊环境下的要求或允许使用权益结合法的程度不同而不同,通常被要求采用购买法。但是随着购买法的采用,国家间对于商誉处理方式的差别和争论也随之而来。如巴西、日本要求采用摊销法,与之相反,美国和英国则不要求采用摊销法,但对价值要进行减值测试。

十、无形资产(intangible assets)

无形资产是一个具有重大国际意义的问题。在资产的确认和计量上,关于无形资产的确认也许是最突出的问题。专利权初始成本的确认因专利权取得的情形而异,外购专利权的初始成本也就是交易成本,而自行研究开发专利权的初始成本确认则较为复杂,其通行惯例是专利权开发成本资本化。关于自行研究开发的专利权的资本化成本的摊销或转销的做法多种多样,特许权、商标权和其他类似权利的会计惯例与专利权也有许多共性。

十一、财务报表专用术语(special reporting words)

由于国际会计多样性的存在,各国传统财务报表在报表种类、报表格式、报表项目分类和术语等方面存在着差异。报表的外部使用者最需要的是关于企业财务状况和经营成果的信息,资产负债表和收益表作为世界各国都要求编制的最基本的财务报表,格式仍有所不同。此外,由于语言的不同,各国会计界在财务报表中所采用的术语往往是不同的,即使是某种共同的语言,会计术语的歧义依然存在,甚至引起误解。为此,国际会计准则委员会规定了财务报告的标准术语,并以此与美国、英国的会计专用术语进行了比较(见表4-1)。

表4-1 财务报告专用术语比较表

中国(CHINA)	国际会计准则委员会(IASB)	美国(USA)	英国(UK)
资产负债表	statement of financial position	balance sheet	balance sheet
应收账款	trade and other receivables	accounts receivable	debtors
坏账准备	allowance for bad debts	allowance for doubtful accounts	provision for doubtful debts
存货	inventory	inventory	stock
流动资产	current assets	current assets	current assets
非流动资产	non-current assets	long-term assents	fixed assets
固定资产	property, plant and equipment	property, plant and equipment	tangible fixed assets
应付账款	trade and other payables	accounts payable	creditors
非流动负债	non-current liabilities	long-term liabilities	creditors: amounts falling due after more than one year

续表

中国 (CHINA)	国际会计准则委员会 (IASB)	美国 (USA)	英国 (UK)
普通股	share capital	common stock	ordinary shares
库存股	treasury shares	treasury stock	own shares
所有者权益	shareholders' equity	shareholders' equity	shareholders' equity, shareholders' funds, capital and reserves,
利润表	statement of comprehensive income	income statement	profit and loss account
营业收入	sales(or revenue)	sales(or revenue)	turnover
坏账（费用）	bad debts	doubtful accounts	bad debts, doubtful debts,
现金流量表	statement of cash flows	statement of cash flows	cash flow statement
股票	shares	stock	shares
购买	acquisition	purchase	acquisition
余额递减折旧法	diminishing-balance depreciation method	declining-balance method	reducing-balance depreciation method
公司	entity	corporation	company
稳健	prudence	conservatism	prudence

各国财务报表的差异困扰着跨国使用者，对于国际资本市场而言，只有来自全球的外国公司的财务报表都具有可比性，才符合上市和交易的需要。修订后的《国际会计准则第1号——财务报表的列报》(IAS1)作为IASB的《国际会计准则改进》项目的一部分，于2003年12月正式颁布，2005年1月1日生效。IAS1认为财务报表是对企业财务状况和经营业绩的结构性表述。通用财务报表的目的是提供有助于广大使用者进行经济决策的有关企业财务状况、经营业绩和现金流量的信息。《国际会计准则第1号——财务报表的列报》目的是规范通用财务报表的列报基础，以确保主体自身的财务报表与前期的财务报表以及其他主体的财务报表相互可比，主要涉及列报的总体要求、结构指南、列报内容的最低要求、遵从国际财务报表准则情况的指南以及背离国际财务报表准则情况的指南等内容。IAS1不涉及具体交易和事项的确认、计量和披露问题，只是对财务报表列报的总体要求作了规定，提出了为满足信息使用者的共同需要，财务报表应列报内容的最低要求，并提供了有关财务报表结构的指南。IAS1要求一份完整的企业财务报表应当包括资产负债表、收益表、权益变动表、现金流量表、重大会计政策和说明性注释五个部分。

第二节 国际会计准则的概念框架

国际会计准则委员会(IASC)在开始制定准则时，考虑到世界各国所处的不同政治、经济、法律和文化环境影响，通常允许同一会计事项可选择不同的会计处理方法，但允许会计方法的多种选择往往无法协调全球会计实务，降低了会计信息的可比性。要制定一套高质量国际会计准则，需要形成一套被全世界接受的会计处理的共同基础，即概念框架(IASB framework)。为此，IASC在参照美国财务会计概念公告(SFAC)的基础上，经多次审慎讨论,于1989年7月正式发布《编报财务报表的框架》,2001年改组后的国家会计准则理事会(IASB)采纳了这一框架。随着经济环境的变化,特别是全球会计准则国际趋同的发展,2004年10月,IASB和美国财务会计准则委员会(FASB)合作,准备在《财务会计概念公告》和《编报财务报表的框架》的基础上制定一份共同的概念框架。这一项目将分阶段进行,目前已发布了关于财务报表目标和信息质量特征的征求意见稿,并且对财务报表要素,如资产和负债的定义进行了讨论。本节将在现行《编报财务报表的框架》(Framework for the Preparation and Presentation of Financial Statements)的基础上,依据项目的进展对相关内容进行更新。

一、《编报财务报表的框架》与国际会计准则的关系

概念框架(CF),不论是被称为财务会计概念公告(美国)、编报财务报表的框架(国际会计准则理事会),还是财务报表原则公告(英国),都被视为理论。这种理论是实用性的,是对会计准则进行评估和发展的一种参考框架。理论有权威性,但没有强制性,理论可以脱离会计准则而独立存在。由此可见,概念框架不属于会计准则,是用来评价、制定和发展会计准则的会计理论。概念框架是会计理论体系的重要组成部分,并没有研究所有的会计理论问题,主要研究的是与会计和财务报表准则相关的会计理论问题。

《编报财务报表的框架》不是一份国际会计准则,没有针对特定问题设立计量和报告标准。因此,特定的会计问题必须遵循具体的国际会计准则。《编报财务报表的框架》的任何内容都不支配特定的国际会计准则。国际会计准则理事会承认,在为数不多的情况下,它和某项国际会计准则之间可能会有抵触。在那些有抵触的情况下,应当以国际会计准则而不是《概念框架》的要求为准。当然,由于IASB在制定新准则和审议现有准则的过程中,将受到《概念框架》的指导,它和国际会计准则之间抵触的情况将随着时间的推移而减少。

二、《编报财务报表的框架》的主要内容

《编报财务报表的框架》由前言、引言、财务报表的目标、基础假设、财务报表的质量特征、财务报表的要素、财务报表要素的确认、财务报表要素的计量、资本和资本保全的概念九部分内容组成。涉及的主要问题有以下五个方面。

(一)财务报表的目标(objective of financial statements)

1. 财务报表的使用者

确定财务报表的使用者是提出财务报表目标的前提。根据系统论的观点,会计目标是会计系统运行所期望达到的目的或境界,它的内容受到人们(主要是信息使用者)主观期望的影响。国际会计准则委员会认为,财务报表的使用者应包括如下八个方面:①企业现在的和潜在的投资者,②雇员,③债权人,④供应商,⑤客户,⑥政府机构,⑦其他机构组织,⑧公众("框架"第9条)。并强调,这些使用者不分先后排列,不强调谁是财务报表的主要使用者。这一提法与部分国家的会计准则的提法有明显的不同。例如:美国提出财务报表的主要使用者是投资者;日本是债权人;德国是政府税收部门。而我国的提法是:"符合国家宏观经济管理要求,满足有关各方了解企业财务状况和经营成果的需要,

满足企业经营管理的需要"(企业会计准则第11条)。

2. 财务报表的目标

财务报告有众多的使用者,这些使用者应用财务报告的目标是不同的。国际会计准则委员会认为,财务报表的目标是向所有的财务报表的使用者提供关于企业财务状况、经营成果和财务状况变动的信息,以供财务报表使用者进行经济决策("框架"第12条)。这些经济决策主要包括如下八个方面:

(1)投资者。关心他们的投资风险和投资报酬,以作出是否买进、卖出或继续持有证券的决策。

(2)雇员。关心雇主的经营业绩和企业的获利能力,以作出是否可能继续就业、获得工薪报酬和有关福利的决策。

(3)债权人。关心贷款是否安全、还款是否及时,以作出是否继续贷款或中止贷款的决策。

(4)供应商。关心是否可按期收回货款,以作出制定新的供货政策的决策。

(5)客户。关心企业是否能持续经营、与企业发生交易的长远利益是什么,以作出是否与企业进一步发展交易往来的决策。

(6)政府机构。关心企业的经营成果,以作出制定新的税收政策、合理配置资源的决策。

(7)其他机构组织(如环境保护机构)。关心企业的生态环境和社会的生态环境,以作出制定合理的环境保护政策的决策。

(8)公众。关心与公众相关的经济利益,以作出评价企业经营好坏的决策。

《编报财务报表的框架》范围内的财务报表是针对众多使用者共同需要的通用财务报表,包括合并财务报表,但专用财务报表不属于《编报财务报表的框架》的范围,比如募股说明书和为纳税目的而编制的计算表。通用财务报表的目标是为现在和潜在的投资者、债权人及其他使用者提供有用的信息,以便其作出投资、信贷及类似的资源配置决策。为决策有用而编制的财务报表,能够满足大多数使用者的共同需要,但财务报表并不能提供给使用者进行资源决策所需的全部信息,因为财务报表主要描绘过去事件的财务影响。

3. 财务报表目标的几点争议

世界各国会计理论体系中的目标一般可归纳为受托责任学派和决策有用学派两个流派,并以决策有用学派为主流。受托责任学派以委托代理理论为基础,强调反映过去的经营业绩,以评价资源委托者对受托责任的履行情况;决策有用学派则以投资理论为基础,强调反映未来的财务和非财务信息,以有助于企业的利益相关者进行决策。关于以上国际会计准则委员会提出的财务报表的目标,值得提出争议的有以下几个方面:

(1)有些国家认为,财务报表的目标首先应为企业的管理决策服务。笔者认为,从可比性出发,如果企业的管理当局需要评价其管理的业绩,他们可以利用财务报表提供的这些信息,但这一目标并不属于国际会计委员会对财务报表目标所限定的范围。

(2)有些国家认为,财务报表的目标应强调为国家税收服务,应有利于国家进行制定合理的税收政策。笔者认为,可比性与各国的税收政策并不矛盾,如果某些国家的税法要求与国际会计准则委员会规范的财务报表的要求相一致,那么这些国家可以利用财务报表的信息制定合理的税收政策。

（3）在欧洲，欧共体第四号指令对财务报表规范指出：财务报表应真实、公允地提供公司的资产、负债、财务状况和净损益等财务信息；而在北美一些国家，例如美国，提出财务报表必须公允地反映企业的财务状况、经营业绩和现金流量，以符合公认会计原则。笔者认为对于以上两种提法，并非每个国家都能接受。虽然国际会计准则委员会并没有对此要求进行直接的表述，但是，如果财务报表符合其规定的质量标准，其结果也就体现了这些要求。

（4）财务报表并不能够满足经济决策者所需的全部信息，特别是那些非财务信息。因为，财务报表的信息还是局限于企业过去已发生的财务信息。如果有的财务报表使用者希望得到更多的信息，他可以向企业要求提供一些补充信息。由于财务报表是"公用商品"（public goods），因此笔者认为，从财务报告信息的可比性来看，它应强调"公用性"而不应强调各个使用者的"个性"。

（二）基本假设（underlying assumptions）

1. 权责发生制（accrual basis）

财务报表应根据权责发生制编制。按照权责发生制，应在交易和其他交易发生时，而不是在收到或支付现金或现金等价物时确认其影响，而且要将它们计入与其相联系的期间的会计记录并在该期间的财务报表内予以报告。根据权责发生制编制的财务报表，不仅告诉使用者过去发生的、关系到现金收付的交易，而且告诉他们未来支付现金的义务和代表未来将要收到现金的资源。因此，这些财务报表提供在经济决策中对使用者最为有用的关于过去发生的交易和其他事项的信息。

2. 持续经营（going concern）

财务报表的编制，通常是根据企业是经营中的实体并且在可以预见的将来会继续经营的假定，从而是在假定企业既不打算也没有必要实行清算或大大缩小经营规模。如果有这种打算或必要，财务报表就必须按照不同的基础编制。

（三）财务报表的质量特征（qualitative characteristics of financial statements）

质量特征指使财务报表提供的信息对使用者有用的那些性质。决策有用的财务报表信息必须具有相关性、如实反映、可比性、可理解性等质量特征。除了要考虑质量特征外，财务报表所提供的信息还要受两个条件的约束，即重要性和成本效益原则。

1. 相关性（relevance）

信息要成为有用的，就必须与使用者的决策需要相关。当信息通过帮助使用者评估过去、现在或未来的事件或者通过确证或纠正使用者过去的评价，影响使用者的决策时，信息就具有相关性。相关的信息具有预测价值、确证价值和及时性。

预测价值是指信息有助于使用者预测未来事项，比如未来现金流量的时间、金额和不确定性。信息要具有预测价值，不一定非要采取明确的预报形式。有关过去交易和事项的编报形式本身，就能提高根据财务报表进行预测的能力，比如分别列示异常、特殊和偶发的收益或费用项目，就可以提高收益表的预测价值。

确证价值是指信息有助于使用者评估过去和现在的事项，从而证实或纠正使用者过去的评价。信息的确证价值和预测价值是相互联系的,比如有关现有资产水平和结构的信息,对使用者预测报告主体的发展前景有价值,而对报告主体过去的预测,上述信息则可以起到确证作用。

及时性指信息在失去其决策作用前,就为决策者所掌握。如果在需要时得不到信息,而得到它时却已在事项发生了很久以后,以致无法影响到决策,它就失去了相关性。相关性要求及时报告交易、事项及情况的进展,但在完全了解交易、事项及情况之前就作出报告可能影响精确性。为了提高及时性而适当影响精确性有时是值得的,但有些信息即使在报告期以后很长一段时间内仍是及时的,因为使用者在决策中仍需考虑这些信息。

2. 如实反映(faithful representation)

信息要是有用,就必须如实反映其所拟反映的真实世界的经济现象。财务报表中反映的现象是报告主体的经济资源,对经济资源的索取权,以及引起两者改变的交易、事项和环境。要如实反映这些经济现象,财务报表提供的信息就必须具有可验证性、中立性和完整性。

可验证性意味着相互独立的人员会就直接验证或间接验证达成一致。直接验证指反映经济现象的信息不存在重大的错误或偏向,间接验证是指选择的确认和计量方法在应用中不存在重大的错误或偏向。可验证性并不要求信息是一个点估计值,变动范围内的可能值及其概率分布也能够被验证。

中立性是指不会为达到某一预定结果或特定行为而歪曲信息,即不带偏向。信息要如实反映经济现象,就必须是中立的。如果财务报表通过列报选取的信息去影响使用者的决策,以求达到预定的结果,那种财务报表就不是中立的。

财务报表中的信息要做到如实反映,就必须在重要性和成本允许的范围内做到完整,遗漏重要的信息会导致使用者产生误解。

3. 可比性(comparability)

可比性包括一致性。为了明确企业财务状况和经营业绩的变化趋势,使用者必须能够比较企业不同时期的财务报表。为了评估不同企业相对的财务状况、经营业绩和财务状况变动,使用者必须能够比较不同企业的财务报表。因此,对于整个企业及其不同时点,以及对于不同的企业,同类交易或其他事项的计量和列报,都必须采用同样的方法。可比性这一质量特征有一个重要含义,即应当把编制财务报表所采用的会计政策、这些政策的变动和变动的影响告诉使用者。

4. 可理解性(understandability)

财务报表内所提供信息的基本质量特征之一,就是便于使用者理解。可理解的前提是假定使用者具有一定的报告主体、经济活动和会计方面的知识,并且愿意相当努力地去研究信息。然而,有些涉及复杂事项的信息,因其对使用者经济决策需要的相关性而应当列入财务报表,不能仅仅以可能使某些使用者难以理解为由而将其排除在外。信息的分类和列报越清楚和简洁,就越容易理解。

5. 财务报表的约束条件(constraints)

除了上述所说的相关性、如实反映、可比性和可理解性外,财务报表还受到重要性和成本效益原则约束条件的制约。

(1) 重要性(materiality)。如果信息的漏报或错报会影响使用者根据财务报表作出的经济决策,信息就具有重要性。重要性取决于漏报或错报的性质和大小以及报告主体的情况。重要性需要在信息质量特征的背景中进行考虑。一般来说重要性项目与经济交易的相关性有关,但有时也应考虑到经济交易的金额大小,或两者都需考虑,然后进行取舍。如企业某项会计政策的变更对本年度的财务状况不产生重大影响,但可能对企业若干年后的财务状况发生重大影响,这样的会计政策的变更则被认为是重要的,应予以披露。

重要性与前面四项质量特征及成本效益原则的主要区别是,重要性不是准则制定者要考虑的事情。

(2) 成本效益原则(benefits and costs)。信息所产生的效益,应当超过提供信息的成本。由于外部性原因,信息成本与信息效益不一定是由同一主体承担,因而在一些情况下,很难进行成本效益的比较。对信息效益和成本的评价,实质上是一种判断过程。尽管如此,财务报表的编制者和使用者,尤其是准则制定者,应当意识到这一约束。

(四) 财务报表要素的定义及其确认和计量

1. 财务报表要素的定义

为了揭示交易和其他事项的财务影响,可根据经济特性将它们分成大类,这些大类被称为财务报表的要素。与资产负债表相联系反映财务状况的要素有资产、负债和权益,与收益表相联系反映经营成果的要素有收益和费用。

(1) 资产(assets)。资产是指由于过去交易而由主体控制的,预期会导致未来经济利益流入主体的经济资源。成为主体的一项资产应具有三个必要特征:资产是一种经济资源;主体对该经济资源拥有权力或特权;在财务报表日存在着这个权力或特权。

(2) 负债(liabilities)。负债是指主体由于过去事项而承担的现时经济义务,该义务的履行预期会导致含有经济利益的资源流出主体。与资产类似,负债的这个概念也包含三个要点:主体以一定方式去执行和完成以经济资源偿还或者制止债务的义务;在财务报表日存在这笔债务;该笔债务为经济性的,主体应以经济资源偿还或者准备偿还这笔债务给他方。

(3) 权益(equities)。权益是指报告主体资产扣除报告主体全部负债以后的剩余利益。权益在资产负债表中可以根据其性质进一步进行分类。例如公司制报告主体中的权益可分为投入资本、留存收益和各种储备。储备是根据法律、法规和税法的要求设立的,其目的是给主体及债权人增加一种不受亏损影响的额外保障。由于储备提供了与使用者决策相关的信息,因而需要从留存收益中划分出来,单独列报。独资报告主体、合伙报告主体所适用的法律和监管框架往往与公司制报告主体不同,但权益的定义对于这些报告主体同样适用。

在评估某一项目是否符合资产、负债或权益的定义时,应当注意其内在经济实质,而不仅仅是法律形式。以融资租赁为例,其经济实质是承租人通过承担支付约等于资产公允价值和有关财务费用的义务,获取了在其使用年限的大部分时间内使用租赁资产的经济利益。因此,融资租赁形成的项目,符合资产和负债的定义,应在承租人的资产负债表中加以确认。

(4) 收入(revenue)。收入是指会计期间内经济利益的增加,其形式表现为因资产流入、资产增值或是负债减少而引起的权益增加,但不包括与权益参与者出资有关的权益增加。收入包括收入和利得。

收入是日常活动中产生的,包括销售收入、服务费、利息、股利、特许使用费和租金等。利得包括符合收益定义的其他项目,既可能产生于报告主体的正常经营活动,也可能产生于非正常经营活动中,包括已实现和未实现收益,比如变卖非流动资产所发生的收益,资产重估所产生的未实现收益。利得代表了经济利益的增加,这和收入在性质上没什么不同。因此《编报财务报表的框架》没有将收入和利得作为单独的要素。

(5) 费用(expenses)。费用是指会计期间经济利益的减少,其形式表现为因资产流出、资产消耗或是发生负债而引起的权益减少,但不包括与对权益参与者分配有关的权益减少。费用包括正常活动中发生的费用,也包括损失。

正常活动中发生的费用常常表现为现金、现金等价物、存货和固定资产的流出和消耗,如销售成本、工资和折旧费等。损失包括符合费用定义的其他项目,可能产生于企业的正常活动之中或之外,损失可能是已实现的,也可能是未实现的。如处理非流动资产发生的损失,自然灾害损失,外币借款因外币汇率提高而发生的未实现损失。损失是经济利益的减少,其在性质上与其他费用并没有差别,因此《编报财务报表的框架》没有把损失作为单独的要素。

2. 财务报表要素的确认

财务报表要素的定义,确定了它们的基本特性,而不是规定它们在财务报表内得到确认的标准。财务报表要素要在财务报表内得到确认还需满足确认的标准。确认是指将符合要素定义和确认标准的项目纳入资产负债表或收益表的过程。符合确认标准的项目,应当在资产负债表或收益表内予以确认,而不能再以财务报表外的披露来代替。确认的标准有两条:一是与该项目有关的未来经济利益将很可能流入或流出报告主体,由于未来经济利益是不确定的,确认标准应考虑未来经济利益的概率,在确认标准中采用"很可能"的概念,是为了指出与项目有关的未来经济利益将会流入或流出报告主体的不确定程度。例如,在确认报告主体应收账款的同时,又要确认可能发生的坏账损失。二是对该项目的成本或价值能够可靠地加以计量。对成本或价值进行估计,是财务报表编制过程中不可避免的,只要不降低财务报表的可靠性,合理的估计是必需的,但如果无法作出合理的估计,就不能在财务报表中确认这一项目。假设某一诉讼案件可能带来赔款收入,既符合资产和收益的定义,又符合确认的概率标准,但如果不能可靠地计量赔款的金额,就不能将其确认为资产和收益。

(1) 资产的确认。如果一项资产的未来经济利益很可能流入报告主体,其成本和价值也能够可靠地加以计量,就应当在资产负债表内确认为资产。如果支出已经发生,但是认为经济利益不大可能在以后期间流入报告主体,就不应当在资产负债表内确认为资产,相反,应确认为一项费用。

(2) 负债的确认。如果由于一项现时义务的履行,含有经济利益的资源很可能流出报告主体,结算金额能可靠地加以计量,就应当在资产负债表内确认为负债。在实务中,导致义务的合同尚未执行,比如已订购但尚未收到的存货,虽然这些义务符合负债的定义,但在财务报表内一般不确认为负债,只有在特定情况下满足了确认标准,才可以确认。

(3) 收入的确认。如果未来经济利益的增加与资产的增加或负债的减少相关,并且能够可靠地加以计量,就应当在收益表内确认收益。实务中通常要求收入已经赚取才能确认,只把能够可靠地计量并且具有足够确定性项目确认为收入。

(4) 费用的确认。如果未来经济利益的减少与资产的减少或负债的增加相关,并且能够可靠地加以计量,就应当在收益表内确认费用。在收益表内确认费用,应以所发生的费用与所取得的收益之间的联系为基础,这一过程通常被称为费用与收入的配比,即同一交易或事项产生的收入和费用,应同时确认或合在一起确认,但配比概念的应用不应该导致在资产负债表内确认不符合资产或负债定义的项目。此外,如果经济利益在若干会计期间产生,并且只能大致和间接地确定费用和收益的联系,就应当按合理的分配规则,在收益表内确认费用,如固定资产折旧和无形资产的摊销。

(5) 权益的确认。由于权益体现的是投资人在企业中的剩余权益,因此,权益的确认主要取决于其他会计要素,尤其是资产和负债的确认。资产和负债的重估而引起的金额变动虽然符合收益和费用的定义,但是根据特定的资本保全概念,它们不列入利润表,而是直接计入资产负债表中的权益。

财务报表要素的确认是相互联系的,一个项目符合某种要素的定义和确认标准,就会自动要求确认另一种要素,比如在确认收益的同时,实际上意味着也要确认资产的增加或负债的减少,在确认费用的同时,则意味着也要确认负债的增加或资产的减少。

3. 财务报表要素的计量

计量是指为了在资产负债表和收益表中确认和列报财务报表要素而确定其金额的过程。这一过程涉及选择具体的计量基础。《编报财务报表的框架》给出了历史成本、现行成本、可变现价值(结算价值)、现值四种可供选择的计量基础。在这四种计量基础中,历史成本是编制财务报表最常用的计量基础,但在运用中常常结合其他计量基础。比如存货按成本与可变现净值孰低列报,有价证券按市价列报,养老金按现值列报。在物价变动会计中,为处理非货币性资产价格变动的影响,还可以采用现行成本基础来弥补历史成本会计模式的不足。

(1) 历史成本。资产按购置时支付的现金及现金等价物,或按支付对价的公允价值确认和列报。负债按照承担义务而收到的款项,或在正常经营中为偿还负债预期支付的现金或现金等价物确认和列报。

(2) 现行成本。资产按照现在购买同样或类似资产所需支付的现金或现金等价物确认和列报。负债按现在偿付该项债务所需支付现金及现金等价物(不折现)确认和列报。

(3) 可变现净值。资产按照现在正常变卖资产所能得到的现金或现金等价物确认和列报。负债按其结算价值,即在正常经营中为偿还负债将会支付的现金和现金等价物(不折现)确认和列报。

(4) 现值。资产按照其在正常经营中所能产生的、未来现金流入净额的折现价值确认和列报。负债按照其在正常经营中予以偿还所需的、未来现金流出净额的折现价值确认和列报。

(五)资本和资本保全的概念(concepts of capital and capital maintenance)

国际会计准则委员会在《编报财务报表的框架》中将资本的概念划分为资本的财务概念和资本的实物概念。相应的,资本保全可分为财务资本保全和实物资本保全。

1. 财务资本保全(financial capital maintenance)

按照资本的财务概念,资本视同投入的货币或投入的购买力,是净资产或权益的同义语。根据财务资本保全的要求,在扣除本期内对业主的分配和业主的出资以后,期末净资产的财务(或货币)金额大于期初净资产的财务(或货币)金额,才算赚得利润。财务资本保全的计量,可以用名义货币单位或固定购买力单位。

2. 实物资本保全(physical capital maintenance)

按照资本的实物概念,资本视同营运能力(企业的生产能力)。实物资本保全要求采用现行成本计量基础,所有影响企业资产和负债的价格变动,都应当作为企业的实物生产能力计量上的变动。根据实物资本保全的要求,在扣除本期内对业主的分配和业主的出资以后,报告主体的期末实物生产能力(营运能力),或报告主体期末达到上述实物生产能力所需的资源或资金,必须大于期初实物生产能力,才算赚得利润。

资本保全的概念提供了计量利润的参照点,从而也就规定了资本概念和利润概念的联系。它是区分报告主体资本回报和资本返回的前提,资本的流入必须大于保全资本所需要的金额,才可以作为利润,才可以作为资本回报。

第三节 资产负债表

资产负债表(balance sheet)是反映企业在某一特定日期的财务状况的会计报表,主要提供有关企业某一特定日期关于资产、负债、所有者权益及其相互关系的信息。国际会计准则第1号(简称IAS1)详细规定了资产负债表的分类以及应列报和列示的信息内容。每个主体均应依据其经营的性质,按照准则的规定,在资产负债表中将流动和非流动资产、流动和非流动负债作为单独的类别列报,除非按流动性的列报能够提供更为相关和可靠的信息。当适用这种例外情况时,所有资产和负债均应按广义上的流动性顺序列报。

一、资产负债表列报的信息

作为最低要求,IAS1规定资产负债表内应包括以下项目:

① 不动产、厂房和设备;
② 投资性房地产;
③ 无形资产;
④ 金融资产;
⑤ 用权益法核算的投资;
⑥ 生物资产;
⑦ 存货;
⑧ 应收账款和其他应收款;
⑨ 现金及现金等价物;

⑩ 应付账款和其他应付款；
⑪ 准备金；
⑫ 金融负债；
⑬ 当期所得税资产和所得税负债；
⑭ 递延所得税资产和负债；
⑮ 少数股权；
⑯ 归属于母公司股东的已发行资本和公积。

其他应在资产负债表或附注中披露的信息包括主体根据经营方式对报表单列项目所作的二级分类。提供二级分类的详细程度取决于国际会计准则的要求和涉及金额的规模、性质和功能。如果条件允许,每个项目应按其性质进行二级分类,应付或应收母公司、集团内的其他子公司、联营主体和其他关联方的款项应单独披露。主体还应在资产负债表或附注中披露下列内容：

① 每类股数,包括核定的股数、已发行且已收到全额股款的股数及已发行但尚未收到全额股款的股数、每股面值或无面值股票、年初和年末发行在外股数的调节、附于各类股本上的各种权利以及优惠和限制、主体自身持有的或主体的子公司或联营主体持有的本公司的股数、为以期权和销售合约方式发售而储备的股数；

② 股东权益中每项公积的性质和用途的说明；

③ 在资产负债表日后,批准报出财务报表前已提议或宣告的股利金额；

④ 未确认的累积优先股的股利金额。

IAS1 同时规定,没有股本的主体(如合伙企业),应披露与以上要求的信息对等的信息,以反映当期每一类别的权益和权利,以及附于每一类别权益上的优惠和限制条件的变化情况。

二、资产的分类

资产可以分为流动资产和非流动资产。根据 IAS1,当某项资产符合以下条件之一时,则应将其划分为流动资产：

① 预期能在企业正常经营周期中实现,或持有以待出售或消耗；

② 主要为交易目的而持有；

③ 预期在资产负债表日后 12 个月内变现；

④ 自资产负债表日一年内,交换其他资产或清偿负债的能力不受限制的现金或现金等价物。

除此之外,所有资产都应划归为非流动资产。非流动资产指具有长期性质的有形、无形、经营性和金融资产。在资产负债表上,流动资产项目主要包括现金及现金等价物、交易性投资、应收款项、存货、预付费用等,而非流动资产项目表现为持有至到期投资、投资性房地产、不动产、厂场和设备、无形资产和其他资产等。

三、负债的分类

负债可以分为流动负债和非流动负债。IAS1 规定当某项负债符合以下条件之一时,应当将其划归为流动负债：

① 预期能在企业经营周期的正常过程中清偿；
② 主要为交易目的而发生的债务；
③ 在资产负债表日后 12 个月内到期清偿；
④ 企业无权自主将清偿推迟至资产负债表日后一年以上。

除此以外，所有的其他负债应划归为非流动负债。在一个经营周期内不能得到清偿的非流动负债主要包括资产获取过程中所产生的负债，例如债券发行、长期票据和租赁负债，不是来自正常经营过程中的负债，如养老金负债，对未来可能产生的损失具有较大不确定性的或有负债，如产品担保。如果长期附息负债符合原定期限超过 12 个月，主体打算得到再融资协议或重新安排支付协议的支持，在财务报表批准报出前已完成等条件，即使其在资产负债表日后 12 个月内到期，主体也应将其持续地划归为非流动负债。此外，非流动负债中还包含其他负债，主要是指并不符合负债定义，只是出于递延法计量所递延所得税贷项或是递延投资税贷项。

四、资产负债表的格式比较

关于资产负债表项目的排列，不同的国家和地区列报的格式有所不同。

美国企业把变现能力最强的项目列在最先，在资产方，先流动资产后非流动资产，在负债和业主权益方，先流动负债后长期负债，再后为业主权益。美国模式可见表 4-2。

表 4-2 资产负债表——美国模式

流动资产		
现金和银行存款	202	
短期投资	440	
应收账款	2 194	
存货	643	3 479
长期资产		
地产、厂房和设备	2 844	
无形资产	384	3 228
累计折旧及摊销	880	2 348
长期投资	1 118	
长期应收账款	1 000	4 466
资产合计		7 945
流动负债		
银行借款	892	
一年内到期的长期负债	100	
应付账款	1 530	
应付所得税	523	
应计费用	785	3 830
长期负债和递延收益		
有担保的借款	838	
无担保的借款	200	
递延所得税	401	
养老金	438	
递延收益	80	1 957

续表

少数股权		566
权益		
股本	850	
超面值缴入股本	190	
外币兑换损益	140	
留存收益	412	1 592
负债及权益合计		7 945

欧洲的一些国家列报方式与美国不同,在资产方,先非流动资产后流动资产,在业主权益和负债方,先业主权益,后长期负债,再后为流动负债。欧洲模式的资产负债表格式见表 4-3。

表 4-3 资产负债表——欧洲模式

长期资产		
无形资产	304	
地产、厂房和设备	2 122	
长期投资	1 118	
长期应收账款	1 000	4 544
流动资产		
存货	643	
应收账款	2 194	
短期投资	440	
现金和银行存款	202	3 479
资产合计		8 023
权益		
股本	850	
超面值缴入股本	190	
重估价增值	78	
储备基金	25	
外币兑换损益	140	
留存收益	387	1 670
少数股权		566
长期负债和递延收益		
养老金	438	
递延所得税	401	
有担保的借款	838	
无担保的借款	200	
递延收益	80	1 957
流动负债		
银行借款	892	
一年内到期的长期负债	100	
应付账款	1 530	
应付所得税	523	
应计费用	785	3 830
负债与权益合计		8 023

将美国与欧洲的一些国家相比较,前者是重视企业短期偿债能力的反映,后者则是重视企业长期财务实力的反映。一般认为,上述两种资产负债表模式都能够满足具有一定经营和会计知识的财务报表使用者的需要。但是 IAS1 规定,资产负债表的格式列报应根据资产、负债的流动性从弱到强排列。

第四节 收益表

收益表(income statement)提供有关主体经营成果方面的信息。一般而言,在一个会计期间确认的所有收益和费用项目都应包括在损益中,除非准则与解释公告另有要求。

一、收益表列报的信息

IAS1 规定,企业在收益表中至少应包括反映下列金额的单列项目:

① 收入、融资成本、用权益法核算的对联营企业投资和对合营企业投资所享有的损益份额、所得税费用、终止经营后的税后损益;

② 当期损益;

③ 按性质分类的其他全面收益的各个组成部分;

④ 用权益法核算的对联营企业投资和对合营企业投资所享有的其他全面收益份额;

⑤ 总计全面收益。

在收益表内应当披露总计全面收益和其他全面收益中归属于少数股权的损益和归属于母公司权益持有人的损益。由于 IAS1 规定了全面收益表项目披露的最低要求,如果对于理解主体的财务业绩具有相关性,企业可在全面收益表内列报追加的单列项目、标题和小计金额。

在收益表内或附注中应列示的其他信息包括:

① 对重要的收益和费用的单独披露,涉及处置不动产、厂房和设备,处置投资、终止经营以及诉讼清偿等;

② 基于费用的性质或其在主体中的功能对费用进行的分类分析,以及关于费用性质的附加信息,如折旧费、摊销费和雇员福利费等;

③ 当期已确认为向权益持有者分配的股利金额以及相应的每股金额,这些信息也可以在收益表内或权益变动表内进行披露。

二、收益表格式

(一) 单一报表法

IASB 在 2008 年修订的 IAS1《财务报表的列报》中对企业全面收益表(statement of comprehensive income)的格式和内容进行了全面更新,允许企业选择两种不同的格式来呈报全面收益,即单一报表法(single statement approach)和双重报表法(two statements approach)。单一报表法是仅提供一份全面收益表来报告总计全面收益,总计全面收益由当期实现的损益和其他全面收益构成,单一报表法格式见表 4-4。

表 4-4　全面收益表　　　　　　　　　　　　　　　　　　　单位：元

项目 \ 时间	2015	2014
销售收入	780 000	710 000
销售成本	(500 000)	(550 000)
税前利润	280 000	160 000
所得税费用	(50 000)	(30 000)
持续经营活动利润	230 000	130 000
本期终止经营活动损失	(61 000)	—
本期净利润	169 000	130 000
其他全面收益：		
外币报表折算的利得和损失	10 000	20 000
可供出售金融资产确认的利得和损失	4 800	7 000
现金流量套期的利得和损失的有效部分	2 400	4 400
厂场资产重估的利得或损失	16 000	14 000
设定受益养老金计划的精算利得和损失	(1 334)	2 666
占联营企业其他全面收益的份额	800	(1 400)
其他全面收益组成部分的所得税	(8 000)	(7 800)
税后其他全面收益	24 666	38 866
本年度总计全面收益	193 666	168 866
本期利润的分配：		
母公司股东	152 542	117 780
非控制股权股东	16 458	12 220
	169 000	130 000
本年度总计全面收益分配：		
母公司股东	173 208	150 246
非控制股权股东	20 458	18 620
	193 666	168 866

（二）双重报表法

双重报表法是提供一份收益表来报告当期实现的损益；另一份报表显示其他全面收益，双重报表法格式见表 4-5 和表 4-6。

表 4-5　全面收益表——双重报表法（1）　　　　　　　　　单位：元

项目 \ 时间	2015	2014
销售收入	780 000	710 000
销售成本	(500 000)	(550 000)
税前利润	280 000	160 000
所得税费用	(50 000)	(30 000)
持续经营活动利润	230 000	130 000
本期终止经营活动损失	(61 000)	—
本期净利润	169 000	130 000
本期利润分配：		
母公司股东	152 542	117 780
非控制股权股东	16 458	12 220
	169 000	130 000

表 4-6 全面收益表——双重报表法（2）　　　　　　　　　单位：元

本期利润（承以上收益表数据）	169 000	130 000
其他全面收益：		
外币报表折算的利得和损失	10 000	20 000
可供出售金融资产确认的利得和损失	4 800	7 000
现金流量套期的利得和损失的有效部分	2 400	4 400
厂场资产重估的利得或损失	16 000	14 000
设定受益养老金计划的精算利得和损失	(1 334)	2 666
占联营企业其他全面收益的份额	800	(1 400)
其他全面收益组成部分的所得税	(8 000)	(7 800)
税后其他全面收益	24 666	38 866
本年度总计全面收益	193 666	168 866
总计全面收益的分配：		
母公司股东	173 208	150 246
非控制股权股东	20 458	18 620
	193 666	168 866

三、收益表中费用的分类

IAS1 规定企业在编制收益表时，可以选择根据费用的性质或费用的功能进行分类，从而计算和确认企业当期的损益。

1. 按照费用性质分类（the nature of expense）

按照费用的性质分类就是指企业直接将各项费用按其性质在收益表内汇总反映，不再根据其在企业内的不同功能重新归类，这种方法操作上较为简单。其部分格式见表 4-7。

表 4-7 费用性质法下费用分类表　　　　　　　　　单位：元

收入	17 704
其他收益	527
产成品和在产品的变动	7 284
耗用的原材料和易耗品	1 227
雇员福利费用	1 500
折旧费和摊销费	1 900
其他费用	263
总费用	(12 174)
税前利润	6 057

2. 按照费用的功能分类（the function of expense）

按照费用的功能分类就是将企业的各项费用按其功能划分为销售成本、销售或管理活动费用等部分。与费用性质法相比，这种方法通常能向使用者提供更相关的信息，但将费用归类至各种功能可能具有随意性和相当多的主观判断。因此，IAS1 规定，如果企业采用费用功能法列报损益表，则还需披露关于费用性质的附加信息，例如折旧费、摊销费和雇员福利费用等。费用功能法的节选格式见表4-8。

表 4-8 费用功能法下费用分类表　　　　　　　　　　　单位：元

收入	17 704
销售成本	(7 284)
毛利	10 420
其他收益	527
销售费用	(3 764)
管理费用	(863)
其他费用	(263)
税前利润	6 057

第五节　现金流量表

从国际上看，现金流量表(statement of cash flows)的产生最早可以追溯至1862年，当时英国出现了现金流量表，可以看作是现金流量表的早期雏形。IASC于1977年7月发布了第7号国际会计准则"财务状况变动表"。1990年，国际会计准则委员会开始修改第7号国际会计准则，将财务报表编制的基础从"资金"转为"现金及现金等价物"。1992年，修订后的IAS7正式公布，更名为现金流量表，于1994年1月开始生效。IAS7要求企业编制现金流量表，并将其作为每期对外公布的基本财务报表之一。

一、现金流量表编制的目的和基础

(一)现金流量表编制的目的

现金流量表是反映企业一定会计期间现金和现金等价物流入和流出的报表。企业现金流量信息有助于财务报表使用者评价企业产生现金和现金等价物的能力、时间和确定性，并了解企业如何使用这些现金及现金等价物，有助于财务报表使用者设计决策模型，以评价和比较不同企业未来现金流量的现值。此外，由于剔除了不同企业对同样的交易和事项采用不同的会计处理所造成的影响，现金流量信息也提高了不同企业所报告的经营业绩的可比性。因此，现金流量表的编制有助于评价企业支付能力、偿债能力和周转能力，有助于预测企业未来现金流量，有助于分析企业收益质量及影响现金净流量的因素。掌握企业经营活动、投资活动和筹资活动的现金流量，可以从现金流量的角度了解净利润的质量，为分析和判断企业的财务前景提供信息。

(二)现金流量表的编制基础

现金流量表以现金及现金等价物(cash and cash equivalents)为基础编制。现金指企业库存现金以及可以随时用于支付的存款，不能随时用于支付的存款不属于现金。现金等价物指企业持有的期限短、流动性强、易于转换为已知金额现金、价值变动风险很小的投资。投资通常当且仅当其自取得之日起在3个月以内到期时才能被视为现金等价物，权益投资因价值变动风险较大而被排除在现金等价物外。企业所取得的到期日很短并且规定了赎回日期的优先股属于现金等价物。

向银行借款通常被视为筹资活动的组成,但在有些国家,随时要求偿付的银行透支作为企业现金管理中不可分割的一部分,在这种情况下,银行透支应包括在现金及现金等价物的范围内。

二、现金流量表的结构

现金流量表应当按经营活动、投资活动和筹资活动分类报告主体当期的现金流量,按照收付实现制原则编制,将权责发生制下的盈利信息调整为收付实现制下的现金流量信息。每一大类应当反映主体经营的本质特征,主体的业务性质将决定经营活动、投资活动和筹资活动现金流量的分类。虽然国际财务报告准则允许主体在分类方面有一定的自主性,但主体采用的分类在各期之间应保持一致性。按活动分类来提供现金流量信息,有助于报表使用者评价这些活动对主体财务状况的影响,同时又有助于评价这些活动之间的相互关系。某一交易事项可能归属于不同活动的现金流量,应根据交易的性质合理地归于不用的项目。例如偿还银行贷款时,既要偿还本金又要支付利息,支付利息属于经营活动,而偿还本金则属于筹资活动。

(一) 来自经营活动的现金流量

经营活动(operating activities)是指企业产生收入的主要活动以及非投资或筹资的其他活动。经营活动所形成的现金流量净额是企业现金流状况的一个重要指标,通过它可以判断在不依靠外部资金的情况下,主体经营活动形成的现金流量是否足以偿还贷款、派发股利、进行新的投资以及维持主体的经营能力。经营活动现金流的历史信息是预测未来经营活动现金流的重要因素。

经营活动形成的现金流量主要来自主体产生收入的主要活动,因此这些现金流量一般由进入企业净损益确定的交易和其他事项形成,主要包括:

① 销售商品和提供劳务所获得的现金收入;
② 特许使用费、服务费、佣金和其他现金收入;
③ 所得税税款退回,除非可以确认它们归属于投资或筹资活动;
④ 支付给供应商和劳务提供者的现金;
⑤ 支付给雇员或代雇员支付的现金;
⑥ 缴纳所得税,除非这些支出能具体确认为属于融资或投资业务。

金融机构的日常商业活动应归为经营活动,即使其他主体可能会将同样的活动归为投资或融资活动。金融机构的贷款和预收款项应归为经营活动,这些款项涉及的利息收付也归为经营活动。类似的,分红收入也应归为经营活动。

IAS7 规定企业可以采用直接法(direct method)或间接法(indirect method)报告企业经营活动的现金流量,鼓励采用直接法报告经营活动现金流量,因为这种方法提供的信息有助于评估企业未来的现金流量。但间接法的使用也非常广泛。直接法是通过现金收入和现金支出的总括分类来反映企业经营活动的现金流量,关于总括分类的信息可以根据主体的会计记录获得。其格式见表 4-9。

表 4-9　现金流量表(直接法)　　　　　　　　　　单位：美元

来自经营活动的现金流量	
从客户处收取现金	1 000 000
支付给供应商的现金	(700 000)
支付给雇员的现金	(100 000)
来自经营活动的现金	200 000
支付的利息	(30 000)
支付的所得税	(20 000)
来自经营活动的现金净额	150 000

间接法是以净损益为基础，通过调整主体非现金交易、过去或者将来经营活动的现金收支的递延或应计项目，以及与投资或筹资现金流量相关的收益或费用项目的影响，来揭示主体经营活动所形成的现金流量。支付的利息通常归入经营活动，即使它是融资活动筹集资金引起的。利息成本可以通过经营活动净收益弥补并在计算净损益时扣除，所以应归为经营活动现金流量。间接法格式见表 4-10。

表 4-10　现金流量表(间接法)　　　　　　　　　　单位：美元

来自经营活动的现金流量	
税前利润	1 000 000
调整项目：	
折旧费用	60 000
投资收益	30 000
利息费用	(40 000)
	1 050 000
应收账款和其他应收款的减少	100 000
存货的增加	(200 000)
应付账款和其他应付款的减少	(150 000)
来自经营活动的现金流量净额	800 000

(二) 来自投资活动的现金流量

投资活动(investing activities)是购买和处置长期资产以及不包括在现金等价物范围内的其他投资，投资活动现金流量的重要性在于它代表企业为了获取未来的收益和现金流量而转出资源的程度，主体应单独地报告来自投资活动的总现金流入和总现金流出的总括分类。

投资活动的现金流入项目包括：
① 出售不动产、厂房和设备的现金收入；
② 出售其他主体的权益或债务性工具以及合营中的权益所带来的现金流入；
③ 给其他主体的预付现金和贷款的收回。

投资活动现金流出项目包括：
① 购置不动产、厂房和设备以及无形资产和其他长期资产的现金支出；
② 购买其他主体的权益或债务性工具以及合营中的权益所导致的现金支出；

③ 预付现金和贷款给其他主体。

要注意的是,购买或出售现金等价物所引起的现金支出或收入直接在现金等价物的金额中体现,不属于投资活动的现金流量。

(三) 来自筹资活动的现金流量

筹资活动(financing activities)是导致企业权益资本及借款规模和构成发生变化的活动,筹资活动现金流量与资本的取得、提供和弥补有关,涉及贷款、信用债券和股本等。筹资活动现金流量的重要性在于它有助于预测企业资本的提供者对企业现金流量的要求权。

筹资活动现金流入项目包括:

① 发行股票或其他权益性工具所获取的现金收入;
② 银行借款所获取的现金收入。

筹资活动现金流出项目包括:

① 支付现金股利;
② 偿还借款所导致的现金支出。

(四) 现金流量表列报中的特殊问题

1. 外币现金流量

外币现金流量(foreign currency cash flows)应当按照交易当日的汇率折算成主体的报告货币,这与包括在利润表内的交易折算是一致的,然而外币折算产生的余额可以使用期末汇率列示在资产负债表上,这样现金流量表中报告的现金及现金等价物的变动与资产负债表得到的同等项目之间就有了调整差异,这种调整差异不是现金流量,但在现金流量表中单独列示。

通常情况下,现金流量应以总额披露,即分别现金流入和现金流出单独报告现金流量。当现金流量反映客户而非主体的活动时,代客户收入的现金和支出的现金以净额披露,周转快、金额大、期限短的项目的现金收入和现金支出也以净额披露。此外,以净额基础报告现金流量通常发生在银行或类似金融机构。对于金融机构,来自到期日固定的存款所形成的现金收入和支出、向其他金融机构存放或提取的款项、给客户的现金预付款和贷款以及这些预付款和贷款的偿还等形成的现金流量也可以以其净额为基础报告。

不需要使用现金及现金等价物的交易不应包括在现金流量表中。这些交易应当在其他财务报表中披露,以提供这些投资和筹资活动的所有相关信息。对于不涉及现金的重大投资和筹资活动,IAS7 规定不应包括在现金流量表中。

2. 利息和股利(interest and dividends)

IAS7 规定,已收取和已支付的利息和股利产生的现金流量应分项单独列示,可分别归入经营活动、投资活动或筹资活动的现金流量,但归属类别应当在前后各期保持一致。就金融机构而言,已支付的利息和已收取的利息,通常被归为源于经营业务的现金流量,但就其他企业而言,如何对该现金流量分类尚未达成共识。当然,由于支付的股利是获得资金来源的成本,一般会把已支付的股利归类为来源于筹资业务的现金流量。

3. 纳税现金流量(taxes on income)

纳税现金流量通常应归为经营活动现金流量。然而,如果能够判明引起纳税现金流量的交易属于特定投资活动或筹资活动的现金流量,则将纳税现金流量归为投资活动或筹资活动现金流量更为恰当。在纳税现金流量归为投资活动或筹资活动现金流量时,应披露纳税总额。

三、现金流量表编制示例

例 4-1 ABC 公司 2015 年 12 月 31 日现金账户的本期发生额和余额资料如下:

现金账户 单位:美元

期初余额 01/01/2015	50 000	支付供应商货款	2 000 000
发行股份	300 000	购买厂场设备	200 000
从客户收取款项	2 800 000	支付制造费用	200 000
销售厂场设备收入	100 000	支付工薪费用	100 000
		支付税金	250 000
		支付股利	50 000
		偿还银行借款	300 000
本期借方发生额合计	3 250 000	本期贷方发生额合计	3 100 000
期末余额 12/31/2015	150 000		

此处现金为广义现金含义,根据上述现金账户资料,按 IAS7 采用直接法为 ABC 公司编制现金流量表见表 4-11。

表 4-11　2015 年度 ABC 公司现金流量表(直接法) 单位:美元

来自经营活动的现金流量		
从客户处收到的现金	2 800 000	
支付给供应商现金	(2 000 000)	
支付给雇员现金	(100 000)	
支付的制造费用	(200 000)	
来自经营活动的现金	500 000	
支付的所得税	(250 000)	
来自经营活动的现金净额		250 000
来自投资活动的现金流量		
购买不动产、厂场和设备	(200 000)	
销售不动产、厂场和设备的现金	100 000	
来自投资活动的现金净额		(100 000)
来自筹资活动的现金流量		
权益股份的发行收入	300 000	
银行借款的偿还	(300 000)	
股利的支付	(50 000)	
来自筹资活动的现金净额		(50 000)
本期现金的净增加额		100 000
现金的期初余额		50 000
现金的期末余额		150 000

本 章 小 结

由于影响会计的环境因素和不同国家的财务报表所依据的会计准则不同,各国财务报表也存在不同。造成各国财务报表分歧的根本原因在于国际会计多样性的存在。编报财务报表的概念框架不属于会计准则,是用来评价、制定和发展会计准则的会计理论,主要研究的是与会计和财务报表准则相关的会计理论问题。IAS1 要求一份完整的企业财务报表应当包括资产负债表、收益表、权益变动表、现金流量表、重大会计政策和说明性注释五个部分。资产负债表是反映企业在某一特定日期的财务状况的会计报表,主要提供有关企业某一特定日期关于资产、负债、所有者权益及其相互关系的信息。IAS1 规定资产负债表的格式列报,根据资产、负债的流动性从弱到强排列。收益表提供有关主体经营成果方面的信息,IAS1 规定企业在编制收益表时,可以选择根据费用的性质或其在企业的功能来确认当期的损益。IASB 在 2008 年修订的 IAS1《财务报表的列报》中对企业全面收益表的格式和内容进行了全面更新,允许企业选择两种不同的格式来呈报全面收益,即单一报表法和双重报表法。现金流量表是反映企业一定会计期间现金和现金等价物流入和流出的报表。现金流量表应当按经营活动、投资活动和筹资活动分类报告主体当期的现金流量,按照收付实现制原则编制,将权责发生制下的盈利信息调整为收付实现制下的现金流量信息。IAS7 规定企业可以采用直接法或间接法报告企业经营活动的现金流量,鼓励采用直接法报告经营活动现金流量。

练习题与文献阅读

(一)单项选择题

1. 按照 IAS1,一份完整的企业财务报表不需包括(   )。
   A. 资产负债表　　　B. 收益表　　　　C. 现金流量表　　　D. 管理报告
2. 按照概念框架,财务报告的目标是(   )。
   A. 为现在和潜在的投资者、债权人及其他使用者提供有用的信息,以便其作出投资、信贷及类似的资源配置决策
   B. 编制并报告资产负债表、利润表、现金流量表、权益变动表
   C. 向投资者和债权人编制并报告可比、相关、可靠和可理解性的信息
   D. 遵循所有适用的准则和解释编制财务报告
3. 根据概念框架,下列(   )不是财务报告的质量特征。
   A. 相关性　　　　　B. 可理解性　　　C. 可比性　　　　　D. 重要性
4. 按照概念框架,财务报告的基本假设是(   )。
   A. 财务资本保全和实体资本保全　　　B. 权责发生制和持续经营
   C. 相关性和如实反映　　　　　　　　D. 重要性和成本效益原则
5. 下列关于财务报表的说法,错误的是(   )。
   A. 财务报表可以分为个别财务报表和合并财务报表

B. 财务报表一般分为表首、正表两部分

C. 企业至少应当编制年度财务报告

D. 财务报表的列报基础是持续经营

6. 按照 IAS1,下列(　　)不必作为最低信息在资产负债表上列示。

　　A. 投资性房地产　　　　　　　　B. 无形资产

　　C. 生物资产　　　　　　　　　　D. 或有负债

7. 其他全面收益不包括(　　)。

　　A. 本期终止经营活动损失

　　B. 可供出售金融资产确认的利得和损失

　　C. 设定受益养老金计划的精算利得和损失

　　D. 现金流量套期的利得和损失的有效部分

8. IAS7 规定,下列项目不应包括在现金流量表中(　　)。

　　A. 不涉及现金的重大投资和筹资活动

　　B. 出售无形资产所取得的现金收入

　　C. 缴纳所得税或税款退回

　　D. 发行公司债券所取得的现金收入

9. IAS7 对编制现金流量表鼓励采用(　　)。

　　A. 功能法　　　B. 性质法　　　C. 直接法　　　D. 间接法

10. 将净利润调整为经营活动产生的现金流量时,下列属于调增项目的有(　　)。

　　A. 投资收益　　　　　　　　　　B. 存货的增加

　　C. 应收账款的增加　　　　　　　D. 应付账款的增加

(二) 思考题

1. 试说明各国之间存在会计计量差异的主要因素。
2. 你对 IASB 与 FASB 概念框架项目的进展有何了解?
3. 财务报告的质量特征和约束条件有哪些?说说各自的含义。
4. 现金流量表直接法和间接法的区别是什么?
5. 相对于收益表,现金流量表提供了哪些补充信息?

(三) 文献阅读

1. 德勒.国际会计准则与中国会计准则比较,2002.

2. Elaine Henry,Stephen Lin,and Ya-wen Yang,The European-US"GAAP Gap":IFRS to US GAAP Form 20-F Reconciliations,Accounting Horizons,Vol. 23,No. 2,pp. 121-150.

3. Phil Ameen,Time for the US to move to IFRS,Morristown October 2010,Vol. 26.

4. Deloitte,IFRS and US GAAP,A Pocket Comparison,July 2008.

第五章 存货会计

本章主要内容

1. 国际会计准则关于存货计量和报告的有关规定
2. 存货的历史成本计价方法
3. 存货成本与可变现估值方法
4. 存货资产财务报告分析
5. 存货后进先出法与存货准备金利弊分析

第一节 国际会计准则有关规范

1. 准则包括的范围

《国际会计准则第2号——存货》,1995年1月1日生效。

准则主要对企业存货的会计计量和报告做出规范,其中包括存货的基本概念、存货成本的计算方法、发出存货成本的计算方法、存货减值和可变现净值法等。

准则所包括的存货是指:

① 在正常经营过程为销售而持有的资产,例如商品存货、为出售而持有的土地和不动产等;

② 为这种销售而处在生产过程中的资产,例如在产品、半产品等;

③ 在生产或提供劳务过程中需要消耗的以材料和物料形式存在的资产,例如原材料、物料用品等。

2. 准则不包括的范围

① 根据建筑合同所产生的在建工程(详见《国际会计准则第11号——建筑合同》);

② 金融工具(详见国际会计准则第32号、第39号、国际财务报告准则第7号、第9号);

③ 生物资产,例如:牲畜、农产品、林产品、矿产品等(详见国际会计准则第41号)。

3. 基本概念

(1) 存货的成本。存货的成本包括:存货到达企业入库前所发生的采购成本、加工成本和其他成本。即:存货的成本＝采购成本＋加工成本＋其他成本

(2) 采购成本。包括存货的采购价格、汇兑差异、相关税费、运输费、手续费、商业折扣等。

(3) 加工成本。包括直接与单位产品有关直接费用,如直接原材料费用、直接人工工资等;还包括与产品有关的间接费用,如生产设备的折旧费用、维修费用等。

(4) 其他成本。包括设计费用、借款成本等。

(5) 存货的可变现净值。存货的可变现净值,是指在正常经营过程中存货的可估计

的销售价格,减去完工和销售过程中所需费用,得到的存货的净额。

问题:某台机器的合同价格为58 000元,本企业加工完工的成本为56 800元,为了符合某项法律,需增加支付费3 000元,客户同意支付增加的费用的50%,问存货的可变现净值是多少?

答案:56 500。计算存货的可变现净值:58 000－3 000×50%＝56 500,它低于存货的成本56 800。

存货成本不包括:非正常发生的种种浪费;存货的保管和存储费用;不应由存货发生的管理费用;销售费用等。

例5-1 某企业购入原材料,发票价格22 000元,购入不久该原材料价格下跌至21 000元,问该原材料的成本是多少?

答案:22 000元。21 000元是存货的重置成本,也不是存货的可变现净值,因此存货的成本22 000元不需调整。

第二节 存货的计价

一、历史成本计价方法

国际会计准则规定,存货历史成本计量的方法有先进先出法和加权平均法两种。下面分别举例说明。

例5-2 某企业2014年期初存货1 000件,单价10元,计10 000元。2014年全年购进存货的有关资料如下(见表5-1):

表5-1 2014年存货购买有关资料

购货日期	数量(件)	单价(元)	总成本(元)
3月	1 000	10	10 000
5月	1 000	11	11 000
7月	1 000	13	13 000
9月	1 000	14	14 000
12月	4 000	15	60 000
合计	8 000		108 000

该企业全年销售的存货数量为5 000件,销售收入为120 000元。全年的营业费用为20 000元。

要求:分别按先进先出法和加权平均法计算该企业存货的结算成本与期末成本。

(一)先进先出法

先进先出法假设先买入或生产的存货先销售,那么期末存货就是最近买入或生产的存货。

按照先进先出法计算存货的成本,编制利润表见表5-2。

表 5-2 先进先出法	单位：元
销售收入	120 000
存货期初成本	10 000
购货	108 000
可供销售成本	118 000
期末存货成本	60 000
存货销售成本	58 000
销售费用	20 000
利润总额	42 000
所得税（40%）	16 800
净利润	25 200
计算：期末存货成本＝4 000×15＝60 000	
存货销售成本＝118 000－60 000＝58 000	

（二）加权平均法

加权平均法是以一定期间内买入或生产的存货的总成本除以存货的总数量,以确定存货加权平均单价,有移动加权平均法和期末一次加权平均法。按照加权平均法计算存货的成本,编制利润表见表5-3。

表 5-3 加权平均法	单位：元
销售收入	120 000
存货期初成本	10 000
购货	108 000
可供销售成本	118 000
期末存货成本	58 280
存货销售成本	59 720
销售费用	20 000
利润总额	40 280
所得税（40%）	16 112
净利润	24 168
计算：加权平均单价＝(10 000＋108 000)/(100＋8 000)＝14.57	
期末存货成本＝4 000×14.57＝58 280	
存货销售成本＝118 000－58 280＝59 720	

（三）成本与可变现净值孰低法

在存货的可变现净值低于存货的历史成本时,采用成本与可变现净值孰低法,可以及时确认由存货减值带来的损失。

例 5-3 某公司 2014 年 12 月 31 日有关存货的资料如下(见表 5-4)：

表 5-4 某公司 2014 年 12 月 31 日有关存货的资料

1	2	3	4	5
存货	单位成本(元)	估计销售价(元)	完工费用(元)	数量(件)
A	20	25	4	600
B	40	40	8	400
C	60	100	10	1 500
D	50	60	20	2 300
E	10	12	3	340
合计				5 140

根据表 5-4 列示的资料,编制成本与可变现净值孰低计算表,见表 5-5。表 5-5 编制时,先计算第 5 栏"可变现净值",然后按照成本与可变现净值孰低原则,计算第 6 栏"孰低选择",最后计算第 8 栏"存货总成本"。

表 5-5 成本与可变现净值孰低法计算表

1	2	3	4	5	6	7	8
存货	单位成本(元)	估计销售价(元)	完工费用(元)	可变现净值(元)	孰低选择(元)	数量(件)	存货总成本(元)
A	20	25	4	21	20	600	12 000
B	40	40	8	32	32	400	12 800
C	60	100	10	90	60	1 500	90 000
D	50	60	20	40	40	2 300	92 000
E	10	12	3	9	9	340	3 060
合计						5 140	209 860

例 5-4 A 公司 2014 年购进存货一批货物 1 000 件,单位成本 100 元,计 100 000 元,另支付运输费用 15 000 元,2014 年共计销售存货 750 件,每件售价 150 元。到 2014 年 12 月 31 日,结存的存货 250 件中,有 50 件已毁损,估计毁损的存货可出售价格为每件 30 元。其余 200 件存货可估计的销售价格为 150 元。

计算期末存货的可变现净值：
① 购进存货的单位成本：(100 000+15 000)/1 000=115
② 已毁损的存货的成本：30×50=1 500
③ 没有毁损的存货的成本：115×200=23 000
④ 期末存货的可变现净值：1 500+23 000=24 500
⑤ 编制利润表,见表 5-6。

表 5-6　2014 年利润表有关项目

利润表有关项目	数量（件）	单价（元）	总额（元）
销售收入	750	150	112 500
销售成本	750	115	86 250
已毁损的存货可变现净值	50	30	1 500
已毁损的存货的损失	50	115	5 750
已毁损的存货的净损失			4 250
销售毛利			22 000

二、其他计量方法

根据企业不同存货的特性和会计核算的不同要求，存货的计量还可以采用存货的标准成本法或存货的零售价格法等计量方法。

第三节　会计报告分析与披露

一、存货会计报告的分析

（一）期末存货估值产生的影响

如果一个公司的期末存货的估值有差错，这样的差错会影响公司的利润表和资产负债表。举例：某公司 2014 年 12 月 31 日期末存货实际成本应为 10 000 元，估值发生差错，误记录为 20 000 元，多计 10 000 元。估值发生差错产生的影响，见表 5-7。

表 5-7　期末存货估值差错影响分析表　　　　　　单位：元

	第一年	第二年	第三年
销售收入	150 000	150 000	150 000
销售成本：			
期初存货成本	10 000	20 000	10 000
购货成本	100 000	100 000	100 000
可供出售存货成本	110 000	120 000	110 000
期末存货成本	20 000	10 000	10 000
销售成本	90 000	110 000	100 000
销售毛利	60 000	40 000	50 000

注：第 1 年期末存货估值 20 000 元，多估值 10 000 元。

根据表 5-7 分析，该公司第 1 年期末存货多估值 10 000 元，会导致当年的销售成本少估值 10 000 元，销售毛利多估值 10 000 元。第 2 年，受到第 1 年的估值错误的影响，期初的存货成本多估值 10 000 元，导致销售成本多估值 10 000 元，销售毛利少估值 10 000 元。第 3 年，前两年的错误估值没有影响。

（二）不同存货成本计价方法产生的影响分析

国际会计准则第 2 号"存货"不允许公司销售的存货成本采用后进先出法。而美国和其他一些少数国家仍然允许存货成本采用后进先出法计算。后进先出法假定,后购买或生产的存货项目先卖出,结果保留在期末存货中的项目,都是最先买入或生产的那些项目。在物价上涨的通货膨胀的经济环境下,采用后进先出法计算销售存货的成本,符合公司尽可能不高估资产价值和利润的稳健会计原则,其结果递延了公司的利润,从而递延公司应交所得税。下面举例分析说明。

例 5-5 我们沿用例 5-2 有关资料。假定公司的所得税税率为 40%,该企业仓库的最高储存量为 7 000 件,估计存货未来的购进成本为每件 15 元。

按照后进先出法计算该公司 2014 年的净利润。结果见表 5-8。

表 5-8 后进先出法　　　　　　　　　　　　　单位:元

销售收入		120 000
存货期初成本	10 000	
购货	108 000	
可供销售成本	118 000	
期末存货成本	44 000	
存货销售成本		74 000
销售费用		20 000
利润总额		26 000
所得税(40%)		10 400
净利润		15 600
计算:期末存货成本=10 000+10 000+11 000+13 000+=44 000		
存货销售成本=118 000−44 000=74 000		

根据表 5-2 和表 5-8 有关计算的结果分析分析:2014 年,按照先进先出法计算,公司的净利润为 25 200 元,按照后进先出法计算,公司净利润为 9 600 元,低于先进先出法计算的净利润 15 600 元,其结果符合稳健性原则。

但是,后进先出法也可能使公司通过调整购进存货或销售存货的时间和数量来操纵公司的利润。有关分析说明见本章第四节。

二、存货会计信息的披露

根据国际会计准则第 1 号的规定,企业应在财务报告中披露以下的内容:
① 存货计价所采用的会计政策,包括计算的方法;
② 存货的分类,以及存货的账面总价值;
③ 以可变现净值反映的存货的账面总价值;
④ 如果采用了后进先出法,需披露其与先进先出法和加权平均法比较存在的差额。

第四节　存货计价方法讨论与评述

国际会计准则明确规定,存货的计价方法不包括后进先出法。但是如果其他一些国家采用后进先出的方法,如何将不同存货计价方法产生的影响进行比较。本节主要讨论后进先出法产生的存货准备金问题。

一、后进先出法存货准备金的定义

后进先出法准备金(LIFO reserve)是指,存货计价时,比较采用先进先出法和采用后进先出法这两种方法带来的差异。在一个通货膨胀的经济环境下,与存货采用后进先出法计算相比,存货采用先进先出法计算的价值更高。因此,后进先出法准备金的计算公式为

后进先出法准备金＝先进先出法计算的存货的价值－后进先出法计算的存货的价值

如果在一个通货紧缩的经济环境下,与存货采用后进先出法计算相比,存货采用先进先出法计算的价值更低。因此就不存在后进先出法准备金问题。人们关心存货后进先出法准备金的问题,是因为后进先出法可以给企业带来应交所得税的递延。

如果一个企业的经济环境是不稳定的,有时通货膨胀,有时又通货紧缩,那么,观察企业后进先出法准备金的变化,就可以分析出企业财务状况和经营成果受外部经济环境变化的影响程度,可以加强对存货的管理。

二、后进先出法存货准备金的计算与分析

举例:光明公司2××1—2××6年有关存货购进和销售的资料见表5-9。

表5-9 光明公司2××1—2××6年存货购进和销售有关资料

年份	购进数量	购进单价(元)	销售数量	销售单价(元)
2××1	100	10	-	-
2××2	100	12	100	15
2××3	100	14	100	17
2××4	100	16	100	19
2××5	100	18	100	21
2××6	-	-	100	23

根据表5-9,计算销售存货成本、期末存货成本计算表,见表5-10。

表5-10 存货成本计算表　　　　　　　　　　　单位:元

年份	购进单价	销售单价	销售收入	先进先出法			后进先出法		
				销售成本	销售毛利	期末存货	销售成本	销售毛利	期末成本
2××1	10					1 000			1 000
2××2	12	15	1 500	1 000	500	1 200	1 200	300	1 000
2××3	14	17	1 700	1 200	1 200	1 400	1 400	300	1 000
2××4	16	19	1 900	1 400	500	1 600	1 600	300	1 000
2××5	18	21	2 100	1 600	500	1 800	1 800	300	1 000
2××6		23	2 300	1 800	500	0	1 000	1 300	0
合计			9 500	7 000	2 500		7 000	2 500	

根据表5-10,计算后进先出法存货准备金,见表5-11。

表 5-11　后进先出法存货准备金计算　　　　　　　　　　单位:元

年份	期末存货成本		LIFO 准备金	LIFO 准备金变化	毛利影响程度（累计）
	先进先出法	后进先出法			
2××1	1 000	1 000	0	0	0
2××2	1 200	1 000	200	200	200
2××3	1 400	1 000	400	200	400
2××4	1 600	1 000	600	200	600
2××5	1 800	1 000	800	200	800
2××6	0	0	−800	−800	0

根据表 5-11 我们可以得到,光明公司后进先出的准则金 2××2 年是 200 元(1200−1000);2××3 年是 400 元(1400−1000),以后年度的计算依此类推。到最后一年存货卖出后,存货的准备金为零。准备金对公司毛利的影响也是每年增加 200 元,最后一年结平。因此,在存货没有全部卖出的这些年,公司的存货准备金可以给公司带来递延公司所得税的收益。公司也可能以控制存货购进和销售的数量,来操纵公司的盈利。

本 章 小 结

本章界定了存货和存货成本的基本概念,讨论了存货计价的基本方法。国际会计准则规定的存货的计价方法主要有先进先出法和加权平均法。存货的其他计价方法有标准成本法和零售价格法等。根据会计的稳健性原则,企业可以根据存货成本与可变现净值孰低的原则,确认存货的减值损失。如果期末存货的估值有差错,其差错会影响企业当期和下期的资产负债表和收益表。本章最后讨论了不同存货成本计价方法产生的影响,特别是对后进先出法应用带来的存货准备金问题,进行了详细的讨论与分析。

练习题与文献阅读

(一) 单项选择题

1. 国际会计准则第 2 号——存货,不包括的范围有(　　)。
   A. 商品存货　　　B. 原材料　　　C. 生物资产　　　D. 产成品
2. 存货的成本应包括(　　)。
   A. 存货的采购价　　　　　　　　B. 存货的运输费用
   C. 加工成本　　　　　　　　　　D. A＋B＋C
3. 存货的成本计价方法有(　　)。
   A. 加权平均法　　　　　　　　　B. 先进先出法
   C. 后进先出法　　　　　　　　　D. A＋B＋C
4. 国际会计准则允许的存货销售成本计价方法有(　　)。
   A. 先进先出法　　　　　　　　　B. 后进先出法

C. 成本与可变现净值孰低法　　　　D. A+C

5. 如果虚增当期企业期末的成本,则可能（　　）。
   A. 虚增企业当期的利润　　　　B. 虚增企业当期的资产
   C. 虚减企业当期的销售成本　　　D. A+B+C

6. 在通货膨胀的经济环境下,采用（　　）计算的利润最高。
   A. 先进先出法　　　　　　　　B. 后进先出法
   C. 加权平均法　　　　　　　　D. 成本与可变现净值孰低法

7. 在通货膨胀的经济环境下,采用（　　）计算的资产价值最高。
   A. 先进先出法　　　　　　　　B. 后进先出法
   C. 加权平均法　　　　　　　　D. 成本与可变现净值孰低法

8. 如果虚增当期利润,则可能导致（　　）。
   A. 虚减企业下一期的利润　　　B. 虚增企业下一期的利润
   C. 不影响企业下一期的利润　　D. A 或 B

9. 企业在财务报告中披露的存货的信息应包括（　　）。
   A. 存货计价的会计政策　　　　B. 存货的购进额和销售额
   C. A+D　　　　　　　　　　　D. 存货的分类

10. 存货的准备金产生于（　　）。
    A. 不同的存货计价方法　　　　B. 后进先出法
    C. 先进先出法　　　　　　　　D. 加权平均法

（二）思考题

1. 《国际会计准则第 2 号——存货》准则包括的范围有哪些？不包括的范围有哪些？
2. 什么叫作存货成本与可变现净值孰低法？
3. 如果企业的期末存货有差错,将如何影响企业财务报告的信息？
4. 企业财务报告如何进行存货会计信息的披露？
5. 什么叫作存货的准备金？如何计算？

（三）文献阅读

1. 王火红. 浅析我国存货准则与国际会计准则的比较及启示. 商业会计. 2009(19).
2. 金红萍. 坏账准备和存货跌价准备的会计与税务处理. 税收征纳. 2010(7).
3. 国际会计准则委员会. Project：Improvements, 21 Jan. 2002, London.

第六章 建造合同会计

本章主要内容
1. 准则制订的目标
2. 准则包括的范围
3. 完工百分比法
4. 全部完工法
5. 会计报告与披露

第一节 国际会计准则有关规范

一、准则制定的目标

IAS 11 建造合同（construction contract）于 1978 年公布，1980 年 1 月 1 日或以后日期为报告期开始日期的各期财务报表生效。1993 年修订。

准则制订的目标是，确定建造合同的有效性，规范建造合同会计收入、成本确认和计量的标准，以及报告和披露的有关要求。

二、准则包括的范围

本准则包括的合同是固定价格合同和成本加成合同。

1. 固定价格合同（a fixed price contract）

固定价格合同是指施工单位同意按一个固定造价或固定比率计算的合同。在有些情况下，也可附有按成本调整的条款。

2. 成本加成合同（a cost plus contract）

成本加成合同是指施工单位在合同允许或通过其他方式议定的成本基础上，再加上按上述成本计算的一定百分比或定额费用收取工程价款合同。

第二节 会计的确认和计量

一、基本概念

1. 合同收入

合同收入应包括合同规定的初始收入，以及合同进程中发生的赔偿和再加的收入，而这些收入是可以可靠地计量的。

2. 合同的成本

合同的成本应包括：可直接计入合同的费用和不可直接计入、应分配计入合同的费用。

（1）可直接计入合同的费用包括：工人和管理人员的人工费用；直接原材料成本；使用的固定资产计提的折旧费用；运输费用；场地或设备的租赁费用；能区分的设计费用；合同规定的保修费用；来自第三方的索赔费用等。

（2）不可直接计入、应分配计入合同的费用包括：保险费；不能区分的设计费用及技术援助费；施工管理费用等。

3. 收入和费用确认的原则

（1）建造合同的结果可以比较可靠地估计和计量。

（2）如果建造合同的结果预计是利润，那么收入和费用可根据合同完成的进程的程度来确认。

（3）如果建造合同的结果预计是亏损，那么应立即在当期收益中确认。

二、会计确认与计量方法

国际会计准则第 11 号所指的建设合同，是指建设一项资产或构成一个单项工程的几项资产的合同。合同规定的建设活动开始日期与建设活动完工日期属于不同的会计期。因此，这项准则适合于比较大型的资产，例如桥梁、房屋、水坝、地铁等。这些资产的建造完工通常会超过一个会计期。

存在的问题主要是如何将有关的成本分配计入整个合同期内的不同会计期，以正确计算公司的经营利润。

根据"事项"确定收入是会计确认的一项基本原则。但是对于建造合同企业来说，有时却感到比较困惑。例如，建造企业的生产产品和销售的流程分为六个阶段：经营选择、签订合同、生产过程、产品完工、交付商品、收到现金。见图 6-1。

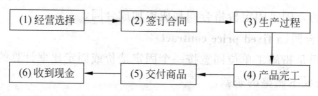

图 6-1 建造合同收入确认流程图

从图 6-1 我们可以看到，第二阶段签订建造合同是关键的一步。合同签订后，意味着企业投入后的成本能够得到与收入配比的法律保证。因此，在投入成本的同时，意味着企业的收入也已经产生，会计可以对此加以确认。这样，建造企业的生产过程就是一个收入确认的过程。因此，企业可以采取完工百分比法，对收入进行确认和计量。

反对上述观点的人认为，合同签订后企业进行投产，其生产过程仅是对合同的履行过程，不可以认为企业的收入已经产生，更不可以理解为收入已经实现。应该在第五阶段企业交付商品后并取得了收款的权利，企业的收入才能实现，并得到会计的确认。因此企业应该采用全部完工法，对收入进行确认和计量。

第六阶段收到现金后对企业的收入确认和计量是提出的第三种观点。这种观点认为,建造工程的收入的确认,并不是可以依据对工程的完工程度的估计,应该在销售产品和收到现金后才能确认。按照这样的观点,也有人提出对于建造周期很长的工程,分期收款的建造企业,出包方应该按照合同规定工程的进程支付工程款,而不是在工程全部完成后一次支付货款。这样,工程的承包商就可以在分期收到现金收入的同时,对其工程的收入进行确认和计量。

国际会计准则对建造合同规定的会计确认和计量的方法有完工百分比法和全部完工法。

1. 完工百分比法（the stage of completion method）

采用完工百分比法时,收益是在合同规定的施工活动进行过程中予以确认的。为达到完成进度而发生的成本应与有关的收益对比,使报表反映出属于完工工程部分的成果。

采用完工百分比法时,确认的收益额是按照每个会计期末,合同施工完成进度计算的。这种合同收益的会计处理方法的优点是可以在会计期间,反映因进行施工活动而取得的这些收益。

例 6-1 A 公司承包城市中一幢大楼的艺术走廊施工建设,该项目有固定的合同造价,全部工程估计两年完成。A 公司具有 30 年艺术走廊设计和施工的经验,曾多次参与许多城市建设的大楼走廊的施工项目。

问：A 公司是否可以采用完工百分比法,或全部完工法？

答案：完工百分比法。

完工百分比法的优点是：完工百分比法应用的理论依据符合国际会计准则概念框架对收入确认的有关的定义。第一,企业的收入是可以可靠地计量,即企业未来的经济利益可以可靠地估计。可靠计量的依据是,可以按照固定造价合同或成本加成合同的方法计算。第二,可以可靠地计量工程的合同完工的程度和发生的成本。第三,在资产负债表日,实际发生的成本能够区分和归属,并与合同的成本进行比较。

在固定造价合同的情况下,通常保证这种可靠性程度的条件是：

① 可获得的合同总收益,能够可靠地预计;

② 在报告日完成合同的成本和完成合同的进度,二者都能可靠地预计;

③ 由合同负担的成本能够清楚地确定,因而实际数能与预计数相比较。

在成本加附加合同的情况下,通常保证这种可靠性程度的条件是：

① 由合同负担的成本能够清楚地确定;

② 除合同规定将给予特定补偿的成本外,其他成本能够可靠地预计。

完工百分比法的缺点是：如果采用完工百分比法,当合同的完工程度不能可靠地估计时,会带来收入确定的不可靠性。因此,如果财务成果不能可靠地预计,就不能采用完成百分比法。企业的财务报表中也不能反映企业建造合同的利润。这样,企业可以选用全部完工法。

2. 全部完工法（the completed contract method）

全部完工法的理论依据是,收益是在合同完成或基本完成时才予以确认。所谓基本完成,是指除担保工程外,只有较小的收尾工程尚待完成。在合同执行过程中,企业的成本与其收入累计到合同施工活动基本完成后才予以确认。

例 6-2 B公司承包城市一条地铁线的施工建设,该项目有固定的合同造价,全部工程估计三年完成。B公司过去没有地铁施工的经验,同时,在城市的中心施工会面临城市的大楼林立、地面基础设施差、旧房搬迁的许多问题。

问:B公司应采用完工百分比法还是全部完工法?

答案:全部完工法。

全部完工法的优点是:收入建立在企业合同已完成或基本完成的基础上来确定企业的经营成果,而不是建立在对不可预见的成本或可能发生的亏损需要作相应调整的估计基础上。因此,可以规避企业利润不能实现的风险。

全部完工法的缺点是:全部完工法的第一个问题是,合同没有完工前,企业不确认利润,因此,企业的收入是根据企业成本等同原则确定的,这不符合收入实现的原则。全部完工法的第二个缺点是,报告期的收入不能反映该期的合同施工实际水平。例如,如果企业有几个大规模的合同,集中在一个会计期内完成,但在前期或后期都没有完成的合同,虽然整个合同的施工活动水平是相对稳定的,但报告期的收入水平则是不稳定的。即使许多合同是有规则地在每个会计期内完成,但有关收益的确认与工程的完工,时间上总会发生滞后的现象。

3. 其他问题讨论

(1) 方法的选择。建造合同会计方法的选择,要根据施工单位对预计合同成本和收益的不确定性的看法来确定。在有些情况下,由于工程变动,使可收回的成本和收益需要进一步协商时,施工单位就可能决定采用全部完工法。在另一些情况下,如果合同的财务成果能够可靠地估计,则部分或全部合同都可采用完成百分比法。施工单位对不同的合同,也可以同时采用两种方法。

向客户收取的进度款和预收款,并不一定能反映合同的完成进度,因此,不能视同已实现的收益处理。

(2) 计提准备。当本期估计的合同总成本和总收益表明为亏损时,不管已完工程量多少,都要对合同的全部亏损计提准备。在某些情况下,预见亏损可能超过目前已完工程的成本,但尽管如此,还是要按合同的全部亏损计提准备。

采用上述两种方法时,不管对合同完工部分的损失,或对合同未完工部分的损失,都要计提准备。

三、会计核算的两个举例

例 6-3 某施工企业有关经济业务如下:

(1) 某施工企业签订一份造桥合同。合同估计的收入为 10 000 000 元,估计的成本为 7 500 000 元,预计工程 3 年完成。

(2) 第一年年底,估计完成合同的成本将增加到 8 000 000 元。

(3) 第二年,客户同意追加合同的收入 600 000 元,同时企业发生的追加成本 500 000 元。其中包括为第三年使用而购入的原材料 100 000 元。

(4) 该企业完成合同的实际成本为:第一年 2 000 000 元;第二年 5 800 000 元;第三年 8 500 000 元。

1. 完工百分比法

(1) 计算各年度的完工程度百分比。企业根据实际发生的总成本与估计合同总成本的比例来确定工程的完工程度,完工程度计算表如表 6-1 所示。

表 6-1　完工程度计算表　　　　　　　　　　　　　　　　　单位:元

项　目	第一年	第二年	第三年
完成合同的实际成本	2 000 000	5 800 000	8 500 000
完成合同将发生的成本	5 975 000	2 032 000	0
完成合同的总成本	8 000 000	8 500 000	8 500 000
合同估计收入	10 000 000	10 000 000	10 000 000
合同追加收入	0	600 000	600 000
合同收入合计	10 000 000	10 600 000	10 600 000
累计估计利润	2 000 000	2 100 000	2 100 000
合同完工程度	40%	68%	100%

A. 计算合同估计的收入:第一年 9 000 000 元;第二年 9 200 000 元(9 000 000＋200 000);第三年没有追加合同收入,所以还是 920 000 000 元。

B. 计算合同估计的成本:第一年合同估计成本为 8 050 000 元;第二年合同成本为 8 200 000 元(8 050 000＋150 000);第三年没有追加合同成本,所以还是 8 200 000 元。

C. 计算各年度的完工程度百分比:第一年 40%(2 000 000/8 000 000);第二年 68% [(5 800 000－100 000)/8 500 000];第三年 100%(8 500 000/8 500 000)。

(2) 计算各年度营业收入和利润。计算估计的利润总额:(9 000 000＋200 000)－(8 050 000＋150 000)＝1 000 000。

按照完工程度百分比分配工程的利润,见表 6-2 收入与利润分配表(完工百分比法)。

表 6-2　收入与利润分配表(完工百分比法)　　　　　　　　　单位:元

项目	第一年		第二年		第三年	
	100%	40%	100%	68%	100%	100%
累计营业收入	10 000 000	4 000 000	10 600 000	7 200 000	10 600 000	10 600 000
累计营业成本	8 000 000	3 200 000	8 500 000	5 780 000	8 500 000	8 500 000
累计营业利润	-	800 000	-	1 420 000	-	2 100 000

计算:

第一年营业收入:10 000 000×40%＝4 000 000

第一年营业成本: 8 000 000×40%＝3 200 000

第一年营业利润:　　　　　　　　　800 000

第二年计算方法同上。

会计处理:

第一年:

　借:在建工程　　　　　　　　　　　　　800 000
　　　建造合同费用　　　　　　　　　　3 200 000

贷：建造合同收入　　　　　　　　　　　　　　　　　4 000 000

第二年、第三年会计处理，可以比照第一年的会计处理。

2. 全部完工法

表6-3　收入与利润分配表（全部完工法）　　　　　　　单位：元

项目	第一年		第二年		第三年	
	100%	40%	100%	68%	100%	100%
累计营业收入	10 000 000	4 000 000	10 600 000	7 208 000	10 600 000	10 600 000
累计营业成本	8 000 000	2 093 000	8 500 000	6 168 000	8 500 000	8 500 000
累计营业利润	-	0	-	0	-	2 100 000

会计处理（第一年）：

　　借：建造合同费用　　　　　　　　　　　　　　2 093 000
　　　　贷：建造合同收入　　　　　　　　　　　　　　　　2 093 000

例6-4　某工程合同造价以及成本有关资料如下：

(1) 合同固定造价4 000 000元，估计合同完工成本3 000 000元。工程完工期为三年。

(2) 合同完工程度以及有关成本数据如表6-4所示：

表6-4　合同完工程度以及有关成本数据　　　　　　　单位：元

摘要	第一年	第二年	第三年
实际成本	1 000 000	1 400 000	800 000
累计实际成本	1 000 000	2 400 000	3 200 000
估计追加成本	2 000 000	800 000	0
估计完工成本	3 000 000	3 200 000	3 200 000
估计完工百分比	30%	80%	100%

假定该建造合同符合完工百分比法应用的条件，计算如下（见表6-5）：

表6-5　完工百分比法

摘要	百分比	合计（元）	当年累计（元）	上年累计（元）	本年确认（元）
第一年	30%				
营业收入		4 000 000	1 200 000	0	1 200 000
营业成本		3 000 000	900 000	0	900 000
营业利润		1 000 000	300 000	0	300 000
第二年	80%				
营业收入		4 000 000	3 200 000	1 200 000	2 000 000
营业成本		3 200 000	2 560 000	900 000	1 660 000
营业利润		800 000	640 000	300 000	340 000
第三年	100%				
营业收入		4 000 000	4 000 000	3 200 000	800 000
营业成本		3 200 000	3 200 000	2 560 000	640 000
营业利润		800 000	800 000	640 000	160 000

假定该建造合同符合全部完工法应用的条件,计算如下(见表6-6):

表6-6 全部完工法

摘要	当年累计(元)	上年累计(元)	本年确认(元)
第一年			
营业收入	1 000 000	0	1 000 000
营业成本	1 000 000	0	1 000 000
营业利润	0	0	0
第二年			
营业收入	2 400 000	1 000 000	1 400 000
营业成本	2 400 000	1 000 000	1 400 000
营业利润	0	0	0
第三年			
营业收入	4 000 000	2 400 000	1 600 000
营业成本	3 200 000	2 400 000	800 000
营业利润	800 000	0	800 000

第三节 会计报告和披露

一、财务报告列报

1. 利润表

如果本报告期没有收益,并不意味着本报告期是亏损。因此利润表应分别列报数额相等的收入和成本,这样报告期的收益等于零。

如果本报告期有收益,那么应分别列报收入和成本。

如果本报告期为亏损,必须分别列报该报告期的收入和成本。

2. 资产负债表

尚未完工的资产的总成本;合同的应收款总额等。

二、财务报告披露

财务报告应披露的内容有:

如果施工单位将完成百分比法改为全部完工法,则需要披露其变更方法带来的影响。

财务报告还应披露的其他内容包括:在当期确认为收入的合同收入;在当期确认合同收入的方法;确认合同完工程度的方法;已经发生的合同的总成本和已经确认的利润;已经收到的预收收入等。

本 章 小 结

建造合同带来的会计问题是收入如何确定的问题。由于建造合同的生产周期比较长,提出的问题是:收入确定的时间是在建造合同实现的生产过程中确认,还是在建造合同全部完工后确认。国际会计准则第 11 号规定的收入确定的方法主要有两种,即完工百分比法和全部完工法。

本章详细讨论了完工百分比法和全部完工法这两种方法的适用范围、利弊,以及会计处理。

练习题与文献阅读

(一) 单项选择题

1. IAS 11 建造合同于( )公布。
   A. 1980 年　　　　B. 1978 年　　　　C. 1993 年　　　　D. 2001 年
2. IAS 11 准则包括的范围有( )。
   A. 固定价格合同　　　　　　　　　B. 全部合同
   C. 成本加成合同　　　　　　　　　D. A+C
3. IAS 11 准则适合于应用的建造资产有( )。
   A. 建造桥梁　　　　　　　　　　　B. 建筑物维修
   C. 运输设备发动机更换　　　　　　D. 机器设备大修理
4. IAS 11 准则体现的会计的基本原则有( )。
   A. 会计期原则　　　　　　　　　　B. 收入实现原则
   C. 费用与收入配比原则　　　　　　D. A+B+C
5. 对于某项建造合同,收入确定的方法有( )。
   A. 完工百分比法　　　　　　　　　B. 全部完工法
   C. 完工百分比法或全部完工法　　　D. 完工百分比法和全部完工法
6. 采用完工百分比法的基本条件是( )。
   A. 企业的收入是能够可靠地计算的
   B. 可以可靠地计算工程的合同完工的程度和发生的成本
   C. 在资产负债表日,实际发生的成本在会计报告期内可以确认
   D. A+B+C
7. 完工百分比法体现了会计的( )。
   A. 一贯性原则　　　　　　　　　　B. 费用与收入配比的原则
   C. 稳健性原则　　　　　　　　　　D. 历史成本原则
8. 全部完工法体现了会计的( )。
   A. 一贯性原则　　　　　　　　　　B. 收入实现的原则
   C. 历史成本的原则　　　　　　　　D. 费用与收入配比的原则
9. 完工百分比法的主要缺陷是( )。
   A. 合同收入难以估计　　　　　　　B. 合同成本难以估计
   C. 合同完工程度难以估计　　　　　D. A+B+C
10. 全部完工法的主要缺陷是( )。

  A. 完工成本难以计算　　　　　　　B. 不符合费用与收入配比的原则
  C. 不符合收入实现的原则　　　　　D. B+C

(二) 思考题

1. IAS11 准则包括的范围有哪些?
2. 根据"事项"确定收入的原则,对于建造企业来说,收入确定的节点有哪些? 理由是什么?
3. 什么是完工百分比法,其主要优缺点有哪些?
4. 什么是全部完工法,其主要优缺点有哪些?
5. 企业采用不同的会计报告和披露的方法,对财务报告的分析的影响有哪些?

(三) 文献阅读

1. 陈朝琳. IASB/FASB《关于客户合同收入确认的初步意见》讨论稿之简介——与现行准则的比较及举例分析. 财务与会计,2010(11).
2. 马醒. 从建造合同会计准则运用谈中外会计环境差异. 新会计,2010(6).
3. 李康,杨洁. 收入确认准则新提议简述. 财会通讯(综合版),2011(1).

第七章 不动产、厂房和设备会计

本章主要内容
1. 不动产、厂房和设备的定义与标准
2. 不动产、厂房和设备会计的计量与记录
3. 不动产、厂房和设备的折旧
4. 不动产、厂房和设备研发费用的资本化与费用化
5. 不动产、厂房和设备的列报与披露

第一节 不动产、厂房和设备的基本概念与分类

一、准则制定的目标

《国际会计准则第 16 号——不动产、厂房和设备》对不动产、厂房和设备的会计计量和列报等做出规范,主要内容包括:

① 不动产、厂房和设备的定义
② 不动产、厂房和设备的分类
③ 不动产、厂房和设备成本的确定
④ 不动产、厂房和设备折旧
⑤ 不动产、厂房和设备减值
⑥ 不动产、厂房和设备列报

二、准则包括的范围

本准则包括的资产是指企业用于生产、提供商品或劳务的不动产、厂房和设备,主要有企业生产经营用厂房,机器、设备、运输工具等。

确认企业的不动产、厂房和设备时,必须同时具备以下两个基本条件:

① 资产可以给企业带来未来的经济利益;
② 资产的成本能够可靠地计量。资产的成本是指资产在构建时,企业所支付的现金或现金等价物,或其他资产对价的公允价值。

企业的不动产、厂房和设备的可以分为五大类,分别为:土地、建筑物、机器设备、运输设备等、办公设备等。

三、国际会计第 16 号准则不包括的范围

本准则不包括的不动产、厂房和设备有:

① 为持有、出售或出租的不动产、厂房和设备等（见国际会计准则第 17 号、第 40 号）
② 与农业生产相关的生物资产（见国际会计准则第 41 号）
③ 矿产资源，例如原油天然气等（见国际财务报告准则第 6 号）
④ 其他类似的不可再生的自然资源等

四、有关专用术语的基本概念

① 资产的成本（cost），指购置或建造该项资产支付的现金或发生的其他资产的耗费。
② 资产的公允价值（fair value），指在公平交易中，熟识交易的双方自愿据以进行资产交换的价格。
③ 资产的折旧（depreciation），指资产在使用期内已消耗、应计入公司的产品成本或费用中去的价值。
④ 资产的残值（residual value），指企业预计的、在资产在使用寿命终止时，扣除清理费用后的价值。
⑤ 资产的减值损失（impairment loss），指资产的账面价值大于其可回收金额的差额。
⑥ 可回收的金额（recoverable amount），资产的销售价格减去其销售费用后的差额。
⑦ 资产的账面净值（carrying amount），指资产的账面价值减去资产的累计折旧和资产的减值损失后的差额。

第二节　不动产、厂房和设备会计计量与记录

一、不动产、厂房和设备的初始计量

1. 不动产、厂房和设备的购置

不动产、厂房和设备的初始成本包括：资产的购入价格；咨询费用；购入时支付的税费、运输费用、安装费用等。

举例：某公司购置机器设备一台，有关的费用及其初始成本的计算见表 7-1：

表 7-1　购置机器设备的有关费用及其初始成本的计算　　　　　　　单位：元

费用项目	金额	不动产、厂房和设备成本	金额
设备的发票价格	10 000 000	√	10 000 000
运输费用	50 000	√	50 000
场地清理费用	500 000	√	500 000
安装费用	65 000	√	65 000
咨询费用	30 000	√	30 000
支付供应商的手续费用	60 000	0	0
生产经营的损失费用	400 000	0	0
合计	11 105 000		10 645 000

从表 7-1 我们可以看到，与该项机器设备相关的费用都应计入该项机器设备的成本，

表中的最后两项费用与该项资产不相关,因此不计入该项资产的成本。

如果企业不是用现金,而是用资产去置换不动产、厂房和设备,被置换购入的该项不动产、厂房和设备,应按照其公允价值入账。

2. 不动产、厂房和设备的建造

不动产、厂房和设备的初始成本包括:工程建造发生的原材料成本、人工成本和其他费用;该项工程资本化的借款利息费用。

费用的资本化与费用化,对企业的财务报表产生重要影响。详细的讨论见本章第三节。

二、不动产、厂房和设备的后续计量

不动产、厂房和设备的后续计量可以采用成本模式(cost model),也可以采用重估模式(revaluation model)。

但是,国际会计准则第 16 号规定,如果企业对某一项资产采用重估模式,那么,对于同类资产也必须采用重估模式。

例 7-1 某公司有 6 辆运输卡车,公司是否可以对其中 2 辆卡车采用成本模式,对其他 4 辆卡车采用重估模式?

答:不可以。5 辆卡车的后续计量模式应该采用同一模式,即成本模式,或重估模式。

如果企业对不动产、厂房和设备采用重估模式,重估后可能带来资产的重估价值大于其账面价值,或资产的重估价值小于其账面价值。如果资产重估增值,应"借"记"不动产、厂房和设备"账户和"贷"记"资产重估增值"(asset revaluation surplus)。("资产重估增值"账户是资产负债表股东权益中的一个项目)如果资产重估减值,应"借"记"不动产、厂房和设备损失"("不动产、厂房和设备损失"是利润表的一个减项)账户和"贷"记"不动产、厂房和设备"账户。

例 7-2 A 公司 2011 年购入机器一台,计 250 000 元,2013 年该机器已使用 3 年,计提的累计折旧为 100 000 元。公司决定对该项资产采用重估模式,估计该项资产的公允价值为 175 000 元。假定该公司没有其他同类的机器。

重估资产的账务处理:

借:累计折旧　　　　　　　　　　　　　　　　100 000
　　贷:不动产、厂房和设备　　　　　　　　　　　　100 000
借:不动产、厂房和设备　　　　　　　　　　　　25 000
　　贷:资产重估增值　　　　　　　　　　　　　　　25 000

(计算:175 000－150 000＝25 000)

三、不动产、厂房和设备的折旧

企业对于经营用的不动产、厂房和设备,应依据其经济使用年限计提折旧。但是,国际财务报告准则第 5 号(IFRS 5)指出,对于以销售为目的而持有,或终止经营的不动产、厂房和设备,不计提折旧。

不动产、厂房和设备计提折旧的方法主要有：直线法、工作量法、双倍余额递减法等。

举例：假定有设备一台，第一年1月1日购入，成本41 000元，预计使用年限5年，预计残值1 000元。

（一）直线法

直线法的基本理论是根据该项资产的预计使用年限和残值，将资产的成本扣除残值后，在有限的使用年限中进行分配，分别计算各个年度的折旧费用的方法。

计算如下：

年折旧率：1/5＝0.20

每年应计提的折旧：(41 000－1 000)×0.20＝8 000

该资产5年计提的折旧见表7-2。

表7-2 折旧计算表（直线法） 单位：元

日期	资本成本	折旧费用计算			累计折旧	资产账面价值
		折旧率	应计提折旧的成本	应计提的折旧费用		
第1年年初	41 000					41 000
第1年年末		0.20	40 000	8 000	8 000	33 000
第2年年末		0.20	40 000	8 000	16 000	25 000
第3年年末		0.20	40 000	8 000	24 000	17 000
第4年年末		0.20	40 000	8 000	32 000	9 000
第5年年末		0.20	40 000	8 000	40 000	1 000

（二）工作量法

工作量法的基本理论是根据该项资产的预计生产的总产量和残值，先计算单位产量应分摊的折旧费用，然后根据资产各年度生产的不同产量，分别计算各个年度的折旧费用的方法。

我们沿用上例，假定预计该项资产的生产的总产量为100 000件，计算如下：

单位产量的折旧费用：(41 000－1 000)/100 000＝0.40

该资产5年计提的折旧，见表7-3，折旧计提计算表（工作量法）。

表7-3 折旧计算表（工作量法） 单位：元

日期	资本成本	折旧费用计算			累计折旧	资产账面价值
		单位折旧费用	产量	应计提的折旧费用		
第1年年初	41 000					41 000
第1年年末		0.40	20 000	8 000	8 000	33 000
第2年年末		0.40	30 000	12 000	20 000	21 000
第3年年末		0.40	25 000	10 000	30 000	11 000
第4年年末		0.40	15 000	6 000	36 000	5 000
第5年年末		0.40	10 000	4 000	40 000	1 000

(三)双倍余额递减法

双倍余额递减法的理论是根据资产的成本与收入配比的原则,如果资产前期的收入比较大,那么其成本的配比也应该比较大,分别计算各个年度的折旧费用的方法。

沿用上列,计算如下:

年双倍折旧率:$1/5 \times 2 = 0.40$

该资产5年计提的折旧,见表7-4,折旧计提计算表(直线法)。

表7-4 折旧计算表(双倍余额递减法)   单位:元

日期	资本成本	折旧费用计算			累计折旧	资产账面价值
		折旧率	应计提折旧的成本	应计提的折旧费用		
第1年年初	41 000					41 000
第1年年末		0.40	41 000	16 000	16 400	24 600
第2年年末		0.40	24 600	9 840	26 240	14 760
第3年年末		0.40	14 760	5 904	32 144	8 856
第4年年末		0.40	8 856	3 542	35 686	5 314
第5年年末				4 314	40 000	1 000

从表7-4可以看出,第5年的折旧费用大于第4年,这样不符合费用递减的原则,因此,企业应对最后两年计提的折旧进行调整。计算如下:

第四年、第五年的折旧费用:$(8\,856 - 1\,000)/2 = 3\,928$,见表7-5 折旧计算表(双倍余额递减法—调整)。

表7-5 折旧计算表(双倍余额递减法—调整)   单位:元

日期	资本成本	折旧费用计算			累计折旧	资产账面价值
		折旧率	应计提折旧的成本	应计提的折旧费用		
第1年年初	41 000					41 000
第1年年末		0.40	41 000	16 400	16 400	24 600
第2年年末		0.40	24 600	9 840	26 240	14 760
第3年年末		0.40	14 760	5 904	32 144	8 856
第4年年末		0.40	8 856	3 928	36 072	4 928
第5年年末				3 928	40 000	1 000

四、不动产、厂房和设备会计报告和披露

在资产负债表上,不动产、厂房和设备属于非流动资产,应列报该项资产的总成本、已经计提的累计折旧,以及该项资产的净值。

在利润表上,不动产、厂房和设备的折旧费用应按照其资产的费用的功能进行归集和列报。

在现金流量表上,在经营活动产生的现金流量中,应列报由于企业计提折旧带来的经营活动现金流入;在投资活动产生的现金流量中,应列报由于企业购买和处置该项资产

带来的投资活动现金的流入和流出。

在财务报表附注中,企业应披露该项资产的分类方法、计提折旧的方法,以及主要资产增加或减少的变动原因及变动的结果等。

第三节 不动产、厂房和设备研发费用的资本化与费用化

不动产、厂房和设备购置的费用是资本化还是费用化处理,对一个公司的财务报表会产生重要的影响,同时财务报表的数据的差异也会影响公司的财务比率的计算和财务比率数据的应用。下面对这一问题进行分析说明。

一、2013 年期初资料

2013 年 1 月 1 日资产负债表(表 7-6)

表 7-6 资产负债表有关资料

资产负债表　　　　　　　　　　　　　　　　　　　　　　　　　　　　　　　单位:元

资产负债表			
现金	1 000	流动负债	400
不动产、厂房和设备	16 000	非流动负债	4 000
		股东权益	12 600
合计	17 000	合计	17 000

二、2013 年发生的有关经济业务

① 销售收入 20 000 元;
② 销售成本 14 000 元;
③ 利息费用 280 元;
④ 新机器投入费用 2 000 元,当年投资并已完工、交付使用,估计使用年限为 5 年;
⑤ 其他不动产、厂房和设备年折旧率 10%;
⑥ 假定不考虑公司的所得税。

三、要求:分析公司的经营成果和财务状况

(1) 按照资产成本的资本化和费用化,分别编制资产负债表、利润表、现金流量表
(2) 计算和分析有关的财务比率:
① 流动比率;
② 资产负债率;
③ 总资产周转率;
④ 税前利润率;
⑤ 总资产报酬率;
⑥ 净资产报酬率。
(3) 根据编制的财务报表和计算的财务比率,分析新机器成本 2 000 元,资本化或费用化对公司财务报表的影响。

四、分析结果

首先,按照资产成本的资本化和费用化,分别编制资产负债表、利润表、现金流量表。

1. 费用化的会计处理

(1) 利润表(如表7-7所示)

表7-7 利润表　　　　　　　　　　　　　　　　　　　　　单位:元

项目	金额	说明
销售收入	20 000	
销售成本	14 000	
利息费用	280	
折旧费用	1 600	16 000/10=1 600
成本费用化	2 000	
税前利润	2 120	

(2) 资产负债表(如表7-8所示)

表7-8 资产负债表　　　　　　　　　　　　　　　　　　单位:元

项目	期初	期末	项目	期初	期末
现金	1 000	4 720	流动负债	400	400
不动产、厂房和设备	16 000	14 400	非流动负债	4 000	4 000
			股东权益	12 600	14 720
合计	17 000	19 120	合计	17 000	19 120

注:① 4 720=1 000+20 000−14 000−280−2 000
② 14 720=12 600+2 120

(3) 现金流量表(如表7-9所示)

表7-9 现金流量表　　　　　　　　　　　　　　　　　　单位:元

项目	金额
税前利润	2 120
折旧费用	1 600
经营活动现金流量	3 720
投资活动现金流量	0
筹资活动现金流量	0
净现金流量	3 720

2. 资本化的会计处理

(1) 利润表(如表7-10所示)

表7-10 利润表　　　　　　　　　　　　　　　　　　　　单位:元

项目	金额	说明
销售收入	20 000	
销售成本	14 000	
利息费用	280	
折旧费用	1 600	16 000/10=1 600
新资产折旧费	400	2 000/5=400
税前利润	3 720	

(2) 资产负债表(如表 7-11 所示)

表 7-11　资产负债表　　　　　　　　　　　　　　　　　单位:元

项目	期初	期末	项目	期初	期末
现金	1 000	4 720	流动负债	400	400
不动产、厂房和设备	16 000	14 400	非流动负债	4 000	4 000
新不动产、厂房和设备		1 600	股东权益	12 600	16 320
合计	17 000	20 720	合计	17 000	20 720

注：① 4 720＝1 000＋20 000－14 000－280－2 000
　　② 16 320＝12 600＋3 720

(3) 现金流量表(如表 7-12 所示)

表 7-12　现金流量表　　　　　　　　　　　　　　　　　单位:元

税前利润	3 720
折旧费用	2 000
经营活动现金流量	5 720
投资活动现金流量	－2 000
筹资活动现金流量	0
净现金流量	3 720

3. 计算和分析有关的财务比率

财务比率表如表 7-13 所示。

表 7-13　财　务　比　率

财务比率	费用化	资本化
A. 流动比率	11.80	11.80
B. 资产负债率	23.01	21.24
C. 总资产周转率	1.11	1.06
销售收入(元)	20 000	20 000
总资产(期初＋期末)(元)	36 120	37 720
总资产平均(元)	18 060	18 860
D. 税前利润率	0.106 0	0.186 0
E. 总资产报酬率	0.132 9	0.212 1
税前利润＋利息费用(元)	2 400	4 000
总资产平均(元)	18 060	18 860
F. 净资产报酬率	0.155 2	0.257 3
税前利润(元)	2 120	3 720
净资产平均(元)	13 660	14 460
净资产(期初＋期末)(元)	27 320	28 920

4. 分析结果综述

根据编制的财务报表和计算的财务比率,我们可以看出：企业 2 000 元费用,作为资本化或费用化处理对公司财务报表的影响是不同的。企业采用资本化处理的结果,其财务状况和经营成果往往比采用费用化处理的结果好。但是我们必须清晰地认识到,如果一个企业的费用应该是费用化处理的,这个企业却采用资本化处理,这对企业来说,其潜在的风险比较大。

本章小结

本章讨论了不动产、厂房和设备的基本概念和定义,指出了确认为企业的不动产、厂房和设备的资产时,必须具备的两个基本条件。根据国际会计准则第16号的规定,对该项资产进行了分类。对不动产、厂房和设备的初始计量、后续计量进行分析和讨论。描述了对该项资产采用不同的计提折旧的方法所产生的不同影响。最后,举例说明了资产的资本化与费用化对企业财务报告和财务比率的影响。

练习题与文献阅读

(一) 单项选择题

1. 关于指导不动产、厂房和设备的国际会计准则是(　　)。
   A. 国际会计准则第16号　　　　B. 国际会计准则第17号
   C. 国际会计准则第6号　　　　 D. 国际会计准则第40号
2. 不动产、厂房和设备的初始成本包括(　　)。
   A. 资产购入时的买价　　　　　B. 购入时发生的运输费用
   C. 资产的安装费用　　　　　　D. A+B+C
3. 国际会计准则第16号规定,对于同类不动产、厂房和设备资产的后续计量,可以采用(　　)。
   A. 历史成本模式　　　　　　　B. 重估模式
   C. 历史成本模式+重估模式　　 D. 历史成本模式或重估模式
4. 对不动产、厂房和设备计提折旧的主要方法有:(　　)。
   A. 直线法　　　　　　　　　　B. 工作量法
   C. 双倍余额递减法　　　　　　D. A+B+C
5. 与直线法相比,如果企业而采用双倍余额递减法对其生产设备计提折旧,以下正确的说法是(　　)。
   A. 企业当期的折旧费用比较小
   B. 企业该项资产前期的折旧费用比较小
   C. 企业该项资产前期的折旧费用比较大
   D. 企业当期的折旧费用比较大
6. 在采用间接法编制企业的现金流量表时,当期计提的折旧费用会(　　)。
   A. 增加企业经营活动的现金流量　　B. 增加企业投资活动的现金流量
   C. 增加企业筹资活动的现金流量　　D. 对企业的现金流量没有影响
7. 如果企业将应计入资产的成本的费用计入当期费用,对公司利润表的影响是(　　)。

  A. 利润下降   B. 利润上升
  C. 利润没有影响   D. 不可以确定

8. 如果企业将应该计入费用的成本进行资本化处理,对公司利润表的影响是( )。
  A. 利润下降   B. 利润上升
  C. 利润没有影响   D. 不可以确定

9. 如果企业将应该计入费用的成本进行资本化处理,对公司资产负债表的影响是( )。
  A. 资产减少   B. 资产增加
  C. 没有影响   D. 不可以确定

10. 在财务报告中,企业应披露的不动产、厂房和设备的主要信息有( )。
  A. 资产的分类   B. 折旧的计算方法
  C. 利润减少的原因   D. A+B

(二) 思考题

1. 国际会计准则第 16 号关于不动产、厂房和设备的基本概念是什么?
2. 为什么可以选择不同的方法计提折旧?举例说明。
3. 在通货膨胀的经济环境下,采用直线法和双倍余额递减法有哪些不同的经济影响?
4. 折旧费用的计提对公司的现金流量产生什么样的影响?
5. 费用的资本化和费用化对企业的财务报告有哪些影响?

(三) 文献阅读

1. Jagdish Kothari, Adavanced Financial Accounting, chapter 7, Property, plant and equipment and investment property. Prentice Hall 2011, pp. 201-232.
2. 严学丰. 试从固定资产角度论中国企业会计准则和国际会计准则的异同. 企业导报,2011(7).
3. 吴敏. 我国固定资产准则与国际会计准则比较研究. 中国总会计师,2009(5).

第八章 租赁会计

本章主要内容

1. 租赁的基本概念和分类
2. 国际会计准则第 17 号规定的租赁会计的范围
3. 融资租赁与经营租赁的会计处理
4. 售后租回的会计处理
5. 租赁方法选择对企业财务报表的影响

第一节 租赁的基本概念

一、租赁的基本概念和定义

租赁的定义：租赁是指在约定的期间内，出租人将某项资产的使用权让与承租人，以换取得到一次或多次获取租金的协议。

二、主要会计准则

《国际会计准则第 17 号——租赁》,1982 年制订,1999 年修订。

准则包括的范围：包括所有的租赁的业务。

本章主要讨论经营租赁、融资租赁业务，以及售后回租等业务。

准则不包括的范围：

① 开采或使用石油、天然气、木材等自然资源的租赁协议。
② 电影、录像、剧本、文稿、专利和版权等项目的许可协议。
③ 有关投资性房地产的资产承租或出租协议(《国际会计准则第 40 号——投资性房地产》)。
④ 有关生物资产的承租或出租协议(《国际会计准则第 41 号——生物资产》)。

三、准则的目标

规定和指导国际跨国公司融资租赁和经营租赁的会计确认、计量、报告的基本原则和会计处理方法。

但是该准则在实际应用过程中也还存在一定的争议。由于经营租赁相对融资租赁而言,其财务报告更显稳健。因此,多数企业在对这两种不同类别的租赁比较难以确定时,选择了经营租赁的会计处理方法。这样的选择,会影响会计信息的可比性。

第二节　租赁业务的目标与分类

一、租赁业务的目标

公司在资金短缺但是又希望扩张的情况下,融资就显得非常重要。公司的融资可分为企业内部融资和企业外部融资,外部融资的方式可以采用发放股票融资、发放公司债券融资、租赁融资等。公司为什么要选择租赁融资？一般来说有以下三个方面原因：

① 融资的费用可以在公司的税前利润中扣除；
② 融资比较便捷和融资成本具有可控性；
③ 更具有较好的经济效果。

根据租赁业务期限的长短、所有权是否转移、金额的大小等,租赁业务可以分为融资租赁和经营租赁两类。

二、租赁业务的分类

1. 融资租赁

(1) 融资租赁的概念。融资租赁是指实质上将租赁资产所有权以及其全部风险和报酬进行转移的一种租赁。根据合同规定,资产形式上所有权最终可能转移,也可能不转移。

(2) 融资租赁的特征。
① 租赁期长,几乎达到租赁资产的全部使用年限。
② 最低租赁付款的现值几乎等于租赁资产的公允价值。
③ 承租期满后,承租方再支付租赁资产的小部分价款,资产的所有权转移给承租方。
④ 如果承租方撤销租赁合同,由此带来的损失由承租方承担。

2. 经营租赁

(1) 经营租赁的概念。经营租赁是指融资租赁以外的另一种租赁。经营租赁不发生资产的所有权的转移。

(2) 经营租赁的特征。对于出租方来说,经营租赁的资产所有权不发生转移,仍归出租方所有。

对于承租方来说,经营租赁入的资产与产生的负债作为表外项目来处理。

三、租赁业务分类的比较

承租方关于经营租赁与融资租赁的分类比较见表8-1。

表8-1　经营租赁与融资租赁的比较

比较的项目	融资租赁	经营租赁
租赁时间	时间长	时间短
租赁费用总额	费用小	费用大
所有权	所有权不转移	所有权一般会转移

企业在选择融资租赁或者经营租赁时,如果企业的管理层希望得到更高的资产报酬率,或得到较低的资产负债率,企业比较倾向于选择经营租赁方式。但是,如果企业管理层希望得到较多的经营现金流,或得到销售固定资产,但是又不影响经营规模的优势,企业比较倾向于选择融资租赁方式。

第三节 租赁业务的会计处理

一、经营租赁会计处理

出租方:

A. 租出时不做会计处理,登记备查账簿。

B. 会计期末:

借:现金 ×××
    贷:租赁费用 ×××

承租方:

A. 租入时不做会计处理,登记备查账簿。

B. 会计期末:

借:租赁费用 ×××
    贷:现金 ×××

二、融资租赁的会计处理

出租方:

A. 租出时

借:应收融资租入款 ×××
    贷:融资租出固定资产 ×××

B. 会计期末:

收到租赁费用和利息收入:

借:现金 ×××
    贷:租赁收入 ×××
        租赁利息收入 ×××

承租方:

A. 租入时

借:融资租入固定资产 ×××
    贷:应付融资租赁款 ×××

B. 会计期末:

支付租赁费用和利息费用:

借:租赁费用 ×××
    租赁利息费用 ×××

贷：现金　　　　　　　　　　　　　　　×××
计提折旧费用：
　　借：折旧费用　　　　　　　　　　　　　×××
　　　贷：融资租赁累计折旧　　　　　　　　　　×××

三、销后租回会计处理

销售后又租回的业务发生在公司急需现金的情况下。销售后又租回业务,从形式上看,销售者放弃了资产所有权,把资产出售给购买者,收到销货款;但是从实质看,销售者又成为承租方,可以控制和继续使用该资产。在许多状况下,销售后又租回的业务,其资产是不发生实物转移的,只是在公司的会计账面和报告上,资产由原来的自有资产改变为租赁资产。

见图 8-1 销售后又租回业务。

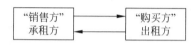

图 8-1　销售后又租回业务

由图 8-1 我们可以看出:租赁付款和售价通常是相互关联的,因为它们是以一揽子方式进行谈判的。国际会计准则规定,售后租回交易的会计处理依所涉及的租赁类型而定。

销售后又租回业务发生时,通常是销售方在销售资产的同时就与购货方签订租赁合同。因此可能发生的情况有两种:

① 销售后又回,确认为融资租赁;
② 销售后又租回,确认为经营租赁。下面举例分别进行讨论。

如售后租回交易形成的是一项融资租赁业务,销售收入超过账面金额的部分,不应立即在卖主兼出租人的财务报表中确认为收益,而应将其进行递延并按照整个租赁期来分摊。

如售后租回交易形成的是一项经营租赁,而且交易是按公允价值计量的,则利润或损失应立即予以确认。第一种情况:假定售价低于公允价值,则损失应立即予以确认;但如果损失将由低于市价的未来租赁付款补偿时,则应将其进行递延。第二种情况:假定售价高于公允价值,其高出公允价值的部分应予递延,并在预计的资产使用期限内摊销。

1. 售后租回,确认为融资租赁

举例:2012 年 1 月 1 日,A 公司以 5 000 000 元价格销售固定资产一台给 B 公司,同时当年又与 B 公司签订合同,租入时该项资产的账面价值是 4 000 000 元,该项资产估计的使用年限为 12 年,租赁期为 10 年,该项租赁被确认为是公司的融资租赁业务。

由于该项资产的出售和融资租赁在同一年发生,根据国际会计准则第 17 号的规定,资产的出售价格与融资租入时的公允价值的差额,不可以计入当期的收益,应采用递延的方法并按照未来的租赁期限合理摊销。A 公司的摊销额为 1 000 000(5 000 000－4 000 000)元,摊销期为 12 年。

会计处理如下：

2012年1月1日

销售时：

借：现金	5 000 000	
贷：递延收益		1 000 000
固定资产		4 000 000

租入时：

借：融资租入固定资产	5 000 000	
贷：应付融资租赁资产款		5 000 000

2012年12月31日

摊销递延收益：

借：递延收益	100 000	
贷：出售固定资产利得		100 000

计提折旧：

借：折旧费用	333 333	
贷：累计折旧		333 333

（4 000 000/12≈333 333）

支付融资费用：

借：利息费用	×××	
应付融资租赁款	(400 000-×××)	
贷：现金		400 000

2. 售后租回，确认为经营租赁

2012年5月1日，A公司销售固定资产一台给B公司，同时当年又与B公司签订合同，租入该项资产。该项资产估计的使用年限为15年，租赁期为3年，该项租赁被确认为是公司的经营租赁业务。假设该项业务的资产的销售价、公允价，以及其账面价分别如表8-2、表8-3所示。

表8-2　租赁资产的销售价和公允价　　　　　　　　　　　　单位：元

三种情况	销售价	公允价
1. 销售价等于公允价	5 000	5 000
2. 销售价大于公允价	6 000	5 000
3. 销售价小于公允价	4 000	5 000

表8-3　租赁资产的账面价　　　　　　　　　　　　单位：元

资产的账面价（三种情况）：	
A	5 000
B	4 000
C	6 000

(1) 销售价等于公允价、账面价不同的会计处理,见表8-4。

表 8-4　销售价等于公允价、账面价不同的会计处理　　　　　　　单位:元

第一种情况	销售价	公允价	账面价	会计处理
销售价等于公允价	5 000	5 000	5 000	不确认利润或损失
销售价等于公允价	5 000	5 000	4 000	确认当期利润 1 000 元
销售价等于公允价	5 000	5 000	6 000	确认当期损失 1 000 元

(2) 销售价大于公允价、账面价不同的会计处理,见表8-5。

表 8-5　销售价大于公允价、账面价不同的会计处理　　　　　　　单位:元

第二种情况	销售价	公允价	账面价	会计处理
销售价大于公允价	6 000	5 000	5 000	递延确认利润 1 000 元
销售价大于公允价	6 000	5 000	4 000	确认当期利润 1 000 元,递延利润 1 000 元
销售价大于公允价	6 000	5 000	6 000	确认当期损失 1 000 元,递延利润 1 000 元

(3) 销售价小于公允价、账面价不同的会计处理,见表8-6。

表 8-6　销售价小于公允价、账面价不同的会计处理　　　　　　　单位:元

第三种情况	销售价	公允价	账面价	会计处理
销售价小于公允价	4 000	5 000	5 000	确认当期损失 1 000 元
销售价小于公允价	4 000	5 000	4 000	不确认利润或损失
销售价小于公允价	4 000	5 000	6 000	确认当期损失 1 000 元,递延损失 1 000 元

四、经营租赁与融资租赁的财务影响分析

1. 实质重于形式的讨论

租赁会计是国际会计中一直争议的课题之一。为了讨论这个问题,我们假定:有A、B两个公司,A公司借款 1 000 000 元,购买设备一台投入生产;B采取经营租赁的方式借入设备一台,价 1 000 000 元,投入生产。这两个公司当年的利润为 200 000 元,其他财务状况和经营成果都很类似。

我们比较一下资产负债表,A公司拥有资产和负债各 1 000 000 元,而B公司由于采用经营租赁的方式,其资产负债表上不报告租赁的资产和应支付的租赁费用的负债。这样,如果我们分析这两个公司的财务状况,从形式上看,A公司的财务杠杆要高于B公司,风险大。如果继续分析这两个公司的盈利能力,B公司资产报酬率要好于A公司,但是,从实质上看,A、B两个公司的资产报酬率是相同的。

依据实质重于形式的原则,国际会计准则第 17 号规定,对承租方对租赁资产进行确认和计量时,应首先对租赁业务进行分类,如果该项租赁业务是属于经营租赁业务,承租方则可以不确认其资产和负债。如果该项租赁业务是属于融资租赁业务,承租方则应确认其资产和负债。

2. 财务影响分析

由于经营租赁与融资租赁的会计处理是不同的,因此带给企业的财务报告和财务比

国际会计学

率的不同。表 8-7 归纳了租入企业采用经营租赁与融资租赁的财务报告、财务比率的不同影响。

表 8-7　经营租赁与融资租赁对承租方的财务影响分析

分析项目	A. 经营租赁	B. 融资租赁	分析
财务报表分析：			
资产负债表	不记录融资的资产与负债	分别记录融资的资产与负债	总资产、总负债：A<B
利润表	记录租赁费用	记录租赁费用、折旧费用	租赁费用：A<B
现金流量表	租赁费用归类为经营现金流出	租赁费用归类为经营现金流出	经营现金流出：A>B
		融资利息费用归类为融资现金流出	融资现金流出：A<B
财务比率分析：			
流动比率	不记录短期负债	记录短期负债	流动比率；A>B
资产负债率	不记录负债	记录负债,逐步减少	资产负债率：A<B
资产周转率	不记录资产	记录资产	资产周转率：A>B
利息保障倍数	不记录利息费用	记录利息费用	利息保障倍数：A>B
总资产报酬率	总资产较小	总资产较大	总资产报酬率：A>B
净资产报酬率	前期利润大	前期利润小	净资产报酬率：A>B

本 章 小 结

本章对租赁业务的基本概念进行了定义。根据不同的租赁业务,不租赁分为融资租赁与经营租赁两大类。融资租赁是指实质上将租赁资产所有权,以及其全部风险和报酬进行转移的一种租赁业务。而经营租赁则与融资租赁不同,其资产的所有权、风险和报酬不进行转移,租入方对于租入的资产,进行表外处理。

本章还讨论了售后租回的租赁方式。售后租回可以是融资租赁,也可以是经营租赁,本章对这些租赁的特殊问题作了比较详细的说明和举例。

本章最后讨论了不同的租赁业务对企业财务报告的影响。

练习题与文献阅读

（一）单项选择题

1. 企业选择融资租赁,其优点表现为（　　）。
   A. 融资的费用可以在税前扣除　　　　B. 融资的成本具有一定的可控性
   C. 具有较好的经济效果　　　　　　　D. A＋B＋C
2. 经营租赁的特点是（　　）。
   A. 租赁期比较短　　　　　　　　　　B. 租赁的资产最终转移到承租企业
   C. 租赁费用可以在税前扣除　　　　　D. A＋C

3. 在经营租赁的情况下,企业租入的固定资产,国际会计准则第 17 号规定(　　)。
   A. 需要计提折旧费用
   B. 不需要计提折旧费用
   C. 需要或不需要计提折旧费用
   D. 有企业自行选择是否应该计提折旧费用

4. 在融资租赁的情况下,租入方应进行的会计处理有(　　)。
   A. 记录融资租赁的资产和负债
   B. 记录融资租赁的租金费用和利息费用
   C. 记录租赁资产的折旧
   D. A＋B＋C

5. 售后租回一般是指(　　)。
   A. 先销售商品,然后确定租赁业务
   B. 先确定租赁业务,然后发生销售业务
   C. 销售业务和租赁业务同时发生
   D. 销售业务和租赁业务相分割的两项业务

6. 售后租回,如果确认为是一项经营业务时,当账面价低于销售价和公允价时(　　)。
   A. 应确认为是企业的利润　　　　B. 应确认为是企业的损失
   C. 不确认为企业的损益　　　　　D. 没有明确规定

7. 售后租回,如果确认为是一项经营业务时,当账面价高于销售价和公允价时(　　)。
   A. 应确认为是企业的利润　　　　B. 应确认为是企业的损失
   C. 不确认为企业的损益　　　　　D. 没有明确规定

8. 售后租回,当销售价大于公允价、公允价等于账面价时(　　)。
   A. 应确定为是企业的利润　　　　B. 应递延确定企业的利润
   C. 应确定为企业的损失　　　　　D. 应递延确定企业的损失

9. 售后租回,当销售价小于公允价、公允价等于账面价时(　　)。
   A. 应确定为企业的损失　　　　　B. 应确定为企业的利润
   C. 应递延确定企业的利润　　　　D. 应递延确定企业的损失

10. 售后租回,当销售价等于账面价,小于公允价时(　　)。
    A. 应确认为是企业的利润　　　　B. 应确认为是企业的损失
    C. 不确认为企业的损益　　　　　D. 没有明确规定

(二) 思考题

1. 什么叫融资租赁、什么叫作经营租赁?
2. 企业筹资时为什么要选择租赁的方式?与其他筹资方式相比较,有哪些利弊?
3. 企业为什么要开展售后租回业务?
4. 比较融资租赁和经营租赁的会计处理,对企业的财务报告产生哪些不同的影响?
5. 国际会计准则第 17 号还存在哪些值得争议的问题?

(三) 文献阅读

1. 国际会计准则理事会《租赁》(征求意见稿). 财政部网站, 2011-11-26.
2. 美国与国际会计准则委员会拟修改租赁会计准则. 新浪财经网站, 2010-08-16.
3. 罕尼·凡·格鲁宁. 国际财务报告准则实用指南(第五版). 北京: 中国财政经济出版社, 2011.

第九章 养老金会计

本章主要内容
1. 短期雇员福利的确认和计量
2. 离职后福利的确认与计量
3. 设定提存计划和设定受益计划的比较
4. 雇员福利的报告与披露

第一节 国际会计准则有关规范

一、准则制定的目标

为协调各国的养老金会计,国际会计准则委员会早在1983年就发布了《国际会计准则第19号——雇主财务报表中退休福利的会计》。1993年11月,国际会计准则委员会对19号准则进行修改,颁布了《国际会计准则第19号——退休福利费用》(Employee Benefits)。1998年1月,国际会计准则委员会又对IAS19作了较大修改,颁布了雇员福利准则。2000年、2002年、2004年和2011年,IAS19又经过了若干次修订。IAS19制定的目的在于规范雇员福利的会计处理和披露,它要求企业在雇员提供服务以换取未来雇员福利时,确认一项负债,同时在企业消耗了雇员为换取福利而提供的服务所产生的经济利益时,确认一项费用。

二、准则包括的范围

IAS19号的准则体系较为完整,分别就各种雇员福利详细规定了确认、计量和披露原则,适用于除了按照IFRS2《以股份为基础的支付》(Share-Based Payment)核算以外的雇主对所有雇员福利的会计核算。IAS19主要规定了雇员福利的以下几个方面内容。

1. 短期雇员福利(short-term benefits)

短期雇员福利指在雇员提供相关服务的期末以后12个月内应全部支付的雇员福利(辞退福利除外)。例如,对现有雇员提供的工资、薪金和社会保障提存金、带薪年假和带薪病假、利润分享和奖金和非货币性福利等。

2. 离职后福利(postemployment benefits)

离职后福利即雇佣结束后应付的雇员福利(辞退福利除外)。例如养老金、其他退休福利、离职后人寿保险和离职后医疗保障等。

3. 其他长期福利(other long-term employee benefits)

其他长期福利是指在雇员提供相关服务的期末以后12个月内部全部支付的雇员福

利(离职后福利和辞退福利除外)。其他长期福利可包括长期服务休假、高等院校教师的年休假、节日或其他长期服务福利、长期伤残福利以及利润分享、奖金和递延酬劳等。

4. 辞退福利(termination benefits)

辞退福利即主体决定在正常退休日期之前终止对雇员的雇佣或者雇员决定自愿接受精减以换取福利引起的应付雇员福利。

三、准则不包括的范围

随着股票期权在各国企业的大量使用,2004年2月,IASB正式发布了第2号国际财务报告准则(IFRS2)"以股份为基础的支付",用以规范权益性报酬的会计处理。IAS19没有涉及对雇员以股份为基础的支付,不涉及按照 IAS26《退休福利计划的会计和报告》进行的有关雇员福利计划的报告。

四、基本概念

1. 多雇主计划(multiemployer plans)

多雇主计划是集合了许多不在同一控制下的主体提存的资产,并运用这些资产为一个以上主体的雇员提供福利,而且提存和受益水平的确定不以辨明雇佣企业为基础的设定提存和设定受益计划。当多雇主计划是设定受益计划时,企业应当采用与其他设定受益计划相同的方式核算其对设定受益义务、计划资产和与计划相关的费用的比例份额,披露相关信息。如果得不到足够的信息运用设定受益会计,则将计划视同设定提存计划核算,并披露该计划是设定受益计划这一事实,以及得不到足够的信息将计划按设定受益计划进行核算的理由。如果计划出现盈余或亏损可能影响未来提存的金额时,应追加披露任何导致盈余或亏损的信息、用于确定盈余或亏损的基础以及对企业的影响。

2. 当期服务成本(current service cost)

当期服务成本是指因雇员当期服务而导致的设定受益义务现值的增加额。简单地说,当期服务成本就是企业根据退休金计划,为获得参加退休金计划的雇员在本期所提供的服务而发生的费用。

3. 利息成本(interest cost)

利息成本指因距离结算更近了一个期间而在某一期间产生的设定受益义务现值的增加额。养老金费用中之所以要包括利息费用,是因为养老金是一种递延酬劳,在雇员服务期间并未支付,而其负债又以现值入账,故随着时间的推移,应逐期增加利息,才能在雇员退休时,使养老金负债累积到应支付的养老金。

4. 计划资产的回报(return on plan assets)

计划资产的回报指计划资产产生的利息、股利和其他收入,以及计划资产的已实现和未实现的利得或损失,减去管理该计划的成本及计划本身的应付税款。

第二节 雇员福利的确认和计量

一、短期雇员福利(short-term employee benefits)

短期雇员福利指在雇员提供相关服务的期末以后12个月内应全部支付的雇员福利

(辞退福利除外)。短期雇员福利项目包括工资和薪金、非货币性福利、短期带薪缺勤、利润分享和奖金等。IAS19对短期雇员福利的会计处理要求比较简单。对于各种短期福利,当雇员在一个会计期间为主体提供了服务,主体应对为获得该服务预期支付的短期雇员福利的非折现金额,在扣除了已付金额后,确认为一项负债,同时确认一项费用。如果已付金额超过福利的非折现金额,且这笔预付金额将导致未来支付的减少或现金返还,主体应将超过的部分确认为一项资产(预付费用)。

(一) 短期带薪缺勤(compensated absences)

短期带薪缺勤分为累积带薪缺勤和非累积带薪缺勤两种形式。对于带薪缺勤形式的短期雇员福利,在非累积带薪缺勤的情况下,于缺勤发生时确认。如果是累积带薪缺勤,应于雇员提供了服务从而增加了其未来带薪缺勤权利时确认。

1. 累积带薪缺勤(cumulative compensated absences)

累积带薪缺勤是指雇员如果本期权利没有用完,则可以结转后期,在未来期间继续使用。累积带薪缺勤可以是既定的,即雇员离开企业时对未行使完的权利有权获得现金支付,也可以是非既定的,即雇员一离开企业,未行使完的权利就予以取消,雇员无权就此获得现金支付。采用累积带薪缺勤,当雇员提供服务并因此增加了未来带薪缺勤权利时,对企业而言实际上就产生了一项义务,即使带薪缺勤是非既定的,该义务对企业而言仍然存在。因此企业应在雇员提供服务并因此而增加了未来带薪缺勤权利时,计量累积带薪缺勤的预期费用,同时确认相应的费用和负债。

2. 非累积带薪缺勤(non-cumulative compensated absences)

非累积带薪缺勤是指雇员如果当期权利没有行使完,该权利就被予以取消,不结转后期,雇员在离开企业时对未使用完的权利也无权获得现金支付。对于非累积带薪缺勤,企业应当在雇员实际缺勤时确认相关的负债和费用。

例 9-1 某企业有500名雇员,每人每年可享受10个工作日的既定的累积带薪病假,2015年12月31日,20%的员工已用完带薪病假,剩余80%的员工平均拥有12天的累积带薪病假。根据过去经验判断,企业预期2016年度50%的员工会使用6天的结转带薪病假,30%的员工会使用2天的结转带薪病假。假定雇员平均年薪金为40 000元,每周工作五天。

要求:为该企业2015年12月31日确认和计量应计雇员带薪病假负债。

尽管2015年12月31日80%的员工平均拥有12天的累积带薪病假,但带薪病假负债的计量取决于下一年度雇员会使用的本年度结转的带薪病假。

预计使用带薪病假日 = 500×50%×6+500×30%×2 = 1 800

带薪病假工作日工资 = 40 000÷(52×5) = 153.5 元

应计带薪病假费用 = 1 800×153.5 = 276 930 元

借:工资费用	276 930
贷:应计带薪病假费用	276 930

(二) 利润分享和奖金(profit sharing and bonuses)

利润分享和奖金计划产生于雇员提供的服务,而不是与企业所有者之间的交易,因此企业应在雇员提供服务时,将利润分享和奖金计划所带来的支付确认为一项费用和负债。与带薪缺勤不同的是,利润分享和奖金计划不能提前进行预计。对于利润分享和奖金计划形式的短期雇员福利,当且仅当作为过去事项的结果,主体负有支付的法定义务或推定义务,并且可以对义务作出可靠估计时,才能确认为预期费用。例如,利润分享计划要求企业将当年净利润的3%支付给全年为企业提供服务的雇员,如企业估计人员流动将使支付比例降至净利润的2.5%,企业则应将净利润的2.5%确认为一项负债,同时确认一项费用。

二、离职后福利(postemployment benefits)

离职后福利是雇佣结束后实际支付的雇员福利(辞退福利除外),包括退休福利(如养老金)以及其他退休福利(如离职后人寿保险和离职后医疗保障)。企业为一个或多个雇员提供离职后福利的正式或非正式安排是离职后福利计划,根据计划的主要条款和条件所包含的经济实质,IAS 19 将其区分为设定提存计划和设定受益计划两种类型。

(一)设定提存计划(defined contribution plans)

设定提存计划,企业的法定或推定义务仅限于它同意向给定基金提存的金额,精算风险(即基金不足以满足预期福利)和投资风险由雇员承担。根据设定提存计划,主体向某一独立主体(一项基金)支付固定提存金,如果该基金不能拥有足够资产以支付与当期和以前期间雇员服务相关的所有雇员福利,主体不再负有进一步支付提存金的法定义务或推定义务,雇员的退休收入在很大程度上是由接受提存的投资组合的业绩来决定的。设定提存计划只是使雇主有义务基于一个规定的公式每年对养老金计划进行支付,当完成提存后,企业当年就不再有任何义务。

设定提存计划下,企业在每一期间的义务直接取决于该期间向基金提存的金额,因此,在计量相关义务或费用时,不存在精算假设,也不会产生精算利得或损失。计量设定提存计划义务时可以直接采用非折现基础,并在雇员提供服务时将其确认为一项费用或负债。设定提存计划的会计核算比较简单,雇主的年度养老费用就是公司按照提存公式每年必须支付的金额。当雇员在一个期间为主体提供服务,主体应确认为换取该项服务应付给设定提存计划的提存金,在扣除任何已付提存金后作为一项负债(应计费用),同时确认为一项费用,除非其他准则要求或允许将福利包括在资产的成本中。

例 9-2 某企业对雇员退休福利采用设定提存计划,每年按照雇员工资的5%向基金缴纳提存金。假定 2015 年度,雇员工资平均为 10 000 元,企业共有 10 名雇员,则需要向基金缴纳 5 000 元。

借:工资费用　　　　　　　　　　　　　　　　　5 000
　　贷:应计费用/银行存款　　　　　　　　　　　5 000

如果已付金额超过资产负债表日之前服务应得到的提存金,且这笔预付金额将导致未来支付的减少或现金返还,主体应将超过部分确认为一项资产(预付费用)。

(二)设定受益计划(defined benefit plans)

设定受益计划是指除设定提存计划以外的离职后福利计划。在设定受益计划下,企业的义务是为现在的和过去的员工提供约定的福利,精算风险(即福利费用超过预期)和投资风险由企业承担。该计划要求雇主为退休雇员支付一定的养老金福利,年度养老金费用和雇主的负债是通过计算需要支付给退休人员的未来福利的现值确定的。预测未来福利需要有关未来事项的精算研究和假设,包括计划参与者的预期寿命、劳动率的流动率、未来工资水平、贴现率和计划资产的回报率等。承诺给参与者的福利是由反映这些估计的未来事项的特定公式来设定的。估计的福利按照雇员服务的年限来分摊,以形成年度养老金费用。拥有设定受益养老金计划的企业按照雇员工作,依据受益公式累积支付福利的义务,但这些义务直到雇员退休才开始清偿。

设定受益计划的核算比较复杂,因为计量义务和费用时需要精算假设,并有产生精算利得和损失的可能性。另外,义务是在折现的基础上计量的,因为它们可能要在雇员提供相关服务后的许多年才履行。设定受益计划可能是不注入资金的,或者可能全部或部分地由企业向法律上独立于企业的实体或基金,以缴纳提存金形式注入资金,并由该实体或基金到期向雇员支付福利。注资福利的到期支付不仅取决于基金的财务状况和投资业绩,企业在实质上还承担着与福利计划相关的精算风险和投资风险。如果精算或投资的实际结果比预期差,企业必须负担最终的差额部分,企业的最终雇员退休义务就会增加。因此设定受益计划不能简单地按照每一期缴纳的提存金额来确认相关的费用和负债。企业对设定受益计划的会计核算包括以下六个步骤。当企业有一个以上的设定受益计划时,应对每一个计划分别运用以下步骤。

1. 运用精算技术对雇员当期和以前期间服务应得的福利金额进行可靠估计

预测未来福利需要关于未来事项的精算研究和假设,包括计划资产的回报率、雇员工资增长率、劳动力的流动率、死亡率、雇员退休后的预期寿命等。承诺给雇员的福利是由反映这些估计的未来事项的特定公式来设定的,这些估计和计划的受益公式结合就可以生成对未来需要支付的福利的预测。在养老金核算中,会计人员很少直接考虑这些影响因素,企业可聘用精算师进行复杂的计算以估计未来义务以及现值的大小。

2. 运用预期累积福利单位法折现确定设定受益义务的现值和当期服务的成本

国际会计准则委员会认为预期累积福利单位法(projected unit credit method)能更好地将养老金计划的成本联系到雇员提供服务的期间,企业应采用预期累积福利单位法来对福利进行折现,以确定设定受益义务的现值和当期服务的成本。预期累积福利单位法认为,每一服务期间会增加一个单位的福利权利,企业需要对每一单位单独计量,从而形成最终义务。因此,当企业对所有离职后福利进行折现之后,预期累积福利单位法要求企业将福利分配给当期和以前期间,确定当期服务成本,从而确定设定受益义务现值。所谓设定受益义务的现值是指企业不扣除任何计划资产的情况下,为履行当期和以前期间雇员服务产生的义务所需要的预期未来支付的现值,而当期服务成本则是指雇员当期提供服务导致的设定受益义务现值的增加额。

例 9-3 某企业采用设定受益计划支付总经理离职后福利,在总经理离职时支付整笔福利,支付金额为提供服务期间的每年工资的10%,假定总经理每年工资为350 000元,服务期限为3年,折现率为10%,工资每年无变化,不存在中途离开企业的可能性,如表9-1、表9-2所示。

要求：确定总经理离职所导致的离职福利义务。（为简化起见，计算保留至整数位）

表 9-1　总经理离职所导致的退休福利义务　　　　　　　　　　单位：元

年　　份	1	2	3
年度薪水	350 000	350 000	350 000
当期服务成本	35 000	35 000	35 000
当期服务成本(折现)	28 925	31 818	35 000
利息成本	0	2 893	6 364
期初义务	0	28 925	63 636
期末义务	28 925	63 636	105 000

（注：期末义务是归属于当年和以前年度的应得福利现值，也是企业养老金负债的期末余额。）

表 9-2　养老金费用确认的会计分录　　　　　　　　　　单位：元

年　　份	1	2	3
借：养老金费用			
——当期服务成本	28 925	31 818	35 000
——利息费用		2 893	6 364
贷：养老金负债	28 925	34 711	41 364

3. 确定任何计划资产的公允价值

当企业采取全部或部分缴纳提存金的方式来实施设定受益义务计划时，就会产生计划资产。所谓计划资产，是指企业已经向某个实体或基金缴纳的资产，该实体或基金在法律上独立于报告企业，该实体或基金具有足够的资产，企业不再负有直接支付相关雇员福利的法定或推定义务。计划资产不包括企业应付但未付给基金的提存金，计划资产只能用于履行雇员福利义务，不能支付给企业的其他债权人，也不能返还给企业。当企业向基金缴纳提存金时，计划资产就会增加。反之，当基金用计划资产支付雇员福利时，其金额就会相应减少。此外，计划资产也会给企业产生投资回报，并增加计划资产的价值。投资回报包括计划资产产生的利息、股利和其他收入，减去管理该计划的费用及计划本身应付的税款后的余额。

计划资产有些类似于企业已经支付的退休福利义务，所以在计算退休福利负债时，企业应当先确定计划资产在资产负债表日的公允价值，并将其从设定受益义务现值（即期末义务）中扣除。计划资产所产生的投资回报最终要用于支付雇员福利，所以应当预计其投资回报的金额，并将其在收益表中确认为福利费用。计划资产预期回报和其实际回报之间的差额归属于精算利得或损失。

例 9-4　2015 年 1 月 1 日，计划资产的公允价值为 12 000 元，2015 年 6 月 30 日，该计划支付雇员福利 2 280 元，收到企业缴纳的提存金 5 880 元。2015 年 12 月 31 日，计划资产的公允价值为 18 000 元，设定受益义务的现值为 17 966 元。假设 2015 年 1 月 1 日，基于当天市场价格，企业对计划资产的投资回报进行预期，利息和股利收入 8%，其他利得 3%，行政费用率 1%，由此确定计划资产的预计回报率为 10%。

要求：计算计划资产的预计投资回报和实际投资回报

2015年计划资产的预计投资回报＝12 000×10％＋3 600×10％÷2＝1 380(元)

因为计划资产期末的公允价值＝期初计划资产的公允价值＋企业和雇员缴纳的提存金＋／－计划资产的投资回报＋支付的雇员福利

上式可写成：

计划资产的投资回报＝计划资产期末的公允价值－期初计划资产的公允价值－企业和雇员缴纳的提存金＋支付的雇员福利

2015年计划资产的实际回报＝18 000－12 000－5 880＋2 280＝2 400(元)

计划资产的预计回报1 380元和计划资产实际回报2 400元之间的差额1 020元归属于精算利得。

4. 确定精算利得和损失的总额以及应确认的精算利得和损失的金额

由于企业必须在期初根据精算假设预计未来雇员福利义务，因此，当精算假设和实际情况产生差异时，就会导致预计金额和实际金额之间出现差异，我们将其称为精算利得或损失。精算利得或损失主要来自于根据精算假设计算的设定受益义务现值或计划资产公允价值与其实际金额之间的差异。

从长期来看，精算利得和损失存在相互抵销的可能性。因此IAS19不要求企业在每一期确认所有的精算利得或损失，而是设置了区间限制。如果当年所产生的精算利得或损失属于区间之内，则不要求企业确认该区间的精算利得或损失；如果企业在上一报告期末累计未确认的精算利得或损失净额超过以下两者中的较大者，企业应将超出部分的精算利得或损失确认为收入或费用：

① 该日期设定受益义务现值的10％（在抵扣计划资产前）；
② 该日期计划资产公允价值的10％。

每年度确认金额按照雇员预计平均剩余工作年限直线摊销。未确认的精算利得净额将会增加企业的应付福利负债，反之，未确认的精算损失净额则会减少企业的应付福利负债。

例9-5 沿用前例资料，假定企业在2015年1月1日未确认的精算利得累计净额为912元，2015年设定受益义务现值为17 750元，发生精算损失72元，雇员预计平均剩余工作年限为12年，请计算2015年应当确认的精算利得或损失。

2015年12月31日累计未确认的精算利得净额＝912＋1 020－72＝1 860(元)

根据IAS19的规定，限制区间为设定受益义务现值的10％（在抵扣计划资产前）和计划资产公允价值的10％两者中较大者。本例中，设定受益义务现值的10％为1 775元，而计划资产公允价值的10％为1 800元，因此限制区间设置在1 800元。

累计未确认精算利得超出限制区间，超出部分60元应当在雇员预计剩余工作年限内确认为收入，因此，本期确认精算利得收入为5元，未确认的精算利得净额为1 855元。

借：养老金负债　　　　　　　　　　　　　　5
　　贷：养老金费用　　　　　　　　　　　　　　5

2011年6月IASB发布了对IAS19的修订，修订后的IAS19认为推迟确认精算损益使得企业提供的当期数据可能会对投资者产生误导，增加了理解财务报表相关福利计划信息的难度，故而取消了原IAS19所允许的区间法，要求主体在设定受益义务的估计或计划资产公允价值发生变动时,应立即对其进行确认,并在综合收益表的其他综合收益中反映设定受益义务的净额变化。

5. 当引入或变更一项计划时,确定由此导致的过去服务成本

当企业引入福利计划或更改福利计划时,有可能会导致雇员前期提供服务的设定受益义务现值的增加,增加的部分成为过去服务成本。过去服务成本应当在福利计划引入或更改的期间加以确认,并相应地调整已经确认的应付福利负债金额。IAS19 要求企业在直线法基础上,按照该项福利成为既定福利之前的平均年限内进行分摊,并在损益表上确认为费用。如果引入或改变设定受益计划后,该福利立即成为既定福利,企业就应当就此确认全部的过去服务成本。

例 9-6 某企业决定修改过去执行的设定受益养老计划。假定更改福利计划后增加的福利现值为 167 500 元,其中 145 000 元和现行雇员相关,该部分雇员预计平均剩余服务年限为 7 年,还有 22 500 元和已退休人员有关。要求:为该企业就此确定过去的服务成本。

本例中,如果改变设定受益计划后,该福利立即成为既定福利,企业需立即确认全部的过去服务成本。

借:养老金费用　　　　　　　　　　　　　　　　167 500
　　贷:养老金负债　　　　　　　　　　　　　　　　167 500

如果对已退休人员立即成为既定福利,而对现行雇员还需 4 年成为既定福利,则企业应当立即确认过去服务成本 22 500 元,对于未成为既定福利的过去服务成本应当在福利成为既定的剩余平均年限内按直线法确认。本例中要在四年内确认 145 000 元,当年确认 36 250 元。

借:养老金费用　　　　　　　　　　　　　　　　58 750
　　贷:养老金负债　　　　　　　　　　　　　　　　58 750

要注意的是,上例中假定服务既定的时间早于雇员剩余平均服务年限,成为既定福利的时间尚有 8 年,则应按 7 年平均分摊过去服务成本。

6. 当缩减或结算一项计划时,确定由此导致的利得或损失

当企业缩减或结算一项福利计划时,企业应当确认设定受益计划因为缩减或结算所产生的利得或损失,并增加或减少相应的应付福利负债。这种利得或损失主要来自以下三个方面:

① 导致的设定受益义务现值的变化;
② 导致的计划资产公允价值的变化;
③ 导致以前未确认的精算利得或损失,以及过去服务成本的变化。

当缩减计划只与原计划中所包含的部分雇员相关,或者只有部分义务结算,相应的未确认精算利得或损失以及过去服务成本也应当按照相同比例进行调整,该比例按照缩减或结算前后设定受益义务现值的比例确定。

例 9-7 某企业采用设定受益养老金计划,假定 2015 年 12 月 31 日,养老金负债为 570 000 元,计划资产的公允价值为 580 000 元,预付养老金资产为 10 000 元。2016 年 12 月 31 日当年度养老金计划补充资料如下:

当期服务成本为 43 000 元

利息成本的计算按 10%

计划资产的预期回报为 60 000 元(2011 年计划资产实际回报与预期回报一致)

企业本期缴纳提存金 52 000 元

支付雇员福利 28 000 元

从 2015 年 1 月 1 日,因该企业改变设定受益计划导致过去服务成本现值增加 200 000 元,2016 年度应分摊确认 30 000 元的过去服务成本。

要求:对上述设定受益养老金进行相应的会计处理

根据上述资料分析

确认设定受益计划改变导致的过去服务成本的增加

借:未摊销过去服务成本	200 000	
贷:养老金负债		200 000

记录当期服务成本

借:养老金费用	43 000	
贷:养老金负债		43 000

记录利息成本

借:养老金费用	77 000	
贷:养老金负债		77 000

确认计划资产的回报

借:计划资产	60 000	
贷:养老金费用		60 000

摊销过去服务成本

借:养老金费用	30 000	
贷:未摊销过去服务成本		30 000

本期缴纳提存金

借:计划资产	52 000	
贷:银行存款		52 000

支付雇员福利

借:养老金负债	28 000	
贷:计划资产		28 000

三、其他长期雇员福利(other long-term employee benefits)

其他长期雇员福利的处理与设定受益计划基本一样。但由于其他长期雇员福利的计量与离职后福利的计量不具有相同的不确定性,其他长期雇员福利的引入或改变很少会产生大额的过去服务成本,因此对其他长期雇员福利采用相对简化的会计处理办法。对于其他长期雇员福利,应立即确认全部过去服务成本,精算利得和损失也应立即确认,不适用"区间"限制。IAS19 不要求对其他长期雇员福利作特定的披露。

四、辞退福利(termination benefits)

主体决定在正常退休日期之前终止对雇员的雇佣或者雇员决定自愿接受精减以换取福利,由此引起的应付雇员福利为辞退福利。当且仅当主体在正常退休日期前终止对一个或多个雇员的雇佣,或者为鼓励雇员自愿接受精减而作出提供辞退福利的提议时,才将辞退福利确认为一项负债或一项费用。当且仅当主体有正式的具体辞退计划并且没有撤回该计划的现实可能性时,才表明主体承诺实施辞退。具体辞退计划至少应包括被辞退雇员的所在地、职位及大约数量;对每一工作类别或职位的辞退福利;计划实施时间。

通常情况下,辞退福利不会给主体带来未来经济利益,应立即确认为一项费用。当辞退福利在内资产负债表日后超过12个月内到期支付时,应按照规定的折现率进行折现。在鼓励雇员自愿接受精简的提议下,辞退福利的计量应基于预期接受该提议的雇员的数量。如果这一数量不确定,就存在一项或有负债。

第三节 雇员福利的报告和披露

IAS19 不要求对短期雇员福利、其他长期雇员福利和辞退福利作特定的披露,但其他相关准则可能涉及有关披露。对于离职后福利,准则要求主体披露设定提存计划确认的费用金额,并对设定受益计划作出了详细的披露要求。

一、设定受益计划的报表列示

1. 资产负债表

资产负债表上主要反映设定受益义务的应付福利负债。应付福利负债应当是以下项目金额的合计:

① 资产负债表日设定受益业务的现值(未扣抵所有计划资产公允价值之前);
② 加上未确认的精算利得,或者是减去未确认的精算损失;
③ 减去尚未确认的过去服务成本;
④ 减去用于直接履行义务的计划资产在资产负债表日的公允价值。

2. 损益表

损益表上主要反映设定受益义务所产生的养老金费用,根据上述分析,福利费用应当是以下项目的总计净额:

① 当期服务成本;
② 加上利息费用;
③ 减去计划资产的预期回报;
④ 加上当期确认的精算损失;
⑤ 加上当期确认的过去服务成本;
⑥ 加(减)缩减或结算的影响额。

承前面例 9-7 资料,为该公司确定 2015 年末该设定受益计划资产负债表日预付养老金或应付养老金项目金额和 2015 年度利润表养老金费用项目金额。

在公司期末资产负债表中,养老金负债调整后为借方余额表现为预付养老金资产项目,如为贷方余额则为应付养老金负债项目,养老金负债项目的调整见表9-3列示:

表9-3　应付养老金计算表　　　　　　　　　　　　　　单位:元

养老金负债(资产负债表日设定受益业务的现值)	862 000
加或减:未确认的精算利得或损失	0
减:尚未确认的过去服务成本	170 000
减:用于直接履行义务的计划资产资产负债表日公允价值	664 000
应付养老金	28 000

注:570 000+200 000+43 000+77 000−28 000=862 000
　　200 000−30 000=170 000
　　580 000+60 000+52 000−28 000=664 000

在公司当期的损益表中,养老金费用计算,见表9-4列示。

表9-4　养老金费用计算表　　　　　　　　　　　　　　单位:元

当期服务成本	43 000
加:利息费用	77 000
减:计划资产的预期回报	60 000
加:当期确认的精算损失(利得)	0
加:当期确认的过去服务成本	30 000
加/减:缩减或结算的影响额	0
养老金费用	90 000

二、雇员福利的信息披露

企业应在会计报表附注中揭示确认不同种类雇员福利采用的方法、说明离职后福利计划、权益薪酬计划、使用的精算估值方法和精算假设等会计政策。虽然IAS19不要求对短期雇员福利、其他长期雇员福利和辞退福利进行特别披露,但其他相关准则涉及该部分雇员福利的信息披露。比如《国际会计准则第24号——关联方披露》要求主体应披露关键管理人员的报酬总额及短期雇员福利、离职后福利、其他长期雇员福利、辞退福利和权益薪酬福利分类的总额。再比如,《国际会计准则第1号——财务报表的列报》规定,如果是将费用按功能划分的主体,应披露关于费用性质的附加信息,包括雇员福利费用等。辞退福利可能导致主体按照IAS37、IAS24和IFRS1披露有关信息。根据IAS37的要求,披露有关或有负债的信息,除非清偿负债导致的现金流出的可能性极小。

本 章 小 结

养老金计划包括设定提存计划和设定受益计划。设定提存计划下,企业在每一期间的义务直接取决于该期间向基金提存的金额,因此,在计量相关义务或费用时,不存在精算假设,也不会产生精算利得或损失。在设定受益计划下,企业的义务是为现在的和过去的员工提供约定的福利,精算风险(即福利费用超过预期)和投资风险由企业承担。设定受益计划不能简单地按照每一期缴纳的提存金额来确认相关的费用和负债。企业对设定受益计划的会计核算较复杂,需要经过运用精算技术对雇员当期和以前期间服务所应得的福利金额进行可靠估计、运用预期累积福利单位法折现确定设定受益义务的现值和当期服务的成本、确定任何计划资产的公允价值、确定精算利得和损失的总额以及应确认的精算利得和损失的金额、当引入或变更一项计划时,确定由此导致的过去服务成本、当缩减或结算一项计划时,确定由此导致的利得或损失六个步骤进行会计处理。IAS19 不要求对短期雇员福利、其他长期雇员福利和辞退福利作特定的披露,但其他相关准则可能涉及有关披露。对于离职后福利,准则要求主体披露设定提存计划确认的费用金额,并对设定受益计划作出了详细的披露要求。

练习题与文献阅读

(一) 单项选择题

1. 养老金会计中不是精算成本确定的方法为(　　)。
　　A. 预期累积福利单位法　　　　　B. 加速债务法
　　C. 累积给付义务法　　　　　　　D. 既得给付义务法
2. IAS19 对养老金性质的认识基于的视角是(　　)。
　　A. 递延工资理论　　　　　　　　B. 赏金理论
　　C. 成本节约理论　　　　　　　　D. 主体理论
3. IAS19 没有规定了雇员福利的哪一方面内容?(　　)
　　A. 短期雇员福利　　　　　　　　B. 离职后雇员福利
　　C. 辞退福利　　　　　　　　　　D. 以股份为基础的支付
4. 下列哪种情形应立即确认全部过去服务成本?(　　)
　　A. 预期有资格领取养老金福利的时间短于雇员剩余工作年限时
　　B. 雇员退休开始领取养老金福利时
　　C. 更改福利计划后导致雇员前期提供服务的设定受益义务现值的增加时
　　D. 改变设定受益计划后且该福利成为既定福利时
5. 设定受益计划下运用精算技术对雇员当期和以前期间服务所应得的福利金额进行可靠估计时主要不需要考虑的影响因素有(　　)。
　　A. 雇员死亡率　　　　　　　　　B. 雇员流动率
　　C. 雇员工资增长率　　　　　　　D. 政府养老金方案的变化
6. 下列哪一项符合 IAS19 关于区间限制的规定?(　　)
　　A. 如果企业在上一报告期末累计未确认的精算利得或损失净额低于该日期设定受益义务现值的 10% 和该日期计划资产公允价值的 10% 两者中的较大者,不要求确认该区间的精算利得或损失
　　B. 如果企业在上一报告期末累计未确认的精算利得或损失净额低于该日期设定受益义务现值的 10% 和该日期计划资产公允价值的 10% 中两者中的较大者,

应确认摊销该区间的精算利得或损失

C. 如果企业在上一报告期末累计未确认的精算利得或损失净额高于该日期设定受益义务现值的10%和该日期计划资产公允价值的10%中两者中的较大者,不要求确认该区间的精算利得或损失

D. 如果企业在上一报告期末累计未确认的精算利得或损失净额高于该日期设定受益义务现值的10%和该日期计划资产公允价值的10%中两者中的较大者,企业应将超出部分的精算利得或损失确认为收入或费用

7. （　　）是主体决定在正常退休日期之前终止对雇员的雇佣或者雇员决定自愿接受精减以换取福利引起的应付雇员福利。

    A. 短期雇员福利　　　　　　　　B. 离职后福利
    C. 其他长期雇员福利　　　　　　D. 辞退福利

8. 下列关于计划资产的描述,不正确的有（　　）。

    A. 当企业向基金缴纳提存金时,计划资产会增加
    B. 计划资产的投资回报,会增加计划资产的价值
    C. 计划资产包括企业应付但未付给基金的提存金
    D. 计划资产不能返还给企业

9. （　　）是指雇员当期提供服务导致的设定受益义务现值的增加额。

    A. 利息成本　　　　　　　　　　B. 养老金费用
    C. 当期服务成本　　　　　　　　D. 养老金负债

10. 下列关于其他长期雇员福利的说法,不正确的是（　　）。

    A. 其他长期雇员福利的引入很少会产生大额的过去服务成本
    B. 其他长期雇员福利不适用"区间限制"
    C. 其他长期雇员福利不要求进行特定披露
    D. 其他长期雇员福利的处理与设定提存计划基本一样

（二）思考题

1. 试述养老金负债确认的国际差异。
2. 退休福利计划中的设定提存计划和设定受益计划有何区别？
3. 如何进行设定受益计划的会计核算？
4. 如何披露设定受益计划的风险？
5. 谈谈IAS19对我国养老金会计发展的启示？

（三）文献阅读

1. Deloitte, IAS 19-Employee benefits, A closer look at the amendments made by IAS 19R, July 2011.
2. 高长春等.美国养老金会计准则对我国养老金发展的思考——以会计记账中使用各估算利率的角度分析.中国市场,2012(1).
3. 陈静.企业年金会计准则国际比较对我国的启示.财会通讯：综合(上).2012(2).

第十章 投资性房地产会计

本章主要内容
1. 投资性房地产的概念和范围
2. 投资性房地产的确认条件和初始计量
3. 投资性房地产后续计量的公允价值模式和成本模式
4. 投资性房地产的转换和处置
5. 投资性房地产的信息披露

第一节 国际会计准则有关规范

一、准则制定的目标

1986年3月IASC发布了《国际会计准则25号——投资会计》,自1987年1月1日起生效。2000年4月,《国际会计准则40号——投资性房地产》(Investment Property)取代了IAS25中关于投资性房地产的相关规定,并于2001年1月1日起生效。2003年12月,IASB发布了IAS40的修订稿,修订后的准则自2005年1月1日起生效,作为IASB国际会计准则改进项目的一部分,修订后的《国际会计准则40号——投资性房地产》将满足特定条件的以经营租赁方式长期租入的房地产纳入了投资性房地产。这里所说的特定条件是指当且仅当该房地产满足投资性房地产的定义,该经营性租赁被作为符合《国际会计准则第17号——租赁》的融资性租赁进行会计处理,且承租人采用公允价值模式时,该房地产可以归类为投资性房地产。当然,承租人也可选择不将该房地产归类为投资性房地产。

二、准则包括的范围

IAS40适用于主体所拥有的投资性房地产的确认、计量和披露,投资性房地产主要包括以下项目:

1. 为长期资本增值而持有的土地

为长期资本增值而持有的土地,不包括在正常经营过程中为短期销售而持有的土地。

2. 尚未确定未来用途的土地

如果主体尚未确定将其持有的土地用于自用还是用于在正常经营过程中的短期销售,则其持有的土地应被视为用于资本增值。

3. 企业拥有并以经营租赁方式租出的建筑物

企业拥有并以经营租赁方式租出的建筑物,包括企业拥有产权或者企业在融资租赁下持有的建筑物。IAS40 将融资租赁方式租入和满足特定条件的以经营租赁方式长期租入的房地产视为企业拥有的投资性房地产。

4. 暂时空置并将继续以经营租赁方式租出的建筑物

已出租的投资性房地产租赁期届满,因暂时空置并将继续用于出租的,仍作为投资性房地产。

5. 为将来作为投资性房地产而正在建造或开发过程中的房地产

为将来作为投资性房地产而正在建造或开发过程中的房地产,这种房地产在建造或开发活动完成之前,原来规定适用于《国际会计准则第 16 号——不动产、厂场和设备》,待建造或开发活动完成,方成为投资性房地产。但自 2009 年 1 月 1 日开始,为将来作为投资性房地产而正在建造或开发过程中的房地产视为投资性地产。

三、准则不包括的范围

1. IAS40 不适用于与农业活动有关的生物资产,以及矿产权和石油、天然气等非再生资源的矿产。

下列房地产不属于投资性房地产:

① 为在正常经营过程中销售而持有的或为销售而处于建造或开发过程中的房地产。

② 持有的为在正常经营过程中销售或为销售而处于建造或开发过程中的房地产,例如为了在不久的将来处置或为出售而专门取得的房地产。这部分房地产属于房地产开发企业的存货,其生产、销售构成企业的主营业务活动,产生的现金流量也与企业的其他资产密切相关,适用于《国际会计准则第 2 号——存货》。

2. 为第三方在建或开发的房地产

为第三方在建或开发的房地产适用于《国际会计准则第 11 号——建造合同》。

3. 自用房地产

自用房地产包括持有的将来用于自用的房地产、持有的为将来开发并随后作为自用的房地产、雇员占用的房地产以及待处置的房地产。这些自用房地产适用于《国际会计准则第 16 号——不动产、厂场和设备》。

4. 融资租赁下出租给另一企业的房地产

除承租人按照融资租赁方式租入的投资性房地产及出租人在经营租赁方式下租出的投资性房地产的计量外,有关租赁的其他方面事项则由 IAS17 规范。

四、基本概念

(一)投资性房地产(investment property)

投资性房地产是指为赚取租金(earn rentals)或资本增值(capital appreciation),或者两者兼有而由业主或融资租赁的承租人持有的房地产(土地或建筑物或建筑物的一部分,或两者兼有),不包括用于商品或劳务的生产或供应,或用于管理目的的房地产,或者在正常经营过程中销售的房地产。

作为投资性房地产一般应具备以下特征:

(1)持有投资性房地产的目的是为赚取租金或资本增值,或两者兼有。投资性房地产产生的现金流量在很大程度上独立于企业持有的其他资产,这是它与自用房地产的显著区别,因此会计核算应将其与自用房地产区分。在某些情况下,主体对其持有房地产的使用者提供辅助服务,如果该服务在整个协议中只是相对不重要的组成部分,比如办公楼的业主向其承租人提供保安和维修服务,则主体应将该项房地产视为投资性房地产。

(2) 能够单独计量和出售。某些房地产的用途并不是单一的,其中一部分用于赚取租金或资本增值,而另外一部分则用于商品或劳务的生产或供应,或用于管理目的。如果不同的部分能够分别出售(或采用融资租赁方式分别出租),则企业应对不同的部分单独核算。如果不能分别出售,则只有在属于自用房地产部分不重要的情况下,才能将该项房地产视为投资性房地产。

(二) 自用房地产(owner occupied property)

自用房地产指为生产商品、提供劳务或者经营管理而由业主或融资租赁的承租人持有的房地产。自用房地产的特征在于服务于企业自身的生产经营活动,其价值将随着房地产的使用而逐渐转移到企业的产品或服务中去,通过销售商品或提供服务为企业带来经济利益,在生产现金流量的过程中与企业持有的其他资产密切相关。比如,企业拥有并自行经营的旅馆饭店,其经营目的主要是通过提供客房服务赚取服务收入,则该旅馆饭店不确认为投资性房地产,而应当属于企业自用房地产。

第二节 投资性房地产的确认和计量

一、投资性房地产的确认条件

将某个项目确认为投资性房地产,首先应当符合投资性房地产的概念;其次要同时满足投资性房地产的两个确认条件:

(1) 与该投资性房地产相关的未来经济利益很可能流入主体;
(2) 该投资性房地产的成本能够可靠地计量。

二、投资性房地产的初始计量

投资性房地产应当按照成本进行初始计量,初始计量成本包括相关的交易费用,如可直接归属于投资性房地产的法律服务费、财产转让税等。投资性房地产按取得方式的不同,成本的构成也有所不同。

(一) 外购方式取得的投资性房地产

外购方式取得的投资性房地产,其购置成本包括买价和任何可直接归属于投资性房地产的支出。

例 10-1 A公司是一家商贸企业,为了拓展经营规模,2015年3月1日以银行存款购得位于繁华商业区的一层商务用楼,并进行招租。该层商务楼的买价为600万元,相关税费为30万元。假设不考虑其他因素,要求确定该项投资性房地产的入账成本。

该商务楼的入账成本=买价+相关税费=600+30=630(万元)

（二）自行建造方式取得的投资性房地产

企业自行建造或开发活动完成后用于出租的房地产属于投资性房地产。只有在自行建造或开发活动完成的同时开始出租，才能将自行建造或开发完成的房地产确认为投资性房地产。自行建造的投资性房地产，其成本由建造该项资产达到预定可使用状态前发生的必要支出构成，包括土地开发费、建筑成本、安装成本、应予资本化的借款费用、支付的其他费用和分摊的间接费用等。

例 10-2 B公司是一家建筑公司，为了降低经营风险，于2015年1月1日开始自行建造一幢办公楼，拟用于招租。工程于2015年1月1日开工，2016年2月达到预定可使用状态。建造工程发生人工费600万元，投入工程物资7 000万元，不考虑其他相关税费。

该商务楼的入账成本＝600＋7 000＝7 600（万元）

租赁持有的房地产若根据IAS40的规定归类为投资性房地产，则其初始成本应按照IAS17对融资租赁规定的方式予以确认，也就是说，该项资产应按房地产的公允价值与最低租赁付款额的现值两者孰低的方法确认。

三、投资性房地产的后续计量

初始确认后，主体可以对投资性房地产的计量选择公允价值模式或成本模式。无论选择哪一种模式，均应将该种模式应用到企业所有的投资性房地产上。但是，如果企业选择将经营租赁中的房地产归类为投资性房地产，则应对其所有的投资性房地产都采用公允价值进行后续计量。与我国偏向于成本模式不同的是，IAS40在投资性房地产后续计量方面的模式侧重于以公允价值模式为主导。

（一）成本模式（cost model）

初始确认后，选择成本模式的企业应按照IAS16对成本模式的规定计量其所有的投资性房地产。符合持有待售分类标准的（或归类为持有待售的处置组中包含的）投资性房地产应按照《国际财务报告准则第5号——持有待售的非流动资产和终止经营》（IFRS5）进行会计处理。

例 10-3 甲公司2015年4月1日购入一幢写字楼，用于对外出租。该办公楼的买价为3 600万元，相关税费60万元，预计使用寿命20年，预计净残值为20万元，甲公司采用直线法提取折旧。该办公楼的年租金为500万元，于每年末收取。该写字楼于2015年6月底达到可供出租状态，自2015年7月1日开始出租，甲公司决定采用成本模式对该办公楼进行后续计量。

根据IAS40，甲公司所购写字楼符合投资性房地产的确认条件，应单独作为"投资性房地产"核算，其后续会计处理应按照不动产、厂房和设备准则的相关规定进行处理。

该投资性房地产的入账成本＝3 600＋60＝3 660（万元）

2015年的折旧额＝(3 660－20)÷20×6/12＝91（万元）

2015年末收取租金时

借：银行存款　　　　　　　　　　　　　500万
　　贷：其他业务收入　　　　　　　　　　　500万

2015年提取折旧

借：其他业务成本　　　　　　　　　　　　　　91万
　　贷：投资性房地产累计折旧　　　　　　　　　　91万

（二）公允价值模式（fair value model）

投资性房地产的公允价值，是指在公平交易中，熟悉情况的当事人之间自愿据此进行资产交换的价格。投资性房地产的公允价值应反映资产负债表日的市场状况，并且不应扣除在销售或其他处置过程中可能发生的交易费用。如果企业选择公允价值模式，则在初始确认后，企业应按公允价值计量其全部投资性房地产。在某些特殊情况下，企业无法对投资性房地产的公允价值进行持续地可靠计量，在该项投资性房地产处置之前，主体应采用IAS16中的成本模式计量该投资性房地产。在按IAS16的规定处置时，应假定该投资性房地产的残值为零。即便如此，主体仍应对其他投资性房地产采用公允价值模式。在公允价值模式下，投资性房地产公允价值变动产生的利得或损失应在发生当期确认为损益。此外，融资租赁下承租人的投资性房地产必须采用公允价值模式进行后续计量。

例10-4　A企业为从事房地产经营开发的企业。2015年8月，A公司与B公司签订租赁协议，约定将A公司开发的一幢精装修的写字楼于开发完成的同时开始租赁给B公司使用，租赁期8年。当年10月1日，该写字楼开发完成并开始起租，写字楼的造价为8 000万元。2015年12月31日，该写字楼的公允价值为8 200万元。甲公司采用公允价值计量模式。

甲公司应编制的会计分录如下：

2015年10月1日，甲公司开发完成写字楼并出租

借：投资性房地产——成本　　　　　　　　　　80 000 000
　　贷：开发产品　　　　　　　　　　　　　　　80 000 000

2015年12月31日，按公允价值调整账面价值

借：投资性房地产——公允价值变动　　　　　　2 000 000
　　贷：公允价值变动损益　　　　　　　　　　　2 000 000

例10-5　ABC公司投资建造一个大型购物中心，该购物中心完工后全部出租给零售商，按照IAS40的规定，ABC公司将购物广场作为一项投资性房地产。购物广场2015年建造完工，建造成本为13亿美元，使用寿命30年，残值1亿美元，完工当年及后续几年的公允价值如表10-1，假定收入相同的情况下，试比较运用公允价值模式和成本模式计量该项投资性房地产对损益的影响。

表10-1　购物中心完工当年及后续几年的公允价值资料表

年度	公允价值（亿美元）
2015	13
2016	13
2017	14
2018	13.5
2019	15

若 ABC 公司选择对该购物中心用公允价值计量,则按照 IAS40,投资性房地产每年公允价值的变动都将计入当期的损益。反之,假如 ABC 公司选择对该投资性房地产采用成本模式计量,则必须依据 IAS16 进行会计处理,即投资性房地产的账面价值等于其取得成本减去累计折旧和累计减值损失。由于购物中心的公允价值大于历史成本,不存在减值损失,因此,购物中心的公允价值变化对 ABC 公司的损益没有影响,假设按照直线法计提折旧,基于成本的折旧费用是影响损益的唯一因素。两种模式对各年度损益影响见表 10-2。

表 10-2 公允价值模式和成本模式损益影响比较表

年度	成本(亿美元)	公允价值(亿美元)	折旧费用(亿美元)	对损益的影响(亿美元)	
				公允价值模式	成本模式
2015	13	13	(13−1)/30＝0.4	0	(0.4)
2016		13	(13−1)/30＝0.4	0	(0.4)
2017		14	(13−1)/30＝0.4	1	(0.4)
2018		13.5	(13−1)/30＝0.4	(0.5)	(0.4)
2019		15	(13−1)/30＝0.4	1.5	(0.4)

第三节 投资性房地产的转换和处置

一、投资性房地产的转换(transfers to and from investment property)

企业不得在投资性房地产与其他资产之间随意转换。根据 IAS40 的规定,只有当下列情况证明资产用途发生改变时,投资性房地产才可能转换成其他资产或从其他资产转换成投资性房地产。

① 为销售而开始开发,由投资性房地产转换成存货;
② 当资产用于经营租赁,由存货转换成投资性房地产;
③ 开始自用,由投资性房地产转换为自用房地产。

在主体采用成本模式的情况下,投资性房地产、自用房地产和存货之间的相互转换不应改变所转换地产的账面金额和成本。如果将按公允价值计价的投资性房地产转换成自用房地产或存货,则应将其用途改变之日的公允价值作为后续会计处理的成本。该项房地产的公允价值与其原先的账面金额之间的任何差额应在当期净损益中确认。如果一项自用房地产转换成一项按公允价值计量的投资性房地产,企业应在用途改变之日,对根据 IAS16 核算的该项房地产的账面金额与其公允价值之间的差额,按 IAS16 中规定的价值重估处理。若将存货转换成按公允价值计价的投资性房地产,该房地产在转换日的公允价值与账面金额的差额应确认为损益,其会计处理与存货销售的会计处理一致。

二、投资性房地产的处置(disposals of investment property)

当投资性房地产被处置时,应终止确认投资性房地产,将其从资产负债表中删除。企业应根据投资性房地产报废或处置的净收入与该项资产的账面金额的差额,确定由此产生的利得和损失,并在报废或处置当期确认为损益。

第四节 投资性房地产的信息披露

企业应在其财务报表中披露选择公允价值模式和成本模式的有关信息。应注意的是,如果企业选择采用成本模式,仍应披露投资性房地产的公允价值。企业应提供确定投资性房地产公允价值时所采用的方法及假设,以及来自投资性房地产的租金收益、发生的经营费用和公允价值的累计变化。

一、投资性房地产的信息披露

IAS40 对投资性房地产的信息披露规定比较详细,根据 IAS40 的规定,主体应披露的信息包括:

① 采用的是公允价值模式还是成本模式。

② 采用公允价值模式时,经营租赁持有的房地产权益是否以及在什么情况下被归类为投资性房地产进行核算。

③ 在难以归类的情况下,主体用来区分投资性房地产、自有房地产以及正常经营过程中持有以备处置的房地产的标准。

④ 确定投资性房地产的公允价值时所采用的方法及重要假设,包括说明公允价值的确定是取得了市场证据还是因房地产的性质和缺乏可比市场资料更多地依赖了其他因素。

⑤ 投资性房地产的公允价值确定依赖于独立评估师所作评估的程度,如果不存在这种评估,应披露这一事实。

⑥ 利润表中应确认来自投资性房地产的租金收益、在当期产生租金收益的投资性房地产发生的直接经营费用、在当期不产生租金收益的投资性房地产发生的直接经营费用、投资性房地产从采用成本模式的资产集合销售到采用公允价值模式时确认为损益的公允价值的累计变化。

⑦ 存在投资性房地产变现能力限制的情况与相应金额,或存在对收益和处置收入汇回限制的情况与相应金额。

⑧ 对投资性房地产进行购置、建造、开发、修理、维护或保养等内容在内的合同义务。

二、公允价值模式的信息披露规定

如果主体采用公允价值模式,应披露当期期初和期末对投资性房地产账面金额的调节,表明下列项目内容:

① 由购置、后续支出、企业合并而导致的增值;

② 按 IFRS5 的规定归类为持有待售的资产;

③ 公允价值调整产生的净损益;

④ 财务报表折算产生的汇兑损益;

⑤ 转换成存货或自用房地产或由存货、自用房地产转换而来的投资性房地产;

⑥ 其他变动。

出于提供财务报表的目的对投资性房地产的估价进行重大调整时,主体应披露该估价与财务报表中调整后估价之间的差额。当公允价值无法可靠确定时,主体应采用IAS16中的成本模式计量。

三、成本模式的信息披露规定

采用成本模式的主体,应披露投资性房地产的下列信息:
① 使用的折旧方法;
② 使用寿命或使用的折旧率;
③ 当期期初和期末对投资性房地产账面总金额和累计折旧和减值损失的调节,披露由购置、后续支出和企业合并导致的增值;
④ 按照 IFRS5 的规定归类为持有待售的资产;
⑤ 折旧;
⑥ 当期确认和转回的减值损失金额;
⑦ 财务报表折算产生的净汇兑差额;
⑧ 转换成存货或自用房地产或由存货、自用房地产转换而来的投资性房地产;
⑨ 其他变动;
⑩ 投资性房地产的公允价值。

当主体无法可靠确定投资性房地产的公允价值时,应披露对该项投资性房地产的描述、对公允价值无法可靠确定的解释以及公允价值极可能处于的估计范围。

本 章 小 结

投资性房地产,是指为赚取租金或资本增值,或两者兼有而持有的房地产。IAS40规定的投资性房地产包括土地和建筑物,承租人经营租赁下持有的符合特定条件的房地产权益可视为融资租赁,作为投资性房地产处理。投资性房地产的确认和初始计量,与固定资产、无形资产一致。初始确认后,主体可以对投资性房地产选择公允价值模式或成本模式进行后续计量,无论选择哪一种模式,均应将该种模式应用到企业所有的投资性房地产上。公允价值模式下,投资性房地产公允价值变动产生的利得或损失应在发生当期确认为损益,选择成本模式的企业,应按照IAS16对成本模式的规定对投资性房地产进行计量。企业应在其财务报表中披露选择公允价值模式和成本模式的有关信息。应注意的是,如果企业选择采用成本模式,仍应披露投资性房地产的公允价值。

练习题与文献阅读

(一) 单项选择题

1. IAS40 规范的投资性房地产项目不包括(   )。

A. 为长期资本增值而持有的土地

B. 尚未确定未来用途的土地

C. 企业拥有并以经营租赁方式租出的建筑物

D. 在正常经营过程中为短期销售而持有的土地

2. 投资性房地产的初始计量应按（　　）。

A. 成本 B. 成本减累计减值损失

C. 应折旧成本减累计减值损失 D. 公允价值减累计减值损失

3. 下列关于投资性房地产计量模式的说法正确的是（　　）。

A. 企业只能采用成本模式对投资性房地产进行后续计量

B. 企业对所有投资性房地产进行后续计量时，可同时采用成本模式和公允价值模式

C. IAS40 在投资性房地产后续计量方面的模式侧重于以公允价值模式为主导

D. 融资租赁下承租人的投资性房地产必须采用成本价值模式进行后续加量

4. 在公允价值模式下，投资性不动产公允价值变动产生的收益应计入（　　）。

A. 当期净损益 B. 所有者权益中的资本公积

C. 其他全面收益 D. 以上均不对

5. 下列哪种情况可以将投资性房地产转入不动产、厂场和设备？（　　）

A. 投资性房地产用途发生改变时

B. 投资性房地产采用公允价值后续计量模式时

C. 公司自行选择投资性房地产和不动产、厂场和设备的转换

D. 当一项不动产在资产负债表上分类为投资性房地产时，不得转换为不动产、厂场和设备

6. 下列各项中，能够影响企业当期损益的是（　　）。

A. 采用成本模式，期末投资性房地产的可收回金额高于账面价值

B. 采用成本模式，期末投资性房地产的可收回金额高于账面余额

C. 采用公允价值模式，期末投资性房地产的公允价值高于账面余额

D. 成本模式下投资性房地产转换为自用房地产

7. 某企业购入一栋写字楼用于对外出租，并与客户签订了经营租赁合同。写字楼买价 20 000 万元，另支付相关税费 150 万元。在与客户签订经营租赁合同过程中，支付咨询费、谈判费等 10 万元，差旅费 2 万元。该投资性房地产的入账价值为（　　）。

A. 20 000 万元 B. 20 150 万元

C. 20 160 万元 D. 20 162 万元

8. 某企业对投资性房地产采用公允价值计量模式，将一项自用房地产转换为投资性房地产，该项房地产在转换日的公允价值为 1 600 万元，账面余额为 3 000 万元，累计折旧为 800 万元，已计提减值准备 500 万元。转换日该投资性房地产的入账价值为（　　）。

A. 1 600 万元 B. 1 700 万元

C. 2 200 万元 D. 3 000 万元

9. 下列关于投资性房地产的表述中，不正确的是（　　）。

A. 采用公允价值模式计量的投资性房地产不需要计提折旧

B. 采用成本模式计量的投资性房地产需要计提折旧

C. 采用公允价值模式计量的投资性房地产不需要计提减值准备

D. 采用成本模式计量的投资性房地产不需要计提减值准备

10. 房地产的转换是因房地产用途发生改变而对房地产进行的重新分类,其转换形式具体不包括(　　)。

A. 作为存货的房地产转换为投资性房地产

B. 作为存货的房地产转换为自用房地产

C. 投资性房地产转换为自用房地产

D. 投资性房地产转换为存货

(二)思考题

1. 什么是投资性房地产?举例说明 IAS40 规定的投资性房地产的范围。

2. 举例说明哪些房地产不属于投资性房地产。

3. 投资性房地产的初始计量应遵循什么原则?

4. 投资性房地产采用成本模式进行后续计量和采用公允价值模式进行后续计量有什么不同?

5. 试述投资性房地产后续计量模式对损益的影响?

(三)文献阅读

1. A practical guide to amended IAS 40, Accounting for investment properties under construction, August 2009, www.wpc.com/ifrs.

2. Steve Collings, IAS 40 Investment Properties, Global Accounting, May 9, 2012.

3. 向往.中外投资性房地产会计准则差异比较研究.商业会计,2013(8).

第十一章 借款费用会计

本章主要内容
1. 借款费用的范围及确认原则
2. 借款费用资本化金额的确定
3. 借款费用开始资本化、暂停资本化和停止资本化的条件
4. 借款费用的列报和披露

第一节 国际会计准则有关规范

一、准则制定的目标

IAS23 的目的在于规范借款费用的会计核算。由于债务融资是目前企业的主要融资渠道之一,关于借款费用的会计处理也是企业日常会计处理的一个重要方面。随着经营环境的变化,企业在面临会计方法多种选择的情况下,借款费用的处理成为亟待解决的问题之一。IASC 于 1984 年 3 月正式发布了国际会计准则 IAS23《借款费用的资本化》,并于 1986 年 1 月 1 日起生效。1993 年 12 月,作为财务报表可比性项目的一部分,IASC 发布了 IAS23《借款费用》,于 1995 年 1 月 1 日起生效。

二、准则包括的范围

IAS23 适用于借款费用的会计处理,但不涉及权益(包括不属于负债的优先股)的实际成本或估计成本。借款费用是指企业因借入资金而发生的利息和其他费用。一般情况下,借款费用应确认为期间费用,但作为允许选用的会计处理方法,允许主体将那些可直接归属于符合条件资产的购置、建造或生产的借款费用资本化而成为该资产成本的组成部分。

三、基本概念

(一)借款费用(borrwing costs)

借款费用是指主体因借入资金而发生的利息和其他费用。对于企业发生的权益性融资费用,不应包括在借款费用中。借款费用包括银行透支、短期借款和长期借款的利息,与借款有关的折溢价摊销,安排借款发生的辅助费用摊销,融资租赁所形成的租赁费,作为外币借款利息费用调整的汇兑差额。

1. 银行透支、短期借款和长期借款利息

银行透支利息是企业为超过存款的借款或贷款而支付的利息。透支利息较一般贷款利息高,应适度把握透支金额。企业短期借款和长期借款利息是指企业向银行或其他金融机构借入的一年内、一年以上借款时所支付的利息费用,或是企业发行债券的利息费用等。

2. 借款的溢、折价摊销

借款的溢、折价摊销是指企业对企业所发行的债券的溢价或折价的每期摊销费用。

3. 借款的辅助费用

借款的辅助费用是因借款而发生的辅助费用,包括手续费、佣金、印刷费等费用。

4. 融资租赁所形成的租赁费

按照国际会计准则第17号"租赁会计"确认的与融资租赁有关的财务费用。

5. 外币借款的汇兑差额

借入外币资金需要以外币偿还利息,由于不同时点汇率的差别导致的外币借款本金、利息与本币金额的差额。

例11-1 某企业发生了借款手续费20万元,发行公司债券佣金2 000万元,发行公司股票佣金4 000万元,借款利息400万元。请为该企业确定借款费用金额。

根据题意,借款手续费20万元、发行公司债券佣金2 000万元和借款利息400万元均属于借款费用。但是,发行公司股票属于股权性融资性质,不属于借款范畴,相应的,所发生的佣金4 000万元也不属于借款费用范畴,不应作为借款费用进行会计处理。

(二) 符合条件的资产(qualifying assets)

符合条件的资产是指须经过相当长时间才能达到可使用或可销售状态的资产,比如需要经过很长时间才能达到可销售状态的存货,以及制造车间、发电设施和投资性地产等其他资产。经过相当长时间才能达到可使用或可销售状态是符合条件资产的重要判断标准。如果由于人为或者故意等非正常因素导致资产的购建或者生产时间相当长的,该资产不属于符合条件的资产。企业购入即可使用的资产,或者购入后需要安装但所需安装时间较短的资产,或者需要建造或者生产但所需建造或者生产时间较短的资产,均不属于符合条件的资产。

在正常生产经营过程中持有以备出售的存货不属于符合条件的资产。符合条件的存货,主要包括房地产开发企业开发的用于对外出售的房地产开发产品、企业制造的用于对外出售的大型机器设备等。这类存货通常需要经过相当长时间的建造或者生产过程,才能达到预定可销售状态。

第二节 借款费用的确认与计量

一、借款费用的确认

借款费用的确认主要解决的是将每期发生的借款费用资本化、计入相关资产的成本,还是将有关借款费用费用化、计入当期损益的问题,国际会计界对借款费用的会计确认原则未形成统一处理意见。

(一)借款费用费用化观点

借款费用费用化观点认为,将借款费用和某项具体资产相联系的做法是武断的,将所有的借款费用在发生当期确认为费用,可以避免同一类或相同资产因筹资方式的不同而出现价值不同的现象。比如,企业某些资产是由借款形成的,有些资产是由发行股票筹集的资金形成的,如将借款费用资本化,计入资产成本,而向股东支付的股利则未被资本化,会形成前者使用借款资金购置资产的入账成本高于后者,影响资产成本信息的可比较性,尤其是相同的资产会出现不同的账面价值。因此借款费用费用化支持者认为费用化处理提高了会计信息的可比性,简化了会计工作量,使资产和损益的确认更具稳健性。

(二)借款费用资本化观点

借款费用资本化支持者认为将所有借款费用按费用化处理,有违实际成本原则和收入、费用配比原则。从实际成本原则出发,借款费用是购置成本的一部分,为购置或建造符合资本化条件的资产(如厂房、设备等固定资产)而借入资金发生的借款费用,与其他计入资产成本的购置或建造费用没有什么区别,应将其作为资产购建成本的组成部分。从收入与费用配比角度看,该借款费用在所购置或建造资产的使用期间为企业带来预期经济利益,应当与以后会计期间的收入相配比,而并非与借款费用发生当期的收入相配比,否则就会因购置或建造资产,企业收益出现下降的情况,影响企业收益的合理反映和会计信息使用者的盈利预测。此外,将借款费用资本化处理,可以提高企业建造或安装资产的成本与直接外购资产的成本之间的可比性。

作为规范借款费用核算的会计准则,IAS23 在借款费用的确认方法上规定了基准处理方法和备选处理方法。根据 IAS23 规定,不管借款如何使用,借款费用均应在发生的当期确认为期间费用。但是,作为允许采用的处理方法,允许主体将那些可直接归属于符合条件的资产的购置、建造或生产的借款费用资本化。如果借款费用很可能为主体带来未来经济利益,并且能够可靠地计量,则这些借款费用应作为资产成本的组成部分予以资本化。除要求进行资本化的借款费用外,借款费用均应在发生的当期确认为期间费用。

二、符合资本化条件的借款费用(borrowing costs eligible for capitalization)

借款有专门借款和一般借款之分。专门借款应当有明确的专门用途,指为购建或者生产某项符合资本化条件的资产而专门借入的款项,通常应有标明专门用途的借款合同。一般借款是指除专门借款以外的其他借款。对于符合资本化条件的借款费用,IAS23 分别针对专门借款和一般借款作了规定。

1. 专门借款(specific borrowing)

对于为了获得某项符合条件的资产而专门借入的资金,其符合资本化条件而计入该资产成本组成的借款费用金额,应以本期发生在专门借款上的实际借款费用减去该借款进行临时性投资而获得的投资收益来确定。

2. 一般借款(general borrowing)

对于一般性借入资金用于获取某项符合条件的资产,其符合资本化条件的借款费用的资本化金额应通过资本化比率乘以发生在该资产上的支出比例确定。资本化比率应是主体当期尚未偿付的所有借款(不包括为获得某项符合条件的资产而专门借入的款项)的借款费用的加权平均值,也就是加权平均利率。某一期间资本化的借款费用不应超过该期间实际发生的借款费用金额。

例 11-2 某企业取得一般借款资料如表 11-1 所示:

表 11-1 一般借款的相关资料

项目	金额(美元)	利率(%)
借款 1	600 000	9.5
借款 2	1 200 000	8
借款 3	240 000	7

该企业准备使用现有的借入资金来购买设备,新设备成本为 360 000 美元,资金预计占用期为 6 个月。该企业采用借款费用资本化的会计政策,请确定该企业资本化的借款费用。

加权平均利率 =(600 000×9.5%+1200 000×8%+240 000×7%)/(600 000+1200 000+240 000)×100% =(57 000+96 000+16 800)/2 040 000×100% = 169 800/2 040 000×100% = 8.32%

资本化的借款费用=资产成本×8.32%×6/12=360 000×8.32%×6/12=14 976 美元

如果符合条件的资产的账面金额或其预期的最终成本超过其可收回的金额或可变现净值,应按《国际会计准则 36——资产减值》的要求将账面金额减记或冲销。在某些情况下,减记或冲销的金额,应按相关准则的要求转回。

三、借款费用的资本化期间

企业只有发生在资本化期间内的有关借款费用,才允许资本化,资本化期间的确定是借款费用确认和计量的重要前提。借款费用资本化期间,是指从借款费用开始资本化时点到停止资本化时点的期间,但不包括借款费用暂停资本化的期间。

(一)借款费用开始资本化(commencement of capitalization)的时点

IAS23 规定,借款费用资本化为符合条件的资产成本的组成部分的时点为:

1. 该项资产的支出发生时

资产支出已经发生是指企业已经发生了支付现金、转移非现金资产或者承担带息债务形式所发生的支出。支付现金是指用货币资金支付固定资产的购建支出,转移非现金资产是指企业将自己的非现金资产直接用于固定资产的建造安装,承担带息债务是指企业为了购买工程用材料等而承担的带息应付款项(如带息应付票据)。

2. 借款费用发生时

借款费用已经发生,是指企业已经发生了主体因借入资金形成的利息和其他费用。也就是说,因购建或者生产符合条件的资产而专门借入款项的借款费用或者所占用的一般借款的借款费用已实际发生。例如,某企业于 2015 年 1 月 1 日为建造一幢建设期为 2 年的厂房从银行专门借入款项 4 000 万元,当日开始计息。在 2015 年 1 月 1 日即应当认为借款费用已经发生。

3. 为使资产达到预定可使用或可销售状态所必要的准备工作正在进行时

为使资产达到其预定可使用或可销售状态而必要的准备工作,除了资产的实体建造外,还包括实体建造前进行的技术性和管理性工作,比如在实体建造前为取得许可证而进行的工作,必要的存货储存工作。但为购置建筑用地而发生的借款费用,在持有土地,没有进行任何相关的开发活动时,不具备资本化的条件。

(二)借款费用暂停资本化(suspension of capitalization)的时点

如果现行开发活动发生较长的中断期,应暂停借款费用的资本化,但借款费用暂停资本化的时点判断要取决于具体的情形。在大量的技术性和管理性工作仍在执行时,通常不暂停借款费用的资本化。另外,如果暂时的中断是使资产达到预定可使用或可销售状态必要的程序,则借款费用资本化不应停止。比如某些工程建造到一定阶段必须暂停下来进行质量或者安全检查,检查通过后才可继续下一阶段的建造工作,这类中断是在施工前可以预见的,而且是工程建造必须经过的程序,则借款费用可以继续资本化。再比如某些地区的工程在建造过程中,由于可预见的不可抗力因素(如雨季或冰冻季节等原因)导致施工出现停顿,则借款费用可以资本化。

例 11-3 某企业在北方某地建造某工程期间,遇上冰冻季节(通常为 6 个月),工程施工因此中断,待冰冻季节过后方能继续施工。请为该企业判断是否暂停借款费用资本化?

由于该地区在施工期间出现较长时间的冰冻为正常情况,由此导致的施工中断是可预见的不可抗力因素导致的中断,该中断期间所发生的借款费用可以继续资本化,计入相关资产的成本。

(三)借款费用停止资本化(cessation of capitalization)的时点

为使符合条件的资产达到预定的可使用或可销售状态而必要的所有准备活动实质上已完成时,借款费用的资本化应当停止。如果资产的实体建造工作已完成,尽管日常管理性工作可能仍然在进行,一般认为该企业资产的建造工作已完成。如只有少量工作尚未完成,比如根据购买方或使用方的要求对房屋装修,也表明所有工作实质上已完成。

如果符合条件的资产的各个部分分别完工,而每个部分在其他部分继续建造的过程中可供使用时,则在为使该部分达到预定可使用状态或可销售状态所必要的准备活动实质上已经完成时,应当停止对借款费用的资本化。如果企业购建或者生产的资产的各部分分别完工,但必须等到整体完工后才可使用或者对外销售的,应当在该资产整体完工时停止借款费用的资本化。在这种情况下,即使各部分资产已经完工,也不能够认为该部分资产已经达到了预定可使用或者可销售状态,企业只能在所购建固定资产整体完工时,才能认为资产已经达到了预定可使用或者可销售状态,借款费用方可停止资本化。

第三节 借款费用的列报和披露

IAS23 规定,借款费用应披露借款费用采用的会计政策、本期已资本化的借款费用金额、用于确定符合资本化条件的借款费用金额的资本化比率。

一、借款费用采用的会计政策

国际上对借款费用有两种处理意见,一是将借款费用按本会计准则的规定进行资本化处理,二是对借款费用不予资本化处理。大多数国家倾向于第一种意见,即采用借款费用资本化会计处理。在对借款费用资本化处理过程中,需要披露资本化所运用的资本化比率、相应的会计期间、符合资本化条件资产的信息。

二、本期已资本化的借款费用金额

在财务报告中,应披露会计期间资本化的借款费用金额的情况,以使报表使用者清楚资本化的借款费用金额,以及对企业损益引起的影响,全面了解和评价借款费用资本化状况,并对其作出判断。

三、用于确定符合资本化条件的借款费用金额的资本化比率

资本化比率是当期尚未偿付的所有借款的利息或费用的加权平均利率,某一会计期间资本化的借款费用金额不能超过该会计期间发生的借款费用金额。在特殊情况下,计算借款费用加权平均利率时,应包括母子公司的所有借款,有时子公司只按自身的借款费用计算加权平均利率。

本 章 小 结

借款费用是指企业因借入资金而发生的利息和其他费用。借款费用可以包括银行透支、短期借款和长期借款利息,与借款有关的折溢价摊销,安排借款发生的辅助费用摊销,融资租赁所形成的租赁费,作为外币借款利息费用调整的汇兑差额。借款费用的处理方法包括基准处理方法和允许选用的处理方法,根据IAS23规定,不管借款如何使用,借款费用均应在发生的当期确认为期间费用。但是,作为允许采用的处理方法,允许主体将那些可直接归属于符合条件的资产的购置、建造或生产的借款费用资本化。借款费用资本化期间的确定应当满足借款费用开始资本化、暂停资本化和停止资本化的条件。借款费用资本化期间,是指从借款费用开始资本化时点到停止资本化时点的期间,但不包括借款费用暂停资本化的期间。借款费用资本化金额的计算,应当区分所占用借款属于专门借款还是一般借款。对于为了获得某项符合条件的资产而专门借入的资金,其符合资本化条件而计入该资产成本组成的借款费用金额,应以本期发生在专门借款上的实际借款费用减去该借款进行临时性投资而获得的投资收益来确定。对于一般性借入资金用于获取某项符合条件的资产,其符合资本化条件的借款费用的资本化金额应通过资本化比率乘以发生在该资产上的支出比例确定。资本化比率应是主体当期尚未偿付的所有借款(不包括为获得某项符合条件的资产而专门借入的款项)的借款费用的加权平均利率。某一期间资本化的借款费用不应超过该期间实际发生的借款费用金额。企业只有发生在资本化期间内的有关借款费用,才允许资本化。

练习题与文献阅读

（一）单项选择题

1. 下列项目中，不属于借款费用的是（　　）。
   A. 借款手续费 B. 借款利息
   C. 发行公司债券佣金 D. 发行公司股票佣金

2. 下列借款费用在资本化时需要与资产支出相挂钩的包括（　　）。
   A. 借款辅助费用 B. 专门借款的利息支出
   C. 汇兑差额 D. 一般借款的利息支出

3. 符合条件的资产是指须经过相当长时间才能达到可使用或可销售状态的资产，它不包括（　　）。
   A. 固定资产 B. 无形资产
   C. 投资性房地产 D. 存货

4. 下列不属于借款费用资本化的条件是（　　）。
   A. 资产支出发生
   B. 借款费用发生
   C. 为使资产达到预定可使用或可销售状态所必要的准备工作正在进行
   D. 未发生非正常停工

5. 下面哪种情况导致固定资产购置或建造过程发生较长时间的中断可以继续资本化（　　）。
   A. 劳动纠纷 B. 发生安全事故
   C. 施工技术要求 D. 资金周转困难

6. 下列关于借款费用资本化的论断中，不正确的是（　　）。
   A. 为长期股权投资而发生的借款费用，在投资期限内应计入该投资成本
   B. 在购建固定资产过程中，如果发生了非正常中断，则属该期间的相关长期借款费用不计入工程成本
   C. 一般借款利息费用资本化的计算需结合资产支出的发生额计算
   D. 借款费用资本化期间，是指从借款费用开始资本化时点到停止资本化时点的期间，但不包括借款费用暂停资本化的期间

7. 下列各项中，不计入当期损益的有（　　）。
   A. 预提的短期借款利息 B. 资本化的专门借款辅助费用
   C. 支付的流动资金借款手续费 D. 支付的银行承兑汇票手续费

8. 不属于借款费用范畴的是（　　）。
   A. 借款手续费 B. 发行公司债券所发生的利息
   C. 发行公司债券所发生的溢价 D. 发行公司债券折价的摊销

9. 与 IAS23 相比,中国《企业会计准则 17 号——借款费用》未明确规定借款费用包括(　　)。

　　A. 融资租赁形成的租赁费　　　　　　B. 借款利息
　　C. 借款的辅助费用　　　　　　　　　D. 外币借款汇兑差额

10. 在符合借款费用资本化条件的会计期间,下列有关借款费用会计处理的表述中,错误的是(　　)。

　　A. 为购建固定资产向商业银行借入专门借款发生的辅助费用,应予以资本化
　　B. 为购建固定资产取得的外币专门借款本金发生的汇兑差额,应予以资本化
　　C. 为购建固定资产取得的外币专门借款利息发生的汇兑差额,全部计入当期损益
　　D. 某一期间资本化的借款费用不应超过该期间实际发生的借款费用金额

(二) 思考题

1. 什么是借款费用?什么是符合条件的资产?
2. 什么是借款费用的基准处理方法和可选用处理方法?
3. 如何确定借款费用资本化金额?
4. 借款费用资本化期间如何确定?什么是借款费用开始资本化、暂停资本化和停止资本化的条件?
5. 借款费用会计信息要披露哪些内容?

(三) 文献阅读

1. Deloitte. Summary of IAS 23, Deloitte 网站,http://www.iasplus.com.
2. 刘科,张会娟.中美借款费用准则资本化期间的比较研究.知识经济,2008(1).
3. 董晴.借款费用的国际比较.现代商业,2013(21).

第十二章 外币财务报表折算会计

本章主要内容
1. 外币财务报表折算的基本概念
2. 汇率与折算汇率的选择方法
3. 现行汇率法折算方法以及其折算损益的处理
4. 时态法折算方法以及其折算收益的处理
5. 外币折算方法存在的问题

第一节 国际会计准则有关规范

国际会计准则第21号：汇率变动的影响，对汇率差异及其对财务报表的影响以及境外经营企业财务报表的折算进行了规定。

一、外币报表折算的意义

跨国公司在编制合并财务报表时，碰到的首要问题是怎样将各子公司用外币编制的财务报表折算成用本国报告货币表示的财务报表。如果各国货币的汇率是稳定的，财务报表外币折算也许并非困难。但是，各国外汇汇率并不是稳定的，汇率的变动导致了跨国公司应采用那一种汇率来折算的难题。显而易见，采用不同的汇率折算后的财务报表所表示的企业经营成果是不同的，有时甚至差异很大，歪曲了财务报表提供的会计信息的真实性。

一个跨国公司，如果要编制合并财务报表，它首先必须将其国外子公司用外币编制的财务报表折算成用本国货币编制的财务报表。这是因为它不能将墨西哥的比索、日本的日元、美国美元等直接相加。它必须将各种货币，按一定的汇率折算成控股公司的报告货币，然后进行合并。把各种外币按一定的汇率折算成等值的同一货币的过程，称为外币的折算。

二、有关基本概念

1. 外币折算

是指外币表达形式的改变，即将外币折算成为另一种同等价值的货币，实际并没有发生货币交换业务的行为。

2. 外币兑换

是指将一种货币交换成另一种货币的行为。例如一个美国人到英国旅游时需购买英国的商品，他就必须将美元兑换成英镑，然后用英镑去购买商品。

3. 汇率

是指一国的货币按另一国货币来表示的比价。汇率是外币折算的主要依据。

1944 年,为了解决各国汇率波动的问题,联合国货币金融会议在布雷顿森林(Bretton Woods)召开,通过了《国际货币基金组织协定》和《国际复兴开发银行协定》。根据布雷顿森林协定,依附于《国际货币基金组织协定》的各国通货,都固定在一个共同的价值标准上,即固定在黄金或某种可以随时兑换为黄金的"储备货币"上。国际货币基金组织成员国的政府承担着把本国汇率波动限制在规定限度内的义务。当出现预定限度可能被突破的情况,政府就必须通过各种方式进行干预,以稳定其汇率。

如果汇率的动向无法控制,那些通货受到影响的国家就要贬低或提高它的通货相对于其他成员国通货的比值。贬值就是指需要用更多单位的这一通货去换另一通货,升值则相反。

1971 年,由于对国际货币制度缺乏信任,固定汇率制自动解体。目前,各国之间的货币兑换都采用浮动汇率。

影响汇率变动的因素有:

(1) 外汇市场上某种货币的供应量。某种货币在供大于求时,价格就下跌;反之,价格会上涨。

(2) 通货膨胀的高低。某国的通货膨胀率高,则人们乐意抛出该国的货币,而持有另一币值较稳定的货币,从而会影响外汇市场的供求关系,导致该国的货币价格下跌。

(3) 汇率的高低。汇率的高低直接影响到投资,如果在资本市场上,A 国的投资年利率为 5%,而 B 国为 8%,则投资者更乐意把资本投向 B 国的证券,那么外汇市场上供 A 国货币的人少,而求 B 国货币的人多,从而会影响这两种货币汇率的变化。

(4) 政府干预。各国政府可运用政治权力干预汇率,即在外汇市场上买卖通货来维持本国货币对外国货币的比价。国内政治稳定、经济增长,将使汇率坚挺;而财政赤字增长、战争负担等因素,将使汇率疲软。

第二节 折算汇率选择与外币财务报表折算方法

一、折算汇率

将外币编制的财务报表进行折算时,可选择的汇率有三种。

1. 现行汇率

现行汇率是指财务报表编制日通行的汇率,即 12 月 31 日企业编制年度财务报表日的汇率。

2. 历史汇率

历史汇率是指购入资产或发生负债时的汇率。

3. 平均汇率

平均汇率是指现行汇率或历史汇率的简单平均数或加权平均数。

由于平均汇率来自于现行汇率或历史汇率,所以我们讨论时以现行汇率和历史汇率为主。

二、折算利得或折算损失

折算利得或折算损失也称为折算损益,折算损益是指两个财务报表编制日之间,由于汇率变动带来的外币报表折算的利得或损失。外币报表折算损益与外币兑换损益是不同的。外币兑换损益是指外币交易过程中发生的已实现的损益,而外币报表折算损益是指外币报表折算过程中"纸上的损益",或称为未实现的损益。

例如:假定美国的母公司有一个国外的子公司,在当年购进外币 FC1 000(foreign currency,FC)。当时的汇率是 FC1=US$1,当时的外币 FC1 000 等于 US$1 000。但是到了 12 月 15 日,该公司将外币 FC1 000 按照 FC2=US$1 兑换成美元,得到 US$500。这项业务兑换的损失是 US$500。这样的外币兑换损益是企业已经实现的损益。

又如:假定美国的母公司有一个国外的子公司,在当年用 US$1 000 购入存货 FC1 000,当时的汇率是 FC1=US$1。12 月 31 日,汇率 FC1=US$1,该子公司将外币存货资产折算成美元时,如果按照历史汇率折算,该企业的外币资产是 US$1 000;如果按照现行汇率,即期末汇率折算,该企业的折算损失是 US$500。但是这样的折算损益是企业未实现的损益。

三、外币财务报表折算方法

企业可以运用多种方法,把用外币编制的财务报表上反映的资产、负债、收入、费用等项目折算为本国货币表示。常用的方法有:单一汇率法、流动与非流动项目法、货币与非货币项目法、时态法四种方法,见表 12-1。

表 12-1 外币财务报表(资产负债表)折算方法

	单一汇率法	多种汇率法		
		流动与非流动项目法	货币与非货币项目法	时态法
现金	C	C	C	C
应收账款	C	C	C	C
存货				
按成本价	C	C	H	H
按市价	C	C	H	C
投资				
按成本价	C	H	H	H
按市价	C	H	H	C
固定资产	C	H	H	H
其他资产	C	H	H	H
应付账款	C	C	C	C
长期负债	C	H	C	C
普通股	H	H	H	H
留存收益	*	*	*	*

注:C=现行汇率;H=历史汇率;*对采用各种汇率而产生的差异进行的调整数

（一）现行汇率法

现行汇率法又称单一汇率法，是进行外币报表折算采用的最简单的方法。

采用单一汇率法折算，就是将用外币编制的财务报表上资产、负债的各项目乘以现行汇率进行折算。对于收益表上的项目，原则上应根据收入和费用确定时的运行汇率进行折算，但为了方便起见，通常可按照当期的现行汇率的加权平均数计算。

这种方法的优点是，由于我们把外币编制的财务报表上的各项资产、负债项目折算时，采用了一个固定的常数，因此报表折算后，再编制的合并财务报表上仍保持了合并前各个独立主体的财务成果和各种比率关系。这样的折算方法，只是改变了财务报表的货币表示形式，而不会改变财务报表的性质和内容。

但是这种方法也存在着一定的缺陷，主要有三个方面：

(1) 这种方法违背了编制合并财务报表的基本目标。一般认为，编制合并财务报表是为了维护母公司股东的利益，采用单一货币计量（即一般以母公司采用的货币来计量）表述母公司及其各子公司的整个经营成果和财务状况，但是采用现行汇率法折算、编制的合并财务报表，仍保持子公司货币计量的概念。例如，美国的母公司在国外有一个子公司，该子公司在汇率为 FC1＝US＄1 时，以外币 FC1 000 元购买一项资产。这项资产，如果从母公司立场出发，按美元计价是 US＄1 000，而从国外子公司的观念来计量也是 US＄1 000。但是，如果报告期末汇率变动为 FC5＝US＄1，那么根据现行汇率法折算，这项资产的价值就是 US＄200，而不是 US＄1 000。

(2) 现行汇率法在折算时假设国外子公司所有的资产都受到汇率波动的风险，这是错误的。国外子公司的资产一般易受当地通货膨胀的影响，如果在折算前不首先根据物价水平来调整通货膨胀的影响，那么折算也就失去了意义。并且，如果用现行汇率来折算以历史成本反映的资产的价值，得出的结果既不是资产的历史成本，也不是资产的现行成本。下面举例说明。假定：美国某公司以外币 FC10 万购买国外另一家公司的普通股（非货币资产）1000 股作为投资，当时的汇率为 FC1＝US＄1，所以，美国母公司的投资成本，按美元表示为美元＄10 万，这项投资以历史汇率折算是合适的，但是如果以现行汇率折算，则会产生疑问。假定上述这项投资到报告期末的市场价值上升到外币 FC15 万，汇率变为 FC1＝US＄1.25。如果按照现行汇率折算，该项投资为 US＄12.5 万（10 万×1.25），这样的折算结果它既不是该项资产按现行市价折算的 US＄18.75 万（15 万×1.25），也不是该项资产按历史成本折算的 US＄10 万（10 万×1）。

(3) 按现行汇率法对各个项目进行折算，只要有汇率变动，就会产生折算损益，该折算损益如果全部计当期损益，将会严重地歪曲公司的经营成果。并且，在折算过程中产生的折算损益是企业未实现的损益。因为汇率经常发生上下波动，有时在折算损益尚未实现之前汇率就逆转了。

（二）流动与非流动项目法

流动与非流动项目法，就是折算前首先将所有资产和负债的项目划分为流动性资产和负债、非流动性资产和负债。流动资产和负债主要包括现金、应收账款、存货、应付账款等，非流动性资产和负债主要包括长期投资、固定资产、其他资产、长期负债等。然后将流动性资产和负债各项目按现行汇率折算,非流动性资产和负债各项目按历史汇率折算,收入和费用按这一报告期的平均汇率或加权汇率折算。这种方法认为,汇率变动主要对企业流动性项目产生影响,因此采用现行汇率折算;而对企业非流动性项目产生的影响不大,因此采用历史汇率折算。

但是这种方法也存在着一些缺陷。首先,这种方法提出了折算前首先要对企业的资产和负债进行分类,然后再选择不同的汇率进行折算。这样的做法不符合折算是用另一种货币"重述"的理论。其次,在汇率波动较大的情况下,采用这种方法折算后的财务报表信息得到歪曲,下面举例说明。

例 12-1 假定美国的一个母公司在 2013 年第四季度销售给国外子公司存货一批,计US＄10万,当时的汇率为 FC1＝US＄1,当年该子公司尚未将存货出售,所以子公司购入存货的成本为 FC10 万(历史汇率)。2013 年 12 月 31 日,汇率为 FC1＝US＄0.90。如果采用流动与非流动项目法,存货是一项流动资产,应按现行汇率折算,即其成本折算成 US＄9 万(10万×0.90),折算损失为 US＄1万,计入 2013 年的收益表。又假定2014年第一季度,该批存货以外币 FC15 万价格售出,该季度的平均汇率为 FC1＝US＄0.95,折算成美元的收入为 US 14.25 万(15万×0.95),这批存货的销售毛利应该是 US＄5.25 万(14.25 万－9万),但是事实上,该批存货的销售毛利应该是 US＄4.25 万(14.25万－10万)。

为什么会出现这种情况? 其原因是:①在 2013 年 12 月 31 日,存货并没销售时但产生了折算损失 US＄1万,这是汇率下跌带来的,这却被用来减少销售毛利总额。②由于该公司运用的外币折算方法不适当,导致 2013 年和 2014 年的经营成果的信息失真,即2013 年少计收益 US 1 万,而 2014 年多计收益 US 1 万。

我们还可以从另一个角度来讨论这个问题。采用现行汇率对流动性资产进行折算,意味着国外子公司的现金、应收账款和存货都会均等地受到汇率波动的影响。但是,实际情况并非如此,货币资金和应收账款在通货膨胀环境下会贬值,存货则不然。所以,2013年,企业按照流动和非流动项目法对存货进行折算,使该企业的存货成本减少了 US＄1万是不合适的。

(三) 货币与非货币性项目法

货币与非货币项目法是对流动与非流动项目法的改进。这种方法是由已故的 S. R. 赫普华斯(Samuel. R. Hepworth)教授倡导的。1956 年,他在《国外经营活动的报告》中提出了这种方法。这种方法认为货币性项目必须由现金来折算。采用现行汇率对货币性项目折算,可以使外币的价值与清算时的本国货币的价值相一致。例如,美国母公司在国外有一个子公司,子公司的现金金额为外币 FC1 000。假定 1 月 1 日汇率为 FC1＝US＄0.67,到 12 月 31 日,这个子公司的现金余额没有变动,仍然是外币 FC1 000。子公司在编制财务报表时,如果采用历史汇率折算,该公司的现金为 US＄1000(1 000×1),但如果当时用外币 FC1 000 去兑换美元,则只能得到 US＄670(1 000×0.67)。所以,从母公司的立场出发,如果将外币现金按历史汇率折算则是无意义的。但是,对于非货币性项目,采用历史汇率折算,则可保持这些项目的原始成本,而如果用现行汇率折算则不能。

因此,采用货币与非货币项目法折算时,首先将企业的资产负债表的各个项目划分为货币性项目和非货币性项目两大类,然后,货币性项目,一般包括现金、应收账款、应付账款和长期负债,采用现行汇率折算;非货币性项目,包括固定资产、长期投资、存货、普通股等,采用历史汇率折算。收益表各项目折算的方法类同于流动与非流动项目法。

与流动和非流动项目法相比,这种方法的另一种优点是,它把公司的流动资产与汇率的风险相联系,同时又能反映出长期负债受汇率变动的影响。

但是这种方法也存在一定的缺陷。首先,在折算时对货币性项目和非货币性项目的分类比较困难;其次,一般人认为折算涉及的是对企业资产、负债的计量,而不是对资产、负债的重新分类。应该是折算未必与企业的资产、负债的性质有关。美国财务会计准则委员会第 8 号财务会计准则指出:对货币性与非货币性项目的区分,并不是一个十全十美的折算方法。因为,对于非货币性项目的计量基础不同,它可以按历史成本计量,也可以按现行成本计量,在不同的情况下,却都采用历史汇率,这并不一定适用。只有在非货币性项目用历史成本计量时,按历史汇率折算是合理的,如果非货币性项目用现行成本计量,仍按历史汇率折算则不合理。

例 12-2 承前例,美国的母公司有一个外国子公司,12 月 31 日,子公司有存货历史成本 FC10 万,当时购进存货时的汇率是 FC1＝US＄1,12 月 31 日存货的现行成本 FC15 万,现行汇率为 FC1＝US＄1.25。因为存货是非货币性资产,应该按照历史汇率折算,则得到存货 US＄15 万(15 万×1),但是这样的折算结果并不使人满意,因为它既不是存货的现行成本 US＄18.75 万(15 万×1.25),也不是存货的历史成本 US＄10 万(10 万×1),所以,这样的折算就会失去意义。

美国财务会计准则委员会认为:采用货币与非货币性项目法时,只有在承认运用现行汇率法对按现行成本计量的非货币性项目进行折算时,才能得到该项目的现行市场价值(现行成本)。这一观点将会使货币与非货币性项目法的提倡者感到困惑,即如果投资和存货是按市场价值表述的话,它们就转变为货币性资产了。

采用货币与非货币性项目法,当外国公司按通货贬值或政府物价控制政策调整价格时,它会掩盖存货的风险,即用历史汇率折算存货,在合并报表上虚增了以美元表示的存货价值。

(四)时态法

时态法认为,外币折算是一个计量转换的过程,即对价值的重新表述。因此,折算不能改变各项目的属性,它仅仅是计量单位的改变。我们对外币编制的资产负债表进行折算,只是为了对表中的各项目的货币计量进行重述,并不是对表中的项目确定其实际价值是多少。根据美国公认的会计原则:资产负债表上的现金是本公司拥有的货币;应收账款和应付账款是指将来应收或应付的款项;其他资产和负债以取得或承担时的历史成本计量;还有一些项目如存货,编报时可以按照成本与市价孰低原则进行计量。总而言之,对于这些资产,总有一个时态与这些资产相联系。

洛伦森(Lorensen)根据以上观点认为,为了在折算时不改变以外币表示的各个项目的属性,折算时应根据各项目取得或形成时的不同汇率计算。这样,企业的货币性项目,可根据编报时的现行汇率折算,非货币性项目,可以根据其取得或形成时的汇率折算。

时态法的具体折算方法为:货币性项目,如现金、应收账款、应付账款等,应按现行汇率折算;非货币性项目,要选用能够保持其项目属性的汇率折算。在这种方法下,如果非货币性项目是以历史成本反映的,那么折算后的结果和采用货币与非货币性项目法的结果是一样的。时态法同货币与非货币性项目法根本区别是,如果非货币性项目不是以历史成本反映,而是以重置成本、市场成本等反映,折算结果则不同。

四、国际会计准则有关规定

在外币财务报表折算的实务中,目前企业常用的方法是现行汇率法和时态法。

国际会计准则第 21 号提出:如果国外的子公司是属于"境外经营"(foreign operation)的公司,则采用现行汇率法折算;如果国外的子公司是属于"经营实体"(foreign entity)的公司,则采用时态法折算。"境外经营"与"境外实体"判断的标准如下:

1. 如果符合以下条件的,可以认为国外子公司属于"境外经营"的公司

① 子公司的经营是母公司的经营的延伸;
② 母公司的交易在子公司的经营中占有较大的比例;
③ 子公司的现金流可以随时汇入到母公司;
④ 子公司的现金流不足以偿还其现有的和预期的债务。

2. 如果符合以下条件的,可以认为国外子公司属于"境外实体"的公司

① 子公司的经营不是母公司的经营的延伸,有较大的自主性;
② 母公司的交易在子公司的经营中占有较小的比例;
③ 子公司的现金流不准备随时汇入到母公司;
④ 子公司的现金流足以偿还其现有的和预期的债务。

举例:根据国外子公司外币资产负债表有关资料,分别按照现行汇率法和时态法进行折算,见表 12-2。

表 12-2　外币资产负债表折算表

资产负债表

	外币(FC)	现行汇率法(美元)	时态法(美元)
现金	100	100	100
存货	200	200	200
固定资产	600	600	1 200
资产合计	900	900	1 500
应付账款	250	250	250
长期负债	150	150	150
股东权益	500	500	1 100
负债与股东权益合计	900	900	1 500
会计风险(外币)		500	−100
折算损益(美元)		−500	100

注　1. 现行汇率:FC1＝US＄1;历史汇率:FC1＝US＄2。
　　2. 假定存货的账面价值按照现行成本列报。

根据表 12-2,分别计算折算损益:

现行汇率法:500×(1－2)＝US＄500(损失 US＄500)

时态法:(300－400)×(1－2)＝US＄100(利得 US＄100)

第三节　外币折算损益的会计处理

上面我们提出了四种不同的折算方法对公司外币财务报表进行折算的方法,这样就可以得到四种不同的折算结果,分别产生了四种不同的折算收益和折算损失。根据表 12-2,折算的结果是:按照现行汇率法,折算的结果是损失 US＄500;而按照时态法,折算的结果是利得 US＄100。对于折算损益各国有不同的处理方式,大致可以归为三大类型,即折算损益递延,折算损益递延并分期摊销,折算损益不递延。

一、折算损益递延

这种观点认为,由折算而产生的损益不能直接计入当期的收益。因为这仅仅是由折算产生的,损益并非真正"实现",如果将折算损益计入当期损益,则会产生误解。因此,折算损益可以在合并报表上单独列项,累计处理。以帕金森(Parkinson)为代表的主流学派认为:"折算所产生的损益是与母公司进行长期投资相联系的。除非母公司想要结束国外的投资和经营而把子公司全部净资产收回,否则这种折算的损益是不可能实现的。原因是汇率有可能逆转,也就是说,折算损益就可能不会实现。"

但是,也有一些学者用假定汇率不会逆转的理由来反对将折算损益进行递延的处理。他们认为,"汇率可能逆转"这只是一种推测。如果用这样的推测来确定会计处理方法并非合理,它可能会由于推测结果的错误而导致财务报表信息失实;同时,一部分学者还认为,如果将折算损益作递延处理,则会掩盖汇率波动的性态。应该说,汇率变动是事实,并且它确实会影响公司的财务报表。因此,正确的会计处理只有把汇率的波动影响直接反映在财务报表上,才能更好地为财务报表使用者服务。因此,美国第 8 号财务会计准则指出:汇率总是在波动,会计上不应该给人以汇率稳定的印象。

二、折算损益递延并分期摊销

这种观点认为,由折算而产生的损益不能直接计入当期损益,但可以按一定的比例合理地在若干期内进行摊销,摊销的比例可根据编制合并报表之日的净资产的使用年限而定。他们认为,递延和分期摊销,既可以不直接影响公司当期的收益,又可反映出汇率变动对公司经营成果的影响。

三、折算损益不递延

这种观点认为,由折算而产生的损益可以直接计入当期损益。按照稳健性原则,折算的损失直接计入当期损益,抵减收益,而折算的收益则做递延,待折算收益实现时,计入当期收益;但也有人反对这种做法,认为折算损失和折算收益的处理方法不一致,在会计处理时会产生矛盾。

四、国际会计准则有关规定

折算的损益究竟应如何处理？国际会计准则第 21 号提出了可选择的方法。如果把国外的子公司看作是一个"境外经营"的公司，那么采用时态法折算，折算的损益计入收益表；如果把国外的子公司看作是一个"境外实体"的公司，那么采用现行汇率法折算，折算的损益计入资产负债表。

本 章 小 结

在汇率波动的情况下，由于各个国家按照不同的货币编制财务报表，就带来了外币报表折算上的许多问题。国际会计准则第 21 号对外币报表折算进行了规范。认为：如果国外的子公司是一个"境外经营"公司，就采用时态法折算，折算损益计入当期的收益表；如果国外的子公司是一个"境外实体"公司，就采用现行汇率法折算，折算收益计入资产负债表。

但是以上这些可以选择的方法仍然存在种种争议。世界各国的会计专家都在积极努力，希望能够寻求一种能使各国接受的、统一的折算方法进行折算，以解决各国财务报表在外币折算方面产生的种种混乱。但是，要做到这一点却十分困难，原因有以下三个方面：

第一，各国财务报表折算时运用的货币基础不同。把某一国用稳定的货币编制的财务报表折算为用另一国不稳定的货币表示的财务报表，或把用不稳定的货币编制的财务报表折算为用稳定的货币编制的财务报表，两者折算的过程及其结果是不同的。

第二，国外子公司经营目标的不同。将资本汇入母公司而进行的报表折算与将资本重新投资而进行的报表折算业务，两者折算的过程及其结果也是不同的。

第三，折算后的利益关系不同。为母公司编制合并报表而进行的财务报表折算与单独反映国外各子公司财务状况和经营成果而进行的财务报表折算，两者折算的目标和涉及的利益关系是不同的。

欧元区的建立使人们看到了解决国与国之间外币报表折算的困惑。1999 年 1 月 1 日，欧盟国家开始实行单一货币欧元和在实行欧元的国家实施统一货币政策，欧元成为欧元区唯一的合法货币。但是，这也仅仅解决了实现欧元流通的国家的财务报表折算问题，外币财务报表折算的问题仍然没有得到根本解决。

练习题与文献阅读

（一）单项选择题

1. 将用外币编制的报表用另一种货币来重述的过程叫作（   ）。
   A. 外币兑换　　　　　　　　　　B. 外币交易
   C. 外币折算　　　　　　　　　　D. 外币重述
2. 影响一个国家的外汇汇率变化的因素有（   ）。

A. 外汇市场的供应量 B. 通货膨胀程度的高低
C. 政府对外汇市场的干预程度 D. A＋B＋C

3. 企业报告期末编制财务报表时通行的汇率,叫作(　　)。
A. 历史汇率 B. 折算汇率
C. 现行汇率 D. 平均汇率

4. 将企业的资产负债表上的所有项目,按照单一汇率折算的方法叫作(　　)。
A. 流动与非流动项目法 B. 现行汇率法
C. 时态法 D. 历史汇率法

5. 采用流动与非流动项目法,存货项目应按照(　　)折算。
A. 现行汇率 B. 历史汇率
C. 平均汇率 D. 现行汇率或历史汇率

6. 采用货币与非货币项目法,存货项目应按照(　　)折算。
A. 现行汇率 B. 历史汇率
C. 平均汇率 D. 现行汇率或历史汇率

7. 采用时态法,如果存货是按照其市价列报的,存货项目应按照(　　)折算。
A. 现行汇率 B. 历史汇率
C. 平均汇率 D. 现行汇率或历史汇率

8. 判断外国子公司属于"境外经营"公司的标准是(　　)。
A. 子公司的经营是母公司经营的延伸
B. 子公司的现金流量能够偿还其现有的和预期的债务
C. 母公司的交易在子公司的经营中占有较大的比例
D. A＋C

9. 根据国际会计准则第 21 号规定,采用现行汇率法折算时,折算产生的损益应计入(　　)。
A. 资产负债表 B. 收益表
C. 现金流量表 D. 资产负债表或收益表

10. 根据国际会计准则第 21 号规定,采用时态法折算时,折算产生的损益应计入(　　)。
A. 资产负债表 B. 收益表
C. 现金流量表 D. 资产负债表或收益表

(二)思考题

1. 什么叫作汇率?影响汇率变动的因素有哪些?
2. 外币财务报表折算的方法有哪些?如何进行折算?
3. 什么叫作外币报表折算损益?它与外币兑换损益有何不同?
4. 如果确定国外的子公司是属于"境外经营",还是"境外实体"?
5. 外币财务报表折算还有哪些没有解决的问题?

(三) 文献阅读

1. 弗雷德里克·D.S.乔伊著.李荣林译,国际会计学.上海:上海财经大学出版社,2003.
2. 国际会计准则委员会.国际会计准则第21号,国际会计准则委员会网站.
3. 李吉.外币折算会计准则的国际比较及建议.商业会计,2012(10).

第十三章 外汇风险管理会计

本章主要内容
1. 跨国公司外汇风险的成因
2. 交易风险、经济风险和折算风险的识别与计量
3. 外汇风险管理的策略和方法
4. 利用衍生金融工具进行套期保值
5. 衍生金融工具在财务报表中的披露

第一节 外汇风险管理概述

一般认为风险源于未来事件的不确定性,是人们因为对未来行为的决策及客观条件的不确定性而可能引起的后果与预定目标发生多种负偏离的综合。商业活动中风险是不可避免的,商业活动中的风险包括经营风险和金融风险。外汇风险是金融风险的一种,是指汇率变动对经济领域的影响具有不确定性。跨国公司的许多子公司或附属公司是设立在国外的,其外币业务往往涉及多种货币对资产、负债、收入和费用进行计量和记录,汇率的不利变动可能给公司带来的损失就构成了外汇风险。在浮动汇率制下,汇率的突然变动可能给跨国公司带来经济上的利益或损失,所以跨国公司需要采取措施来阻止汇率变动损失的发生或者削弱其影响程度以获取最大的利益。

风险管理是对潜在的意外损失进行识别、衡量和处理的过程。进行外汇风险管理可以使跨国公司的未来现金流量更加稳定,从而减少未来盈余的不稳定性,增加未来现金流量的折现价值。在进行外汇风险管理的过程中重要的是认识引起汇率变动的原因和影响趋势,从而才能把握汇率变动的趋势。预测未来汇率变动的趋势,是进行外汇风险管理的关键。在制定外汇风险管理计划时,跨国公司的管理人员要对汇率变动的方向、时间和大小进行预测。通常影响汇率变动的主要因素可以概括如下四个方面。

1. 通货膨胀因素

通货膨胀会使纸币所代表的实际价值减少,两国间相对物价水平的变动会影响国际贸易活动,即影响两国相互间产品和劳务的流动,进而影响各自货币的需求和供给,导致汇率的变动。一般在其他条件相对不变的情况下,如果一国的物价水平相对于其他国家有所提高,将导致本国产品相对于外国产品更加昂贵,本国对外国产品的需求增加,而外国对本国产品的需求降低,使本国对外币的需求增加,外国对本国货币的需求减少,同时本国货币对外国的供给增加,外币的供给减少,最终导致本国货币相对于外币贬值,而外币将升值。当然具体的升降幅度将由一国物价水平的提高幅度、两国间产品的需求与供给弹性等因素决定。

2. 国际收支概况

对于大多数国家来说,调整汇率是调节国际收支的一个重要手段。国际收支的变化,也直接影响一个国家汇率的变动。如果一个国家的国际收支是顺差,则别的国家对顺差国家的货币需求量就大,顺差国家的货币与其他国家的比价就上升。如果一个国家的国际收支长期是逆差,则逆差国家的货币供应量就小,势必形成逆差国家货币与其他国家货币比价的下跌。

3. 利率水平

两国间利率水平的变动会引起两国间投资和融资活动的变化,影响资金的变动,从而影响两国货币的需求和供给,导致汇率发生变动。一般而言,在其他情况不变的条件下,如果本国的利率相对于另一国有所提高,将吸引更多的国外投资,导致外国对本国货币的需求提高,本国对外国的货币供给减少,本币升值,同时,本国对外国货币的需求下降,外币的供给增加,外币贬值。具体的升贬值幅度将由利率变动幅度、两种货币需求和供给的利率弹性等因素决定。尽管相对较高的利率水平倾向于吸引外国投资从而引起货币升值,但如果较高的利率水平反映了相对较高的通货膨胀预期,则由于高通货膨胀对当地货币向下的压力,较高的利率水平并不一定伴随着汇率的提高,因此在分析汇率变动趋势时应考察实际利率水平。实际利率要在名义利率的基础上扣除通货膨胀率。

4. 市场预期

市场预期是受市场心理变化影响的,像其他金融市场一样,外汇市场对任何具有未来影响的消息都会作出反应,这些消息会使市场参与者结合对各种因素进行综合评估后形成汇率变动的预期。虽然市场预期未必会与实际符合,基于市场预期而持有某种货币头寸也同样冒有一定的风险,但不可否认的是,预期确实会促使投资者增减其持有的货币头寸,从而造成汇率的变动。

汇率的变动常常是由多种因素引起的,不仅仅是受当局经济力量和政治状况的影响,有时甚至国家的一项临时措施也足以影响到汇率的变动。在货币贬值或升值的压力下,一国政府或中央银行可以采取多种管制措施干预外汇市场来影响汇率,比如实施外汇壁垒、设置贸易壁垒、买卖外汇干预外汇市场等。

第二节　外汇风险的识别与计量

外汇风险如同社会中的其他风险一样,并不是显露在外的,企业对自己正在承受或可能面临何种外汇风险往往不能一目了然,这就需要认真地加以识别。外汇风险使公司经济活动绩效受到汇率波动不利影响的可能性,这些不利影响可能表现在交易风险、经济风险以及折算风险三个方面。外汇风险的识别与计量涉及敞口的概念。敞口是指企业经济活动中受汇率波动影响的项目,即受险部分。比如,在折算外币报表时,不是所有的外币项目都作为敞口看待,只有那些根据现行汇率进行折算的报表项目才属于敞口的范围,而根据历史汇率折算的项目则不属于敞口部分,因为按现行汇率折算的项目才会受汇率变动影响。与上述三种外汇风险相应的敞口分别称为交易敞口、经济敞口和折算敞口,各种货币敞口程度的计量和调整是外汇风险管理的核心。

一、交易风险的识别与计量

交易风险(transaction exposure)是一种最常见、最容易理解的外汇风险。外汇交易风险也称为外汇结算风险,反映的是以外币表示的交易在结算时汇率变动对现金流量的影响,它主要涉及货币兑换过程产生的已实现交易损益。与折算风险不同,由于交易风险由实际的外币交易发生,有实际的外币兑换发生,所以交易风险会直接影响企业的现金流量。一般而言,折算风险是就母公司角度而言的,而交易风险是就子公司的角度而言的。

跨国公司开展的外币业务要求未来的现金流入或流出用外币结算,交易敞口的产生原因是交易发生日和未来外币收付日之间汇率发生变动造成的。计量交易敞口时,需要按照货币种类,分别预计未来一定期限内包括所有子公司在内的合并现金净流量。除合并现金净流量外,影响跨国公司交易风险的因素还有货币的汇率波动程度和各种货币之间的相关关系。外汇市场上,没有汇率波动程度完全相同的两种货币,在敞口程度相同的情况下,汇率波动程度大的货币敞口所带来的交易风险相对也较大。此外,当企业既有一种货币流入敞口,又有一种货币流出敞口时,如果两种货币的汇率波动高度正相关,则两种货币的交易敞口将会部分被抵销,从而大大降低交易风险,但若两种货币的汇率波动呈现负相关,则不会产生敞口抵销效应。因此,外汇交易风险的计量要考虑敞口的具体金额、货币的汇率波动程度和货币间的相关系数。

对外汇交易风险的确认和计量有两种观点,即单一交易观和两项交易观。在前一种观点下,认为交易风险在会计中不用单独确认,由外汇交易风险带来的外币的升值或贬值及其折合成功能货币的差额不用单独设立账户处理,只要对原业务金额进行调整即可。在两项交易观下,外汇交易风险是企业财务活动的一个方面,其产生的损益应单独确认,并设置专门账户进行会计处理。

二、经济风险的识别与计量

传统的会计计量和报告的风险是某一时点的风险,即静态的风险,不能反映企业所面临的经济风险。经济风险(economic exposure)计量的是汇率变动对企业未来收入、成本和销售数量上的影响,它反映的是汇率变动的时态影响。

汇率波动不仅影响一定金额的外币能够兑换的本币金额,还对企业外币金额本身产生影响。即使是不涉及外币业务的纯国内企业,如果其产品市场受到国外产品的竞争,汇率变动也会对其现金流量产生影响。当本币升值时,企业的国内销售额、国外销售额都倾向于下降。因为企业在国内市场将会面临较便宜的外国产品的竞争,以本币定价的产品在国外市场由于本币升值而对外国消费者变得昂贵,需求数量会因此下降,以外币定价的产品虽然国外需求量不受影响,但等量外币能兑换的本币金额将减少,所以汇率的波动能够影响跨国公司在海外的竞争地位和未来现金流量。

汇率变动对现金流入量的影响还表现为国外投资的收益因本币升值而兑换成较少的本币。本币升值使现金流出量方面受到的影响表现为以外币定价的货物所需支付的本币金额将下降,国外贷款的利息支出也将减少。由此可见,本币升值后,以本币计价的现金流入量和流出量都趋于减少,因此确切判定现金净流量的变动情况就要视构成现金流量的各要素受货币升值的具体影响程度而定。

由于经济风险所涉及的时间较长,牵涉的部门较多,不确定性较大,经济风险的一些信息在传统会计中难以提供,而且也难以对其进行计量,需要多职能部门和长时期的信息提供以及对企业所处的市场结构和实际汇率的变动有很好的理解。

三、折算风险的识别与计量

折算风险(translation exposure)是一种未实现的损益,主要涉及货币重述过程的折算损益,它计量的是汇率变动对一个企业的外币资产和负债的国内货币等价物的影响。当跨国公司某项外币资产或负债以本国货币表示的数值有变动,就意味着此项资产或负债面临着折算风险。

由于折算风险只是发生在那些以现行汇率折算的项目上,会计上对外币折算风险的计量也会由于企业所采用的报表折算方法不同而不同。目前世界各国折算财务报表的方法不统一,折算方法在实务中趋向于采用现行汇率法为主,时态法为辅的方向发展,各种折算方法对同样的报表进行折算时会得出不同的数字。采用不同的折算方法,各项资产和负债所采用的折算汇率不同,折算敞口的范围就会不同。若子公司报表中存货项目因属于流动性项目而按现行汇率折算时就属于折算敞口的范围,但若将存货归于非货币性项目而按历史汇率折算则不受汇率波动的影响,就要排除在折算敞口的范围之外。其他一些项目,如长期负债、以重置成本计价的固定资产等,也会由于折算方法的不同而得出不同的折算金额。

一般来说,如果国外子公司的规模较大,在跨国公司总体业务中所占的比重就比较大,其资产或负债数额也会较大,子公司在合并财务报表中的折算敞口就比较大,其报表各项目在合并时的折算金额会受东道国货币稳定性的影响,东道国货币的稳定性越差,折算风险就越大。

第三节 外汇风险的管理策略与方法

对外汇风险计量后,跨国公司为保护自己不受汇率波动的不利影响或降低这种影响可以执行一些风险防护策略来降低或消除这些风险。对跨国公司来讲,不可能规避所有的风险,实务界和学术界普遍认为尽管企业无法准确预测汇率的未来数值,但至少可以计量外汇风险的敞口程度,如果其敞口程度较大,则可以考虑采用适当的技术来减少敞口,以降低外汇风险。外汇风险管理实际上是对敞口进行决策、调整、控制和分析的过程。敞口越大,一定外汇风险下的受险金额越大,风险程度就越大。如果敞口金额不大,或者考虑到汇率变动的双向性,公司可能对敞口不采取任何措施。但对于跨国公司来说,往往有较大的外币敞口,必须进行外汇风险管理。交易风险和经济风险会影响企业的现金流量,所以应对其加以重视。而折算风险由于会影响企业提供给股东的利润数字,因此企业也不会忽视其存在。外汇风险防护策略包括资产负债表避险策略、经营性避险策略与合约性避险策略。

一、资产负债表避险策略（balance sheet hedges）

资产负债表避险策略是通过调整企业受险资产和负债的水平来降低风险的一种方式。比如短期借贷可以建立具有配比或抵销性质的债权和债务，进而达到减少和消除交易风险的目的。当企业具有净流入敞口或持有外币应收账款时，可以事先通过货币市场，借入该种外币，建立新的债务，以抵销原有的净流入敞口。当企业具有净流出敞口或持有外币应付账款时，可以用闲置资金或借入的本币兑换成外币存入银行，建立新的债权，以抵销原有的净流出敞口。再比如在货币贬值的情况下，为了降低折算性风险，公司可以通过借款的方式增加其受险负债，但企业只有将所借款项投资于非受险资产才能达到降低风险的作用，否则企业所具有的受险资产和负债同时增加相同的金额，其折算风险不会有变化。

二、经营性避险策略（operational hedges）

经营性避险策略主要集中在调整营业结构影响外币现金流量上，营业结构包括外币销售、外币采购和外币投资三个部分。其中，外币销售影响现金流入量，外币采购影响现金流出量，外币投资既影响现金流入量也影响流出量。

对于经济风险，企业会倾向于经营性避险策略，可以采用调整营业结构的方法来减少经济敞口。比如提高销售给货币贬值地区的产品的售价或将产品售往货币坚挺的国家或地区，严格控制成本以提高更大的安全边际，采取结构性的避险措施，重新选择生产地点，减少经营风险或改变原材料和生产部件的来源地。

三、合约性避险策略（contractual hedges）

合约性避险策略是指企业利用一些衍生金融工具进行避险活动。传统的避险措施可能存在较大成本，衍生金融工具给当代金融市场带来了划时代的影响，通过与被避险资产或负债价值变动方向相反的某类衍生金融工具进行对冲，对个人、企业提供汇率方面的保护，可以防范标的资产或负债价值发生负面变动带来财务上的损失。比如签订外汇远期合同规避外币资产或外币负债因汇率变动而遭受的损失。但在应对折算敞口时，利用衍生工具进行套期保值在实务上可能存在难以解决的问题，如盈利预测不够明确，无法获得某些货币的远期合同等，有时为消除折算敞口反而会带来交易敞口，从而形成两种敞口无法同时消除的两难局面。因此，在外汇风险管理中应致力于处理交易敞口和经济敞口，只需在财务报表中说明本期合并盈利受折算敞口影响而升降的金额即可。

第四节 利用衍生金融工具进行套期保值

衍生金融工具给当代金融市场带来了划时代的影响，衍生金融工具在现代金融市场上具有两方面功能，一是以规避风险为目的的套期保值，二是以追逐风险利润为目的的投机。可以讲，套期保值是衍生金融市场第一位的目标，衍生金融工具也正是由于套期保值的需要才得以存在。

一、套期保值的相关概念

套期保值（hedge），简称套期，原意是建立防护墙，规避风险的意思，是指企业为规避外汇风险、商品价格风险、股票价格风险、信用风险等，指定一项或一项以上套期工具，使套期工具的公允价值或现金流量变动，预期抵销被套期项目全部或部分的公允价值或现金流量变动。具体来讲，套期保值是通过与被避险资产或负债价值变动方向相反的某类衍生金融工具进行对冲，对个人、企业提供价格、利率或汇率等方面的保护，以防范标的资产或负债价值发生负面变动所带来财务损失的一种交易行为。

套期保值的动机，既不是风险的最小化，也不是利益的最大化，而是两者的统一。套期保值的目的是试图在风险和收益之间得到一个最优平衡。根据套期对象和对冲风险的不同，套期主要涉及被套期项目、套期工具和套期关系三个要素。

（一）被套期项目

被套期项目（hedged item）是指使企业面临公允价值或现金流量变动风险，且被指定为被套期对象的项目。

(1) 单项已确认资产、负债、确定承诺、很可能发生的预期交易，或境外经营净投资。

其中确定承诺是指在未来某特定日期或期间，以约定价格交换特定数量资源、具有法律约束力的协议，预期交易是指尚未承诺但预期会发生的交易。

(2) 一组具有类似风险特征的已确认资产、负债、确定承诺、很可能发生的预期交易，或境外经营净投资。

(3) 在利率风险组合套期中分担被套期风险的金融资产或金融负债组合的一部分。

在套期会计中，只有涉及主体之外有关方的资产、负债、确定承诺、很可能发生的预期交易才能被指定为被套期项目。因此，对于在同一集团内的主体之间或分部之间发生的套期交易，主体只可以将套期会计运用于单个或分部财务报告中而不能运用到集团的合并财务报表中。

（二）套期工具

套期工具（hedging instrument）是指企业为进行套期而指定的，其公允价值与现金流量变动预期可抵销被套期项目的公允价值或现金流量变动的衍生工具、非衍生金融资产或非衍生金融负债。企业本身的权益性证券，不是企业的金融资产或金融负债，因而不是套期工具。除了一些签出期权（written option）外，所有具有报告主体以外的合同方的衍生工具合同都可以作为套期工具。跨国公司可以采用多种多样的衍生金融工具和非衍生金融工具来规避风险，但非衍生金融资产或非衍生金融负债只有在对外汇风险套期中才能被指定为套期工具。

外汇衍生金融工具一般包括外汇远期合同、外汇期货合同和外汇期权合同等。

1. 外汇远期合同（forward contract）

外汇远期合同是指买卖双方约定于未来某一日期按一定的远期汇率买入或卖出一定金额外币的契约。由于汇率变动，以及交易日和付款日的不同，使持有外币资产或承担外币债务者在款项结清前就受汇率变动风险的影响，签订外汇远期合同是规避此种汇率变动风险的一种工具。除用于避险目的外,客户与外汇指定银行签订外汇远期合同的目的也可能包括非避险。如果远期合同是为了避免外币应收款或应付款、外币承诺、受险外币净资产或负债的汇率变动风险,则属避险性外汇远期合同;如果是为了赚取汇率变动差价的,则属非避险性外汇远期合同。

2. 外汇期货合同(future contract)

外汇期货交易的出现,开始于1972年芝加哥国际货币市场的成立。外汇期货是浮动汇率制的产物,交易货币一般以每单位货币值多少美元来标价。外汇期货合同实质上是一种标准化的外汇远期合同,具有高度的流动性。外汇期货合同有一套完整的交易和结算体系,购、售者可以不受限制地竞价买卖这种标准化的期汇合同。投机牟利是签订外汇期货合同的主要目的。

3. 外汇期权合同(option contract)

为了规避外汇汇率波动的风险,弥补远期外汇买卖只保现在值,不保将来值的不足,20世纪80年代初出现了外汇期权交易这种金融产品。外汇期权合同是从外汇远期合同和期货合同中派生出来的衍生金融工具,外汇期权合同既可以用于投机牟利,也可用于对汇率风险的套期保值。外汇期权是以某种外国货币或外汇期权合约为交易对象的期权,按标的物划分可将外汇期权分为外汇现货期权和外汇期货期权。以某种外国货币为标的物的是外汇现货期权,以外汇期货合约为标的物的是外汇期货期权。

企业可以将两项或两项以上非衍生金融工具的组合或该组合的一定比例,或将衍生工具和非衍生工具的组合的一定比例确定为套期工具。但需要注意的是,对于利率上下期权或由一项发行的期权和一项购入的期权组成的期权,其实质相当于企业发行的一项期权的,即企业收取了净期权费,不能将其指定为套期工具。

(三) 套期关系

套期关系(hedging relationships)包括公允价值套期、现金流量套期以及对境外经营净投资的套期。

1. 公允价值套期(fair value hedge)

公允价值套期是指对已确认资产或负债、尚未确认的确定承诺(或该资产、负债或确定承诺中可辨认的一部分)的公允价值变动风险进行的套期,该类价值变动源于某种特定风险,且将影响企业的损益。如发行方或持有方对因市场利率变动而引起的固定利率债券公允价值变动风险进行套期,或对企业已签订合同将于未来确定日期以固定价格买卖资产因汇率变动形成的公允价值变动风险进行套期。例如,A公司2015年12月16日从M公司进口商品,货款总计80 000美元,合同约定于2016年1月16日以美元结算,为规避美元升值的风险,进口商品交易当日A公司与银行签订买入80 000美元,期限30天的远期合同。

2. 现金流量套期(cash flow hedge)

现金流量套期,指对现金流量变动风险进行的套期,该类现金流量变动源于已确认资产或负债或很可能发生的预期交易有关的特定风险,且将影响企业的损益。如某公司于2015年1月1日以10%利率签订一笔为期2年的1 000万美元的固定利率借款协议,每半年付息一次。为了规避美元利率下降的风险,A公司同时签订了一项名义本金为1 000

万美元期限2年的利率互换协议,互换协议规定每半年收取10%固定利息同时支付LIBOR+0.5%利息。(LIBOR为国际金融市场上大多数浮动利率的基础利率)。

3. 境外经营净投资的套期(hedge of net investment in foreign operation)

境外经营净投资套期,指对境外经营净投资外汇风险的套期。境外经营净投资指报告企业在境外经营净资产中的权益份额。在编制合并报表时,一家国外附属公司的受险净资产,相对于母公司货币来说,若外币贬值,则产生折算损失;而国外附属公司的受险净负债,当功能货币是母公司货币时,外币升值,也会产生折算损失。企业以远期合同进行套期保值,可使折算损失冲销汇兑利得,以实现账面损失最小化。例如,某公司拥有一家国外子公司,净投资额为外币500万元,2015年10月1日,该公司与某金融机构签订一项3个月期限的远期合同,将卖出外币500万元以实现套期保值。

二、套期会计应用的条件

IAS39允许采用套期会计,但要满足以下特定的条件:

(1) 在套期开始时,有正式的指定,有正式的文件记录套期关系以及主体进行此项套期活动的风险管理目标和策略。包括套期工具的认定、被套期项目或交易、被套期风险的性质,以及主体如何评价套期工具抵销归属于被套期风险的被套期项目公允价值或现金流量变动风险的有效性。

(2) 该套期预期能在与最初文件中为特定套期关系指定的风险管理策略一致的情况下,高度有效地抵销归属于被套期风险的公允价值或现金流量变动风险。

(3) 对于现金流量套期,被套期的预期交易必须是很可能会发生的,并且必须使企业承受着最终影响损益的现金流量变动风险。

(4) 套期的有效性能够可靠地计量,即归属于被套期风险的被套期项目的公允价值或现金流量变动能够可靠地计量,以及套期工具的公允价值能够可靠地计量。

(5) 在持续经营的基础上评价套期,并已实际确定其在指定套期的整个财务报告期间内都是高度有效的。

如果套期工具已到期、被出售、合同终止或已行使,或该套期不再符合准则规定的运用套期会计的条件,或主体撤销了对套期关系的指定,或者在现金流量套期的情况下,预期交易预计不会发生时终止使用套期会计,出现上述任何一种情形时,主体均应停止使用套期会计。

三、套期的会计核算

套期的会计核算不仅包括套期工具的会计处理,还包括被套期项目的处理。根据套期会计的原理,套期工具和被套期项目的会计处理应保持一致,不同类型的套期关系,应当分别采用不同的会计核算方法。

(一) 公允价值套期的会计处理

如果公允价值套期在财务报告期间内符合运用套期会计方法的条件时,套期工具公允价值变动的利得或损失应直接在损益表中确认,而归属于被套期风险的被套期项目的利得或损失,应调整被套期项目的账面金额,并立即在净损益中确认。如果被套期项目以成本计量或者被套期项目是可供出售的金融资产,该原则仍然适用。

例 13-1　E 公司购买 US＄100 000 000 权益性证券,并将其归类为可供出售金融资产,为避免股票投资风险,指定股指期货合同进行套期保值,符合公允价值套期关系的应用条件。在报告期末,可供出售金融资产的公允价值为 US＄95 000 000,股指期货的公允价值为 US＄4 500 000。要求:为 E 公司该项公允价值套期进行会计处理。

分析:IAS39 规定,如果在套期开始时和整个期间内,企业可以预期被套期项目的公允价值变动几乎可以被套期工具的公允价值变动抵销,且其实际结果在 80％～125％的范围内,则该套期通常被认为是有效的。本例中,被套期项目公允价值变动的 90％被股指期货套期工具的公允价值变动抵销,可认定该套期是有效的。

E 公司报告期末日记账分录如下:
1. 报告期末确认被套期项目公允价值变动损失
借:可供出售金融资产公允价值变动损失　　5 000 000
　　贷:可供出售金融资产　　　　　　　　　　　　5 000 000
2. 报告期末确认套期工具公允价值变动利得和相应衍生金融资产
借:衍生金融资产——股指期货合同　　　4 500 000
　　贷:衍生金融资产公允价值利得　　　　　　　　4 500 000

其中,可供出售金融资产公允价值变动账户中 US＄4 500 000 发生额和衍生金融资产公允价值利得账户中 US＄4 500 000 发生额在收益表中相互抵销,而其余 US＄500 000 为其他全面收益表项目。

(二)现金流量套期的会计处理

如果现金流量套期在财务报告期内符合运用套期会计的条件,则被确认为有效套期的那部分套期工具利得或损失,应通过权益变动表直接在权益中确认,并单列项目反映,套期工具中无效套期的部分直接计入当期损益。该有效部分的单列金额,按以下两项的绝对额较低者确定:

① 套期工具自套期开始的累计利得或损失;
② 被套期项目自套期开始的预计未来现金流量现值累计变动额。

如果预期交易的套期导致确认金融资产或金融负债,则企业应将已在权益中直接确认的相关利得或损失从权益中转出,计入确认资产或负债期间的当期损益,或者在所购得资产或所承担负债影响损益的期间内从权益转入损益中。但是,企业预计已直接确认在权益中的损失无法在未来期间补偿时,应当将其转入损益中。

若预期交易的套期导致一项非金融资产和负债的确认,或者非金融资产或非金融负债的预期交易变成适用于公允价值的确定承诺,企业可以采用与预期交易套期导致确认金融资产或金融负债时相同的方法,或者选择将在权益中直接确认的利得或损失从权益中转出,调整该资产或负债的初始入账价值。

例 13-2　H 公司向美国 D 公司签订合同 3 个月后购买机器设备一台,约定于 2015 年 11 月 30 日支付 US＄250 000。若 H 公司的功能货币为欧元,按合同签订日汇率折算预期支付欧元€180 000。为了规避购入机器设备的外汇风险,H 公司于当日签订一项 3 个月到期的远期外汇合同,约定 3 个月后用€180 000 购入 US＄250 000,将此项远期合同

第十三章　外汇风险管理会计

作为套期工具。假定其后美元出现升值,在公开外汇市场需要€185 000方可购入US$250 000。

要求:为H公司该项现金流量套期保值业务进行会计处理,为简化起见,2015年11月30日H公司以净额结算方式结算该项远期合同。

确认该项远期合同公允价值
借:远期合同　　　　　　　　　　　　　　　　　5 000
　　贷:权益——资本公积　　　　　　　　　　　　　5 000
结算该项远期合同
借:现金　　　　　　　　　　　　　　　　　　　5 000
　　贷:远期合同　　　　　　　　　　　　　　　　　5 000
调整购买设备的计量基础
借:权益——资本公积　　　　　　　　　　　　　5 000
　　贷:机器设备　　　　　　　　　　　　　　　　　5 000

(三)境外经营净投资套期的会计处理

对境外经营净投资的套期处理原则,类似于现金流量套期的会计规定。对境外经营净投资的套期,包括对作为净投资一部分核算的货币项目的套期,套期工具的利得或损失中被确定为有效套期的部分直接计入权益,利得或损失中被确定为无效套期的部分计入损益。在处置国外经营时,直接在权益中确认的、有效套期的那部分套期工具的利得或损失,应确认为损益。

例13-3 设美国母公司拟为其比利时与荷兰子公司2015年12月31日的预期年末欧元负债净额€200 000进行套期保值,因而在12月1日与某外汇经纪银行按30天期的远期汇率US＄1.19 632/€1签订一项应收€200 000的外汇远期合同,设当日的即期汇率为US＄1.19 903/€1,12月31日的即期汇率为＄1.19 510/€1。又设2015年12月31日比利时子公司资产负债表的实际净负债额为€292 000,荷兰子公司的实际净资产额为€112 000。

要求:为美国母公司编制对欧元投资净额进行套期保值的全部会计分录。

12月1日 确认外汇远期合同
借:应收欧元远期合同款　　　　　　　　　　　239 806
　　贷:应付美元远期合同款　　　　　　　　　　　239 264
　　　　递延贴水损益　　　　　　　　　　　　　　　542
12月31日 支付美元履行外汇远期合同
借:应付美元远期合同款　　　　　　　　　　　239 264
　　贷:银行存款——美元户　　　　　　　　　　　239 264
收到欧元
借:银行存款——欧元户　　　　　　　　　　　239 020
　　递延汇兑损益　　　　　　　　　　　　　　　786
　　贷:应收欧元远期合同款　　　　　　　　　　　239 806
结转递延贴水损益和递延汇兑损益

借：折算调整额 219.6
　　汇兑损益 24.4
　　递延贴水损益 542
　贷：递延汇兑损益 786

上例中，实际投资净额低于预期投资净额，只能将实际投资净额上的保值效应结转为折算调整额，预期投资净额上余下的递延升水或贴水损益和递延汇兑损益金额属于无效部分，应计入当期净损益。

第五节　衍生金融工具在财务报表中的披露

衍生金融工具可能导致企业承担或向另一方转移一种或多种金融风险，披露这些风险将有助于财务报表使用者评价与已确认或未确认金融工具相关的风险程度的信息。长期以来，由于衍生金融工具的表外性质，相关信息披露一直都不太准确，出现了很多关于金融衍生工具交易损失方面的新闻。虽然，金融工具会计准则已经在表内确认了衍生金融工具，但仍需重视衍生金融工具在财务报表外的披露问题。2006年1月1日起生效的IFRS7金融工具——披露取代了修订后的IAS32金融工具——披露和列报的披露部分和IAS30《银行和类似金融机构财务报表中的披露》。从总体上看，IFRS7并没有对IAS32披露部分和IAS30作出根本性的修订。与IAS32和IAS30相比，IFRS7不再为银行及类似金融机构另作专门规定，就金融资产和金融负债的不同类别分别提出披露要求。

一、金融风险的披露要求

衍生金融工具信息披露的关键是要确定向使用者披露风险的最佳范围。随着衍生金融工具的财务报表披露不断标准化和完善化，IFRS7要求除了从定性上披露风险管理的目标和政策外，还应该从定量上披露各种金融风险程度。

（一）市场风险

金融工具的市场风险，是指金融工具的公允价值或未来现金流量因市场价格变动而发生波动的风险，包括货币风险、利率风险和其他价格风险。货币风险，是外汇汇率变动而发生波动引起的风险。

IFRS7要求企业披露对市场风险的敏感度分析，从而反映资产负债表日相关风险变量发生合理、可能的变动时将对企业当期损益或所有者权益产生的影响；并且披露在敏感度分析中使用的假设和方法及其目标，如果与上期使用的假设和方法有所改变，应披露变动情况。对于源自有显著差别的经济环境的风险敞口，不应合并披露。

（二）信用风险

信用风险是金融工具的一方不能履行义务从而导致另一方发生金融损失的风险。

IFRS7要求披露在考虑收到的担保品和其他信用增强手段之前的每一类金融工具扣抵任何减值损失后的最大风险敞口，并对可能获得的担保品和其他信用增强手段作出描述。对已授予的贷款和应收款及已提存的存款按其账面金额，对衍生工具按现行公允价值计量。

(三) 流动风险

流动风险是指企业在履行与金融负债有关的义务时遇到资金短缺的风险。流动风险可能由于不能尽快以接近其公允价值的价格出售金融资产而发生。

IFRS7扩大了对流动性披露的要求,规定应披露如何管理流动性风险,同时修订了IAS30要求银行披露金融资产和金融负债的约定到期日信息的规定,只要求按未折现现金流量披露金融负债的约定到期日的信息。IFRS7在应用指南中提供了在金融负债的约定到期日分析中可以应用的时间框架。

二、其他披露要求

(一) 会计政策和计量基础

IAS32规定,企业应披露会计政策和会计方法,包括应用的确认标准和计量基础,以及对每类金融资产的常规购买或出售是在交易日还是在结算日进行会计处理。企业应当将衍生金融工具区分为交易类和套期工具类,并披露衍生工具的性质、合同金额或名义金额,衍生工具的到期日、失败日或合同执行日,衍生工具的期末公允价值。

(二) 套期保值

当企业拥有预期用于套期功能的衍生金融工具且该套期关系符合运用套期会计方法的条件时,应当披露这些预期交易进行套期的策略,并对该套期披露套期关系的描述、套期工具的描述及其在资产负债表日的公允价值,被套期风险的性质。在现金流量套期和境外经营净投资套期中,增添披露在损益中确认的无效套期金额以及套期工具和被套期项目上的损益。

(三) 公允价值

对于每一类金融资产和金融负债,企业应当按有利于财务报告使用者比较金融资产和金融负债的公允价值和账面价值的方式去披露公允价值。企业应当将金融资产和金融负债按类披露,只有在金融资产和金融负债的账面价值在资产负债表内可抵销的情况下才能将它们的公允价值抵销后披露。

企业应当披露确定公允价值所采用的方法,采用估值技术的,应当披露相关估值假设,公允价值是否包括全部或部分直接参考活跃市场中的报价或采用估值技术等,已确认或披露的公允价值是否全部或部分是采用估值技术确定的,而该估值技术没有以相同金融工具的当前公开交易价格和易于获得的市场数据作为估值假设。对于已确认在报告内的公允价值,如果这种估值技术对估值假设具有重大敏感性的,企业应当披露这一事实及改变估值假设可能产生的影响和采用这种估值技术确定的公允价值的本期变动额计入当期损益的数额。

在活跃市场中没有报价的权益工具投资,以及与该权益工具挂钩并须通过交付该权益工具结算的衍生工具,企业应披露下列信息以帮助财务报告使用者对上述项目的账面价值与公允价值之间的差异作出自己的判断:

① 因公允价值不能可靠计量而未作相关公允价值披露的事实。

② 该金融工具的描述、账面价值以及公允价值不能可靠计量的原因。

③ 该金融工具相关市场的描述。

④ 企业是否有意处置该金融工具以及可能的处置方式。

⑤ 本期已终止确认该金融工具的,应当披露该金融工具终止确认时的账面价值以及终止确认时形成的损益。

本 章 小 结

外汇风险是公司经济活动绩效受汇率波动不利影响的可能性,这些不利影响可能表现在交易风险、经济风险以及折算风险三个方面。外汇风险的识别与计量涉及敞口的概念。敞口是指企业经济活动中能受到汇率波动影响的项目,即受险部分。对外汇风险计量后,跨国公司为保护自己不受汇率波动的不利影响或降低这种影响可以执行一些风险防护策略来降低或消除这些风险。外汇风险防护策略包括资产负债表避险策略、经营性避险策略和合约性避险策略。衍生金融工具给当代金融市场带来了划时代的影响,套期保值是衍生金融市场第一位的目标,衍生金融工具也正是由于套期保值的需要才得以存在。套期关系包括公允价值套期、现金流量套期以及对境外经营净投资的套期。套期的会计核算不仅包括套期工具的会计处理,还包括被套期项目的处理。不同类型的套期关系,应当分别采用不同的会计核算方法。衍生金融工具信息披露的关键是要确定向使用者披露风险的最佳范围,随着衍生金融工具的财务报表披露不断标准化和完善化,IFRS7要求除了从定性上披露风险管理的目标和政策外,还应该从定量上披露各种金融风险程度。

练习题与文献阅读

(一) 单项选择题

1. 影响汇率变动的主要原因不包括( )。
   A. 通货膨胀　　　　　　　　B. 国际收支
   C. 利率水平　　　　　　　　D. 个人预期
2. 公司经济活动绩效受汇率波动不利影响的可能性被称为( )。
   A. 交易风险　　　　　　　　B. 经济风险
   C. 折算风险　　　　　　　　D. 外汇风险
3. 外汇风险防护策略不包括( )。
   A. 资产负债表避险策略　　　B. 利润表避险策略
   C. 经营性避险策略　　　　　D. 合约性避险策略
4. 衍生金融工具在现代金融市场上的首要目标是( )。
   A. 套期保值　　　　　　　　B. 投机牟利
   C. 扩大出口　　　　　　　　D. 规模经济
5. 不属于外汇衍生金融工具的有( )。

A. 外汇应收账款 B. 外汇远期合同
C. 外汇期权合同 D. 外汇期货合同

6. （　　）在衍生工具中占有十分重要的地位，是其他衍生工具的基础。
A. 远期合同 B. 期货合同
C. 期权合同 D. 互换合同

7. 下列属于公允价值套期的有（　　）。
A. 对固定利率债券因市场利率变化形成的公允价值变动风险进行套期
B. 境外经营净投资套期
C. 对预期商品销售进行的套期
D. 对承担的浮动利率债务的现金流量变动风险进行套期

8. 不能作为被套期项目的是（　　）。
A. 持有至到期投资
B. 很可能发生的预期交易
C. 预期购买轮胎所含橡胶成分的成本变动风险
D. 确定承诺

9. 套期关系不包括（　　）。
A. 公允价值套期 B. 现金流量套期
C. 对境外经营净投资的套期 D. 跨期摊配套期

10. 不属于套期会计终止使用的条件是（　　）。
A. 套期工具已到期、被出售、合同终止或已行使
B. 主体撤销了对套期关系的指定
C. 在现金流量套期的情况下，预期交易预计不会发生
D. 在现金流量套期的情况下，预期交易很可能会发生

（二）思考题

1. 比较交易风险、经济风险和折算风险。
2. 什么是衍生金融工具？它与传统金融工具相比，具有哪些特点？
3. 试说明衍生金融工具的避险功能。
4. 分析套期会计的适用条件。
5. 举例说明加强衍生金融工具监管的必要性。

（三）文献阅读

1. 张朕铭，洪弘. IAS 32 和 IAS 39 的修订对我国制定金融衍生工具会计准则的启示. 财会通讯，2004(10).
2. 宁小博. 基于金融工具准则变迁的企业盈余管理分析. 财会通讯，综合（下），2012(8).
3. 汪祥耀，金一禾. 金融工具列报准则国际发展及启示. 财会通讯，综合（上），2013(6).

第十四章 企业合并与合并财务报告会计

本章主要内容
1. 企业合并的基本概念与合并方式
2. 合并财务报表编制的意义
3. 合并财务报表编制的基本方法
4. 合并商誉的概念与计算方法
5. 企业合并时集团内部有关交易的抵销
6. 合并报表少数股权的计算

第一节 导 论

一、主要会计准则

企业合并和合并财务报告是跨国公司比较复杂的财务活动和会计报告。本章主要讨论的国际会计准则有国际财务报告准则第 3 号《企业合并》(IFRS 3 Business Combinations)和国际会计准则第 27 号《合并财务报告和个别财务报告》(IAS 27 Consolidated and Separate Financial Statements)。

这两个准则主要对以下企业合并以及合并报表编制方面进行规范和指导。

企业合并体现了企业经营规模的扩张,合并方可以通过购买被合并方的净资产、或者通过购买或交换被购买方的股份,达到对被购买方的控制,从而完成两个或多个企业的合并。

企业合并时,要对被合并企业进行资产公允价值的评估,进行合并商誉的计算和会计处理。如果企业采用购买被合并方股份的方式达到控制,从而完成企业合并,企业要进行合并财务报告的编制与报告。

合并财务报表的编制是一项复杂的工作,也是国际会计准则委员会从事国际会计准则趋同的重要工作。根据欧盟的决定,自 2006 年起,欧盟各成员国同意跨国上市公司,按照国际财务报告准则编制合并财务报表。

二、合并财务报表编制的意义

企业合并后,根据国际会计准则第 27 号规定,企业必须编制合并财务报表。其意义主要有:
① 企业集团是一个经济实体,应全面反映其经济实体的实质;
② 为企业集团的信息使用者提供决策有用会计信息;
③ 企业集团经济实体内部经济事项的抵销,有利于评价集团的经营业绩。

第二节 企业合并

一、企业合并的概念

企业合并是指一个企业(合并企业)通过交易或事件对另一个或多个企业(被合并企业)实现控制。(A business combination is a transaction or other even in which an acquire obtains control of one or more businesses, IFRS 3)

在上述定义中,"控制"两字具有重要的意义,合并企业是否控制了被合并企业是判断企业是否合并的关键。

二、合并企业对被合并企业实现控制的方式

① 通过支付企业的现金购买,以达到控制被购买方;
② 通过增加企业的负债购买,以达到控制被购买方;
③ 通过发行企业的股份购买,以达到控制被购买方;
④ 通过以上的混合的方式购买,以达到控制被购买方;
⑤ 通过签订合同以达到控制被购买方。

以上5种方式,第①、第③种和第④种方式比较常见。

三、确定购买方(合并企业)与被购买方(被合并企业)

(一)吸收合并

例:A公司以现金购买B公司100%的普通股股份,从而达到对A公司和B公司的控制,购买后,B公司的资产和负债全部转移到A公司,B公司不复存在,见图14-1。

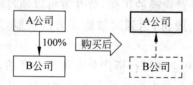

图14-1 吸收合并

(二)创立合并

例14-1 H公司以现金购买A、B、C三个公司100%普通股股份,创建H公司。购买后,A、B、C三个公司不复存在。见图14-2。

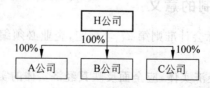

图14-2 创立合并

（三）控股合并

纵向控制

例如：A 公司持有 B 公司 60％具有投票权的普通股，H 公司以现金购买 A 公司 90％的普通股股份，从而达到对 A 公司和 B 公司控制。见图 14-3。

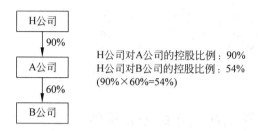

图 14-3　控股合并——H 公司纵向控制 A 公司和 B 公司

关键：H 公司对 A 公司是控股的。A 公司对 B 公司也是控股的。

（四）混合控股

例如：H 公司持有 B 公司 40％的普通股股份，A 公司持有 B 公司 30％的股份，H 公司以现金购买 A 公司 80％的股份，从而 H 公司直接控制了 A 公司，间接控制了 B 公司，见图 14-4。

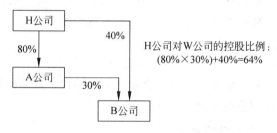

图 14-4　控股合并——H 公司纵向控制 A 公司和混合控制了 B 公司

（五）反控制（收购）合并

例如：A 公司和 B 公司是上市公司，A 公司已发行的股份为 500 000 股，每股 5 元，B 公司已发行的股份为 400 000 股，每股 10 元。A 公司通过发行 800 000 股普通股，去交换 B 公司 400 000 股股份。

发行后，A 公司股东持有 B 公司 400 000 股普通股，B 公司股东持有 A 公司 800 000 股普通股，B 公司股东控制了 A 公司。这样例子称为 B 公司反控制了（或称为反收购了）A 公司。见图 14-5。

四、确定合并日

国际财务报告准则第 3 号认为：合并企业取得被合并企业的股权控制日即为企业的合并日。

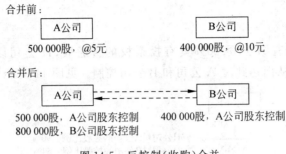

图 14-5 反控制（收购）合并

五、评估被合并公司的净资产的公允价值

国际会计准则规定，企业合并应采用购买法（the purchase method）进行会计处理。购买获得的可辨认资产、负债应以购买日的公允价值计量。少数股东权益部分则以其占公允价值的比例予以列报。

六、计算合并商誉

企业合并时，如果购买方的成本高于被购买方净资产的公允价值与少数股权之和部分，被称为正商誉，应将其确认为一项资产，在合并资产负债表列报。相反，企业合并时，如果购买方的成本低于被购买方净资产的公允价值与少数股权之和部分，被称为负商誉，应将其确认为一项利得，在合并利润表列报。

商誉的计算公式：

商誉＝合并企业的购买价格＋被合并企业的少数股权＋以前已购买的净资产公允价值－被合并企业的净资产公允价值

（一）100％购买，合并商誉的确认

举例：2012 年 1 月 1 日，H 公司以现金 650 百万元购买 S 公司全部净资产，购买后，S 公司不复存在。购买时，S 公司资产负债表账面价值有关资料见表 14-1：

表 14-1　S 公司 资产负债表　　　　　　　　　　　　单位：百万元

资产：	账面价值	负债：	账面价值
应收账款	100	应付账款	50
存货	220	长期借款	385
固定资产净值	630	股东权益：	
		留存收益	415
		普通股	100
合计	950	合计	950

经过有关资产评估公司评估，S 公司资产的公允价值为：应收账款为 95 百万元；存货为 200 百万元；固定资产为 705 百万元。有关数据见表 14-2：

表 14-2　S 公司 资产负债表（评估后）　　　　　单位：百万元

	账面价值	公允价值		账面价值	公允价值
资产：			负债：		
应收账款	100	95	应付账款	50	50
存货	220	200	长期借款	385	400
固定资产净值	630	705	股东权益：		
			留存收益	415	450
			普通股	100	100
合计	950	1 000	合计	950	1 000

合并商誉计算：

650－550＝100

1. 正商誉的会计处理

根据以上资料，H 公司合并时会计处理如下：

借：应收账款	95
存货	200
固定资产	705
商誉	100
贷：应付账款	50
长期借款	400
现金	650

2. 负商誉的会计处理：

假定上述 S 公司有关数据不变，见表 14-1 和表 14-2。2012 年 1 月 1 日，H 公司以现金 500 百万元购买 S 公司全部净资产。

合并商誉计算：

500－550＝－50

根据以上资料，H 公司合并时会计处理如下：

借：应收账款	95
存货	200
固定资产	705
贷：应付账款	50
长期借款	400
合并利得	50
现金	500

（二）部分购买，合并商誉的确认

如果母公司部分购买子公司的股权，合并商誉应按照部分购买的比例予以确认，并计算合并产生的少数股权(non-controlling interest)。部分购买子公司的股权，商誉计算的方法有两种。

举例：2013年1月1日，H公司以现金60 000元购买S公司30％股份，购买时S公司的净资产的公允价值为200 000元。

2014年1月1日，H公司又以现金160 000元购买S公司50％股份，购买时S公司的净资产的公允价值为220 000元。原先购买的30％的净资产的公允上升为80 000。少数股权的公允价值为56 000元

计算：

- 2013年1月1日： 60 000元，购买30％股份。
- 2014年1月1日： 160 000元，购买50％股份。
- 合计 220 000元， 80％股份

表14-3 商誉的计算 单位：元

	少数股权（按照购买比例确认公允价值）	部分商誉	少数股权（按照全部公允价值确认）	百分比
H公司按照公允价计算的购买价	160 000		160 000	50％
H公司已确认的公允价值	80 000		80 000	30％
S公司少数股权的公允价值	44 000	220 000×20％＝44 000	56 000	20％
合计	284 000		296 000	100％
S公司净资产公允价值	220 000		220 000	
商誉	64 000		76 000	

计算：商誉＝合并企业的购买价格＋被合并企业的少数股权＋以前已购买的净资产公允价值－被合并企业的净资产公允价值

表14-3所示了在计算商誉时，对S公司少数股权的公允价值确认的两种不同的方法。一种方法是S公司少数股权的公允价值按照购买资产的公允价值比例确定，即220 000×20％＝44 000。另一种方法是S公司少数股权的公允价值，按照其全部公允价值确定，即56 000元。目前通行的做法是第一种方法，理由是S公司的商誉只有在购买时，才可以被确认和计量。

第三节 合并财务报表

一、有关基本概念

控制(control)，是指具有支配一个实体或企业的财务和经营政策，以便从其经营活动中获取利益的权力。

子公司(the subsidiary company)，是指被另一个企业（称为母公司）控制的企业。

母公司(the parent company)，是指拥有一个或多个子公司的企业。

集团(the group company)，是指母公司及其所有子公司。

合并财务报表(the consolidated financial statement)，是指将集团视作单个企业呈报的财务报表。

少数股权(非控制股东权益)(noncontrolling interest),是指子公司的股东权益中不归属于母公司的部分。

公允价值(the fair value),是指在公平交易中,熟悉情况的交易者自愿据以进行资产的交换、或者负债的清偿的价格。

商誉(goodwill),是指由企业的无法单独确认和分辨的资产所产生的未来的经济利益。

二、合并财务报表编制程序

1. 合并财务报表编制的范围

在编制合并报表的第一步,首先应确定合并的公司有哪些。具体来说就是哪些子公司应纳入编制合并报表的范围。根据企业合并的定义,"控制"是一个重要的概念,也是一条唯一的标准。如果母公司控制了一个子公司,这个子公司就是应纳入合并的范围。正因为母公司与子公司之间有控制和被控制的关系,所以母公司与其控制的子公司的整体就是一个集团。集团是一个会计实体,它不是一个法律实体。见图14-6中虚线构成的部分。

图14-6 集团的概念

在图14-6中,集团包括的子公司可以是一个,也可以是多个。

确认子公司是否应纳入合并的标准有两个:

第一,如果母公司拥有并控制了该子公司50%以上的具有投票权的股份,该子公司就应纳入合并的范围。

第二,如果母公司拥有该子公司不足50%以上的具有投票权的股份,但是母公司可以在以下方面"控制"该子公司,该子公司就应纳入合并的范围。

这些控制的方面包括:

① 母公司通过协议达到与其他投资者共同控制的具有投票权的股份达到50%以上;
② 母公司通过协议可以控制该子公司的财务政策和经营政策;
③ 母公司具有对该子公司董事会成员的任免权;
④ 母公司具有对该子公司董事会成员投票的多数票表决权。

在上述的两个标准中,国际会计准则没有从形式上划分母公司对子公司拥有的股份的比例,而充分体现了"实质重于形式的"会计原则,再次强调"控制"是理解企业合并的关键。

在图14-6中,集团还包括了"特殊目标实体"(the special purpose entities,SPE)。国际会计准则委员会常设解释委员会(SIC)解释公告第12号中,对特殊目标实体的概念作了专门的解释和定义。特殊目标企业是指,企业创立的目的是为了实现界定清楚的某个具体目标(例如进行租赁、从事研究和开发活动、或者实现金融资产证券化等)。这样的特殊目标实体可以采取公司、信托、合伙或非公司实体的形式。

对于特殊目标实体合并的标准,国际会计准则的解释是可根据以下两条标准予以确认:

第一,母公司可以完全控制该特殊目标实体。

第二,如果符合以下情况,也表明母公司控制了该特殊目标实体:

① 特殊目标实体的经营活动在实质上是由母公司根据其特定经济业务的需要实施的,以便从特殊目标实体的经营活动中获取利益;

② 母公司在实质上具有获取特殊目标实体以经营活动中产生的大部分经济利益的决策权;

③ 母公司在实质上具有获取特殊目标实体在经营活动中产生的大部分经济利益的权力,同时承受着特殊目标实体经营活动可能存在的风险;

④ 出于从特殊目标实体经营活动中获取经济利益的目的,公司在实质上保留了与特殊目标实体或其资产相关的大部分剩余风险或所有权风险。

关于特殊目标实体应纳入合并报表的范围的规定,是美国经历了以安然公司为代表的财务舞弊案件后,国际会计准则提出的新的规定。安然公司舞弊案件的简要资料见图 14-7,另外舞弊案件详细的历史事件,可登陆以相关的网站查询和作进一步的了解。

Enron corporation

Enron Corporation (former NYSE ticker symbol ENE) was an American energy, commodities, and services company based in Houston, Texas. Before its bankruptcy on December 2, 2001, Enron employed approximately 20,000 staff and was one of the world's leading electricity, natural gas, communications, and pulp and paper companies, with claimed revenues of nearly $101 billion in 2000.[1] Fortune named Enron "America's Most Innovative Company" for six consecutive years. At the end of 2001, it was revealed that its reported financial condition was sustained substantially by institutionalized, systematic, and creatively planned accounting fraud, known as the Enron scandal. Enron has since become a popular symbol of willful corporate fraud and corruption. The scandal also brought into question the accounting practices and activities of many corporations throughout the United States and was a factor in the creation of the Sarbanes–Oxley Act of 2002. The scandal also affected the wider business world by causing the dissolution of the Arthur Andersen accounting firm.[2]

图 14-7 安然公司舞弊案件

资料来源:http://en.wikipedia.org/wiki/Enron

2. 母公司、子公司会计政策的调整

在合并报表编制的第二步,就是要明确母公司与被合并的子公司所遵循的会计政策是一致的(on a common basis),只有在会计政策一致的基础上,合并报表记录和报告的会计信息才有意义。如果被合并的子公司与母公司的会计政策有差异,首先应按照母公司的会计政策,来调整子公司的财务报表,然后进行合并报表的编制。

例如:H 公司为一家英国的母公司,其存货采用先进先出法核算,最近该公司在美国收购了一个名叫 S 公司的子公司 80% 具有投票权的普通股,S 公司的存货采用后进先出法核算。在这样的状况下,H 公司在编制合并报表时,先要求将 S 公司的报表的存货按照先进先出法进行调整,然后进行编制合并报表。

3. 母公司、子公司会计报告日期的调整

会计报告日期的一致性是编制合并报表关注的第三个问题,如果母公司和子公司采用了不同的财务报表报告日,应对发生在报告日之间的重大交易或事项进行调整,报告日之间相差的时期不可以超过3个月。

4. 母公司投资与子公司股东权益的调整

编制合并报表的第四个步骤就是要将母公司报表上的长期投资与子公司报表上的股东权益按照相应的投资比例进行抵销。

例 14-2 2012年1月1日,H公司以现金650百万元购买S公司普通股全部股份,购买后,S公司仍持续经营。购买时,H公司、S公司资产负债表账面价值有关资料见表14-4和表14-5。

2012年1月1日,H公司会计账务处理如下:

借:对S公司投资　　　　　　　　　　　　　　650
　　贷:现金　　　　　　　　　　　　　　　　　　　650

2012年1月1日,H公司报表如下(表14-4):

表 14-4　H公司资产负债表　　　　　　　　　单位:百万元

	账面价值		账面价值
资产:		负债:	
可辨认的资产	2 000	可辨认的负债	1 000
对S公司投资	650		
		股东权益:	
		留存收益	1 000
		普通股	650
合计	2 650	合计	2 650

表 14-5　S公司 资产负债表　　　　　　　　　单位:百万元

	账面价值		账面价值
资产:		负债:	
应收账款	100	应付账款	50
存货	220	长期借款	385
固定资产净值	630	股东权益:	
		留存收益	415
		普通股	100
合计	950	合计	950

经过有关资产评估公司评估,S公司资产的公允价值为:应收账款为95百万元;存货为200百万元;固定资产为705百万元。有关数据见表14-6:

表 14-6 S公司 资产负债表（评估后）　　　　　　　　　　　单位：百万元

	账面价值	公允价值		账面价值	公允价值
资产：			负债：		
应收账款	100	95	应付账款	50	50
存货	220	200	长期借款	385	400
固定资产净值	630	705	股东权益：		
			留存收益	415	450
			普通股	100	100
合计	950	1 000	合计	950	1 000

2012年1月1日，H公司编制的合并报表如表14-7。

表 14-7 H公司合并资产负债表　　　　　　　　　　　　　单位：百万元

	账面价值		账面价值
资产：		负债：	
可辨认的资产	3 000	可辨认的负债	1 450
商誉	100		
		股东权益：	
		留存收益	1 000
		普通股	650
合计	3 100	合计	3 100

说明：H公司对S公司的投资650百万元与S公司的股东权益550百万元抵销，其差额100百万元列作资产商誉。

5. 集团公司内部交易的抵销

作为集团公司的合并报表，应反映该集团在一定会计期内的财务状况、经营成果、现金流量的变化，以及其变化的结果。因此，集团公司内部的交易会影响集团公司财务报表的真实性、可靠性和可比性，应在编制集团合并财务报表时进行必要的抵销，而集团的母公司、各子公司与集团外部的其他公司的交易或事项，则不需要抵销。见图14-8。

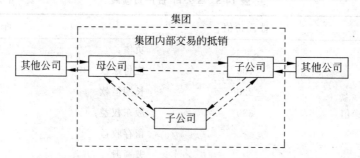

图 14-8 集团内部交易的抵销

注：图中的虚线表明发生的内部交易需要抵销，实线表示发生的交易不需抵销。

应抵销的主要内部交易有：应收账款与应付账款的抵销，存货购进和销售的抵销，固定资产购进和销售的抵销，应付股利的支付与应收股利的抵销，应付利息和应收利息的抵销等。这些抵销一般可以通过编造合并报表的工作底稿来完成。

（1）应收账款与应付账款的内部抵销。举例：2013 年期间，母公司向其子公司赊售存货一批，价 40 000 元。这项销售业务导致了母公司发生应收账款 40 000 元，子公司发生应付账款 40 000 元。2013 年 12 月 31 日，集团公司在编造合并报表时，这笔内部交易应抵销，见图 14-9。

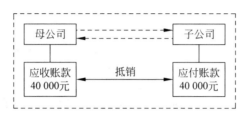

图 14-9　集团内部交易产生的应收账款和应付账款的抵销

（2）存货购进与销售的抵销。集团内部存货购进和销售的交易的抵销有三种情况：

第一种情况，当母公司将存货销售给子公司后，子公司还没有销售给集团以外的其他公司，存货全部留在公司内部。

例 14-3　2013 年 9 月 24 日，H 公司向 S 公司赊销存货一批，价 40 000 元，这批存货的购进成本为 20 000 元。2013 年 12 月 31 日，该批存货没有销售出去，仍然全部留在 S 公司，如图 14-10 所示。

图 14-10　母公司销售存货给子公司，存货全部留在 S 公司内部

2013 年 9 月 24 日账务处理：

H 公司账务处理：

借：应收账款	40 000
贷：营业收入	40 000
借：营业成本	20 000
贷：存货	20 000

S 公司账务处理：

借：存货	40 000
贷：应付账款	40 000

2013 年 12 月 31 日，合并报表工作底稿抵销分录：

借：营业收入	40 000
贷：营业成本	20 000
存货	20 000

合并报表工作底稿抵销分录对于 H 公司和 S 公司的影响，见图 14-11。

从图 14-11 我们可以看到，如果独立地站在 H 公司的立场上看问题，该公司销售存

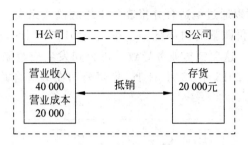

图 14-11　营业收入、营业成本与存货的抵销

货后,实现了其营业收入 40 000 元,同时也结转了营业成本 20 000 元;而如果独立地站在 S 公司的立场上,我们也可以看到,S 公司购进了存货,其库存存货为 40 000 元。但是,如果站在集团公司的立场上,存货的该项购进和销售业务发生在集团公司的内部,可以视同看作是公司内部存货的"移库",存货没有离开集团公司。因此,作为集团公司的财务报表列报,就没有这笔存货的购进和销售业务,应该在集团公司的合并工作底稿上作抵销分录处理,抵销后存货的价值为 20 000 元。

第二种情况,当母公司将存货销售给子公司后,子公司已将部分的存货销售给了集团以外的其他公司,部分仍然留在公司内部,没有销售。

举例:2013 年 9 月 24 日,H 公司向 S 公司赊销存货一批,价 40 000 元,这批存货的购进成本为 20 000 元。2013 年 12 月 1 日,S 公司将该批存货的 50% 销售给了 A 公司,销售收入 32 000 元,还有 50% 仍然留在 S 公司,如图 4-12 所示。

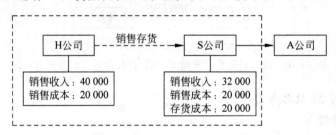

图 14-12　母公司销售存货给子公司,子公司部分销售给集团外的公司

2013 年 9 月 24 日账务处理:
H 公司账务处理:
借:应收账款　　　　　　　　　　　　　　　　　40 000
　　贷:营业收入　　　　　　　　　　　　　　　　40 000
借:营业成本　　　　　　　　　　　　　　　　　20 000
　　贷:存货　　　　　　　　　　　　　　　　　　20 000
S 公司账务处理:
借:存货　　　　　　　　　　　　　　　　　　　40 000
　　贷:应付账款　　　　　　　　　　　　　　　　40 000
2013 年 12 月 1 日,S 公司账务处理:
借:应收账款　　　　　　　　　　　　　　　　　32 000

贷：营业收入　　　　　　　　　　　　　　　　　　　20 000
借：营业成本　　　　　　　　　　　　　　　　　　　　20 000
　　贷：存货　　　　　　　　　　　　　　　　　　　　　20 000
2013年12月31日，合并报表工作底稿抵销分录：
借：营业收入　　　　　　　　　　　　　　　　　　　　40 000
　　贷：营业成本　　　　　　　　　　　　　　　　　　30 000
　　贷：存货　　　　　　　　　　　　　　　　　　　　　10 000
合并报表工作底稿抵销分录对于H公司和S公司的影响，见图14-13。

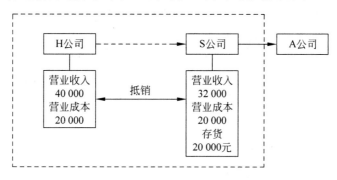

图14-13　S公司将50%存货销售其余50%留存，有关抵销处理

从图14-13我们可以看到，经过在合并报表工作底稿上做抵销分录后，站在集团公司的立场上，该项存货在H公司和S公司的销售和购进售业务发生在集团公司的内部，可以视同看作是公司内部存货的"移库"，S公司对外销售了50%的存货，作为集团公司实现的毛利为10 000元，集团公司期末库存存货还有10 000元。

第三种情况，当母公司将存货销售给子公司后，子公司已将全部存货销售给了集团以外的其他公司。下面分别举例说明。

举例：2013年9月24日，H公司向S公司赊销存货一批，价40 000元，这批存货的购进成本为20 000元。2013年12月1日，S公司将该批存货的50%销售给了A公司，销售收入32 000元。2014年12月1日，S公司将其余的50%销售给了A公司，如图14-14所示。

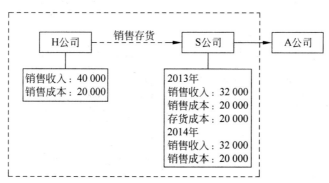

图14-14　母公司销售存货给子公司，子公司全部销售给集团外的公司

2013年9月24日账务处理：

H公司账务处理：

借：应收账款　　　　　　　　　　　　　　　40 000
　　贷：营业收入　　　　　　　　　　　　　　　　40 000
借：营业成本　　　　　　　　　　　　　　　20 000
　　贷：存货　　　　　　　　　　　　　　　　　　20 000

S公司账务处理：

借：存货　　　　　　　　　　　　　　　　　40 000
　　贷：应付账款　　　　　　　　　　　　　　　　40 000

2013年12月1日，S公司账务处理：

借：应收账款　　　　　　　　　　　　　　　32 000
　　贷：营业收入　　　　　　　　　　　　　　　　32 000
借：营业成本　　　　　　　　　　　　　　　20 000
　　贷：存货　　　　　　　　　　　　　　　　　　20 000

2013年12月31日，合并报表工作底稿抵销分录：

借：营业收入　　　　　　　　　　　　　　　40 000
　　贷：营业成本　　　　　　　　　　　　　　　　30 000
　　贷：存货　　　　　　　　　　　　　　　　　　10 000

2014年12月1日，S公司账务处理：

借：应收账款　　　　　　　　　　　　　　　32 000
　　贷：营业收入　　　　　　　　　　　　　　　　32 000
借：营业成本　　　　　　　　　　　　　　　20 000
　　贷：存货　　　　　　　　　　　　　　　　　　20 000

2014年12月31日，合并报表工作底稿抵销分录：

借：营业收入　　　　　　　　　　　　　　　32 000
　　贷：营业成本　　　　　　　　　　　　　　　　20 000
　　贷：留存收益—初期　　　　　　　　　　　　　12 000

合并报表工作底稿抵销分录对于H公司和S公司的影响，见图14-15。

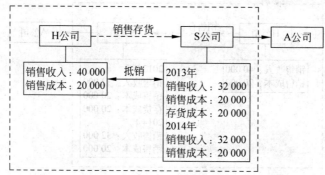

图14-15　S公司将购进的存货全部销售给集团公司以外的A公司，有关抵销处理

从图 14-15 我们可以看到,经过在合并报表工作底稿上作抵销分录后,站在集团公司的立场上,该项存货在 H 公司和 S 公司的销售和购进售业务发生在集团公司的内部,可以视同看作是公司内部存货的"移库",当 S 公司将全部存货对外销售后,作为集团公司实现的毛利合计为 44 000 元,其中 H 公司实现毛利 20 000 元,S 公司实现毛利 24 000 元(分别为 2013 年实现 12 000 元和 2014 年实现 12 000 元)。

(3) 固定资产购进与销售的抵销

例 14-4 2013 年 1 月 1 日,P 公司将一台旧机器出售给 S 公司。该机器的成本 100 000 元,按照双倍余额递减法计提折旧,年折旧率为 30%,账面净值 40 000 元,出售后得到现金收入 50 000 元。S 公司购进后,按照直线法计提折旧。估计该机器使用年限 5 年,假定无残值。假定所得税税率为 30%,见图 14-16。

2013 年 1 月 1 日:

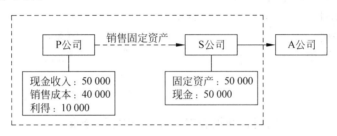

图 14-16 母公司销售固定资产给子公司

2013 年 1 月 1 日,P 公司账务处理:

借:现金	50 000	
借:累计折旧	60 000	
贷:固定资产		100 000
贷:出售固定资产利得		10 000

2013 年 1 月 1 日,S 公司账务处理:

借:固定资产	50 000	
贷:现金		50 000

2013 年 12 月 31 日,H 公司计算应付所得税,账务处理:

计算:10 000×30% = 3 000

借:所得税费用	3 000	
贷:应付所得税		3 000

2013 年 12 月 31 日,S 公司计提固定资产折旧,账务处理:

计算:50 000/5=10 000

借:折旧费用	10 000	
贷:累计折旧		10 000

2013 年 12 月 31 日,编制合并报表工作底稿,作抵销分录:

抵销 P 公司未实现的利润 10 000 元,和 S 公司固定资产成本多计的 10 000 元,以及 P 公司由此增加的所得税费用 3 000 元和应付所得税。

所得税费用计算：10 000×30% = 3 000

借：出售固定资产利得 10 000
　　递延所得税 3 000
　　贷：固定资产 100 000
　　　　所得税费用 3 000

抵销S公司多计的折旧费用和累计折旧2 000元，以及由此减少的所得税费用和递延所得税。

计算：
S公司计算的固定资产折旧费用： 50 000／5＝10 000
S公司应计算的固定资产折旧费用： 40 000／5＝8 000
S公司多计算的固定资产折旧费用： 2 000
所得税费用计算：2 000×30%＝600

借：累计折旧 2 000
　　所得税费用 600
　　贷：折旧费用 2 000
　　　　递延所得税 600

2014年12月31日，编制合并报表工作底稿，作抵销分录：

借：留存收益－年初 5 600 *
　　递延所得税 2 400
　　累计折旧 2 000
　　贷：固定资产 10 000
借：累计折旧 2 000
　　所得税费用 600
　　贷：折旧费用 2 000
　　　　递延所得税 600

计算2013年12月31日（上年度），编制合并报表时应调整的利润，见表14-8。

表14-8　利润的调整

多计利润	10 000
所得税	－3 000
折旧费用	－2 000
递延所得税	600
多计利润调整数：	5 600

（4）应付股利与应收股利的抵销。

例14-5　2013年期间，H公司持有S公司的股票，根据S公司的股利分配政策，本年度应分配给H公司现金股利20 000元。2013年12月31日，H公司有应收股利20 000元，S公司有应付股利20 000元。集团公司在编造合并报表时，这笔内部交易应抵销，见图14-17。

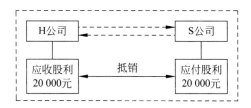

图 14-17　集团内部交易产生的应收股利和应付股利的抵销

(5) 应付利息与应收利息的抵销。

例 14-6　2013 年期间,H 公司贷款给 S 公司的股票,2013 年 12 月 31 日,H 公司有应收利息 10 000 元,S 公司有应付利息 10 000 元。集团公司在编造合并报表时,这笔内部交易应抵销,见图 14-18。

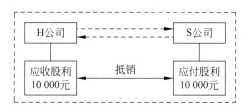

图 14-18　集团内部交易产生的应收股利和应付股利的抵销

6. 少数股权的计算和确认

在企业的合并时,母公司可以采用现金购买被合并公司的股票,或通过采用本公司的股票与被合并的公司进行股权交换的方式来达到对被合并公司的控股。在通常情况下,为了节省合并的成本,母公司不一定购买被合并企业 100% 的股份。如果母公司购买了子公司 60% 的有投票权的普通股,同样有效地控制了子公司,但是子公司还有 40% 的普通股母公司是不能控制的,这就是少数股权。少数股权是指子公司的财务成果和净资产中不直接或通过其他公司也不能间接归属于母公司的部分。因此,在编制合并财务报表时,我们要正确计算和列报子公司的少数股权。

(1) 2011 年 12 月 31 日,H 公司、S 公司股东权益变动表有关数据如表 14-9 所示。

表 14-9　H 公司和 S 公司股东权益有关数据　　　　　　　　　　单位:元

	H 公司	S 公司
本年度利润	400 000	200 000
年初留存收益	60 000	40 000
股利	−180 000	−100 000
年末留存收益	280 000	140 000

(2) 假定 H 公司拥有 S 公司 70% 的具有投票权的普通股。2011 年期间,H 公司、S 公司发生的有关交易如下:

① S 公司销售给 H 公司存货一批,计算所得毛利 40 000 元,12 月 31 日,存货仍然在 H 公司。

② 2011年1月1日，H公司销售给S公司固定资产一台，收到现金50 000元，其中包括出售固定资产利得为10 000元。H公司估计该项固定资产使用年限5年，无残值。

③ S公司为H公司提供劳务30 000元，应向H公司收取劳务收入30 000元。

④ 假定所得税税率按照30%计算。

(3) 2011年12月31日，计算少数股权，编制合并报表工作底稿，见表14-10。

表14-10　合并工作底稿(2011年)　　　　　　　　单位：元

	H公司	S公司	抵销(借)	抵销(贷)	合并报表	归属少数股权	归属母公司
本年度利润	400 000	200 000	40 000	12 000	572 000	51 600	520 400
留存收益—年初	60 000	40 000	28 000		72 000	12 000	60 000
股利	−180 000	−100 000	−70 000		−210 000	−30 000	−180 000
留存收益—年末	280 000	140 000			434 000	33 600	400 400

注：留存收益—少数股权(年末)：(140 000−40 000+12 000)×30%＝33 600

三、合并财务报表编制应用

假定：H公司购买S公司70%普通股股份，2013年12月31日，H公司编制合并报表前有关数据，见表14-11：

	H公司	S公司
销售收入	320 000	92 000
销售成本	−150 000	−35 000
销售毛利	170 000	60 000
费用	−80 000	−16 000
	90 000	44 000
投资收益	7 000	
其他收益	3 000	−4 000
税前收益	100 000	40 000
所得税	−30 000	−12 000
利润	70 000	28 000
留存收益-年初	220 000	50 000
	290 000	78 000
股利	−20 000	−10 000
留存收益-年末	270 000	68 000
普通股	400 000	100 000
股东权益	670 000	168 000
负债		
应付账款	20 000	11 000
应付股利	20 000	10 000
其他应付款	84 000	50 000
递延所得税负债	0	
负债与股东权益合计	794 000	239 000

续表

	H 公司	S 公司
流动资产：		
应收股利	7 000	0
应收账款	35 000	14 000
存货	60 000	25 000
其他流动资产	100 000	30 000
非流动资产：		
固定资产	250 000	100 000
其他长期资产	222 000	70 000
对 S 公司投资	120 000	0
商誉		
递延所得税资产		
资产合计	794 000	239 000

下面 H 公司分七个步骤编制合并报表。

1. H 公司长期投资与 S 公司净资产的合并部分进行抵销

2013 年 1 月 1 日，H 公司用现金 120 000 元，购买 S 公司 70％普通股股份。购买时，S 公司的股东权益合计 150 000 元，其中：普通股 100 000 元，留存收益 50 000 元。

假定 S 公司可辨认的资产和负债按照公允价值列报，同时，该公司的会计基础与计税基础是一致的。那么，可计算出购买发生的商誉为 15 000 元。计算如下：

　H 公司购买成本：120 000
　S 公司少数股权：　　45 000
　S 公司可辨认净资产：－150 000
　购买商誉：　　　　　15 000

H 公司编制合并报表前，第一步，应将 H 公司长期投资与 S 公司净资产的 70％，进行抵销。即：

　借：普通股　　　　　　　　　　　　　　　70 000
　　　留存收益—年初　　　　　　　　　　　35 000
　　　商誉　　　　　　　　　　　　　　　　15 000
　　贷：长期投资　　　　　　　　　　　　　　　　　120 000

2. H 公司与 S 公司存货购销的内部交易的抵销

在 2013 年度期间，H 公司销售给 S 公司存货一批，成本 5 000 元，售价 9 000 元，货款收到。到年底，该批存货仍在 S 公司，尚未销售。

H 公司销售存货的会计处理：

　借：现金　　　　　　　　　　　　　　　　9 000
　　贷：销售收入　　　　　　　　　　　　　　　　9 000
　借：销售成本　　　　　　　　　　　　　　5 000
　　贷：存货　　　　　　　　　　　　　　　　　　5 000

S 公司的购进存货的会计处理：

借：存货	9 000
贷：现金	9 000

H 公司编制合并报表的抵销分录：

借：销售收入	9 000
贷：销售成本	5 000
贷：存货	4 000

同时，假定所得税税率 30%，抵销分录：

计算：4 000×30% = 1 200

借：递延所得税	1 200
贷：所得税费用	1 200

3. H 公司与 S 公司应收账款与应付账款的内部交易的抵销

在 2013 年度期间，H 公司提供给 S 公司技术服务收入 3 000 元。

H 公司销售存货的会计处理：

借：应收账款	3 000
贷：其他业务收入	3 000

S 公司销售存货的会计处理：

借：管理费用	3 000
贷：应付账款	3 000

H 公司编制合并报表的抵销分录：

借：其他业务收入	3 000
贷：应收账款	3 000
借：应付账款	3 000
贷：管理费用	3 000

4. H 公司与 S 公司固定资产购销的内部交易的抵销

2013 年 12 月 3 日，S 公司将一台不需使用的固定资产销售给 H 公司，固定资产的账面净值为 20 000 元，得到的销售收入为 16 000 元。H 公司购进后，估计该固定资产的使用年限为 2 年，残值为 2 000 元。

S 公司销售存货的会计处理：

借：现金	16 000
固定资产出售损失	4 000
贷：固定资产	20 000

H 公司销售存货的会计处理：

借：固定资产	16 000
贷：现金	16 000

H 公司编制合并报表的抵销分录：

借：固定资产	4 000
贷：固定资产出售损失	4 000

同时,假定所得税税率30%,抵销分录:

计算:$4\,000 \times 30\% = 1\,200$

借:所得税费用　　　　　　　　　　　　　　　　　1 200
　　贷:递延所得税　　　　　　　　　　　　　　　　　　1 200

5. H公司与S公司应收股利与应付股利的内部交易的抵销

2013年12月3日,S公司宣布应发放的股利共10 000元。

S公司销售存货的会计处理:

借:留存收益　　　　　　　　　　　　　　　　　　10 000
　　贷:应付股利　　　　　　　　　　　　　　　　　　　10 000

H公司销售存货的会计处理:

计算:$10\,000 \times 70\% = 7\,000$

借:应收股利　　　　　　　　　　　　　　　　　　7 000
　　贷:投资收益　　　　　　　　　　　　　　　　　　　7 000

H公司编制合并报表的抵销分录:

借:投资收益　　　　　　　　　　　　　　　　　　7 000
　　贷:留存收益　　　　　　　　　　　　　　　　　　　7 000

借:应付股利　　　　　　　　　　　　　　　　　　7 000
　　贷:投收股利　　　　　　　　　　　　　　　　　　　7 000

6. 合并报表工作底稿有关项目数字的计算

(1) 计算S公司少数股权利润:

$28\,000 \times 30\% + 4\,000 - 2\,000 = 9\,240$

(2) 计算S公司少数股权留存收益—年初数:

$50\,000 \times 30\% = 15\,000$

(3) 计算S公司少数股权留存收益—年末数:

$15\,000 + 9\,240 - 3\,000 = 21\,240$

(4) 计算S公司少数股权普通股:

$100\,000 \times 30\% = 30\,000$

(5) 计算S公司少数股权合计数:

$30\,000 + 21\,240 = 51\,240$

7. 编制合并报表工作底稿,见表14-12

表14-12　合并报表工作底稿(2013年12月31日)

	H公司	S公司	抵销(借)	抵销(贷)	合并报表	少数股权	H公司股权
销售收入	320 000	95 000	9 000		406 000		
销售成本	−150 000	−65 000		5 000	−180 000		
销售毛利	170 000	60 000			226 000		
费用	−80 000	−16 000		3 000	−93 000		
	90 000	44 000			133 000		
投资收益	7 000		7 000		0		

续表

	H公司	S公司	抵销（借）	抵销（贷）	合并报表	少数股权	H公司股权
其他收益	3 000	−4 000	3 000	4 000	0		
税前收益	100 000	40 000			133 000		
所得税	−30 000	−12 000	1 200	1 200	−42 000		
利润	70 000	28 000			91 000	9 240	81 760
留存收益—年初	220 000	50 000	35 000		235 000	15 000	220 000
	290 000	78 000			326 000		301 760
股利	−20 000	−10 000		7 000	−23 000	−3 000	−20 000
留存收益—年末	270 000	68 000			303 000		281 760
普通股	400 000	100 000	70 000		430 000	30 000	400 000
所有者权益	670 000	168 000			733 000	51 240	681 760
负债							
应付账款	20 000	11 000	3 000		28 000		
应付股利	20 000	10 000	7 000		23 000		
其他应付款	84 000	50 000			134 000		
递延所得税负债	0			1 200	1 200		
负债与所有者权益总计	794 000	239 000			919 200		
流动资产：							
应收股利	7 000	0		7 000	0		
应收账款	35 000	14 000		3 000	46 000		
存货	60 000	25 000		4 000	81 000		
其他流动资产	100 000	30 000			130 000		
非流动资产：						0	
固定资产	250 000	100 000	4 000		354 000		
其他长期资产	222 000	70 000			292 000		
对S公司投资	120 000	0		120 000	0		
商誉			15 000		15 000		
递延所得税资产			1 200		1 200		
资产总计	794 000	239 000	155 400	155 400	919 200		

本 章 小 结

企业合并与合并财务报表的编制是国际会计的难题之一。本章讨论了企业合并的基本概念和合并的主要方式。一个企业是否"控制"了另一个企业是判断企业合并的标准。企业合并后要编制合并财务报表。本章讨论了编制合并财务报表的一般程序，主要就商誉的计算、少数股东权益的计算和会计处理做了较详细的说明。另外，本章比较详细地讨论了编制合并报表时，集团企业内部交易的抵销处理等问题。

练习题与文献阅读

（一）单项选择题

1. 一个企业对另一个企业实现控制的方式有（　　）。
   A. 用现金购买　　　　　　　　　　B. 用增加负债购买
   C. 用发行股份购买　　　　　　　　D. A＋B＋C

2. A 公司吸收合并 B 公司后（　　）。
   A. A 公司成为一个独立的法人，B 公司不再存在
   B. A 公司和 B 公司都是独立的法人
   C. A 公司和 B 公司都不存在，另外新设立一个 C 公司
   D. A 公司持有 B 公司的股份，B 公司也持有 A 公司的股份

3. A 公司与 B 公司创立合并一个新公司，合并后（　　）。
   A. A 公司成为一个独立的法人，B 公司不再存在
   B. A 公司和 B 公司都是独立的法人
   C. A 公司和 B 公司都不存在，另外新设立一个 C 公司
   D. A 公司持有 B 公司的股份，B 公司也持有 A 公司的股份

4. A 公司采取持有 B 公司 50％以上的有投票权的股份，并控制了 B 公司，合并后（　　）。
   A. A 公司成为一个独立的法人，B 公司不再存在
   B. A 公司和 B 公司都是独立的法人
   C. A 公司和 B 公司都不存在，另外新设立一个 C 公司
   D. A 公司持有 B 公司的股份，B 公司也持有 A 公司的股份

5. 如果 H 公司购买 S 公司 100％的股权并控制了 S 公司，商誉计算时需考虑的因素有（　　）。
   A. 合并企业的购买价格
   B. 被合并企业的净资产的账面价值
   C. 被合并企业的净资产的公允价值
   D. A＋C

6. 母公司编制合并财务报表时，需要对（　　）。
   A. 母公司、子公司会计政策的调整
   B. 母公司、子公司会计报告日的调整
   C. 母公司投资、子公司股东权益的调整
   D. A＋B＋C

7. 编制合并报表时，集团内部交易的抵销有（　　）。
   A. 应收账款与应付账款的抵销　　　　B. 存货购进与存货销售的抵销
   C. 固定资产购进与销售的抵销　　　　D. A＋B＋C

8. 以下报表中,列报合并商誉的报表有( )。
   A. 资产负债表   B. 收益表
   C. 留存收益表   D. 现金流量表
9. 以下报表中,列报少数股东权益的报表有( )。
   A. 资产负债表   B. 利润表
   C. 留存收益表   D. A+C
10. 母公司编制的合并收益表列报的每股收益是根据( )。
   A. 合并收益表的全部净收益除以全部流通的普通股股份计算
   B. 合并收益表的归属于母公司股东的净收益除以全部流通的普通股股份计算
   C. 合并收益表的归属于母公司股东的净收益除以全部普通股股份计算
   D. A 或者 C

(二) 思考题

1. 企业合并的意义是什么？有哪些合并的方式？
2. 什么叫作"控制"？举例说明一个企业控制了另一个企业。
3. 如何计算企业合并时带来的商誉？
4. 如何计算企业合并时带来的少数股东权益？
5. 为什么在编制合并财务报表时,要对集团内部交易的抵销？举例说明。

(三) 文献阅读

1. Eugene E. Comiskey. Is Negative Goodwill Valued by Investors?, Accounting Horizons, Vol. 24, No. 3, 2010, pp. 333-353.
2. Brian Friedrich. International Accounting Standard 27, Consolidated and Separate Financial Statements, CGA Canada, 2009.
3. 澳大利亚注册会计师网站: www.cpaaustralia.com.au, CPA, 财务报告.
4. 刘彬. 关于未实现内部交易损益合并报表处理的探讨. 新会计, 2013(8).

第十五章 国际税收会计

本章主要内容
1. 国际税收税种和各国税制的差异
2. 避免国际双重征税的基本方法
3. 国际避税的主要方式和国际反避税的措施
4. 国际转移价格的制定
5. 跨国纳税人国际环境下的纳税筹划

第一节 国际税收的税种和各国税制的差异

没有跨国经营,就谈不上国际税收(international taxation),国际税收与跨国经营的关系非常密切。国际税收是指两个或两个以上国家的政府,在对跨国纳税人行使各自的征税权力而形成的征纳关系中的税收分配问题。跨国公司为了在复杂的国际税务环境中立于不败之地,必须了解和熟悉各国税务制度。作为跨国公司的财务经理,在设法谋求税负最小化和税后利润最大化的过程中,必须掌握国际税务方面的理论和实务,以提供对经营决策有用的信息。

一、国际税收的税种设置

世界各国政府税法规定了不同的税种,但所有税种按课税对象可分为直接税和间接税两大类。直接税是指直接根据收益额和财产额征收的税种,主要有所得税和财产税。间接税是按流转额计征的税种,常见的有增值税、消费税等商品税。具体来讲,所得税、财产税和商品税是当今世界各国征收的三大主要税种。这三种税的征收都可能跨越国界,造成国际重复征税的问题,因而都涉及国际税收关系。

(一) 所得税

所得税(corporate income tax)就是以纳税人的所得为课税对象的税收,在各类税种中,所得税属于比较复杂的类型,在税收中所占的比重也比较大。

1. 公司所得税(corporate income tax)

对公司所得征税的方式有古典制和归属制两种。应用古典制的国家有美国、比利时、荷兰等国。在这种模式下,纳税主体取得的所得都要被征税。一家公司的所得要被征收两次税,第一次是公司取得收益时,第二次是公司收益作为股息分配给股东时。归属制试图综合考虑对公司和股东的征税来消除双重课税,有双率制和单率制两种方式。但在很多情况下,这只是部分而不是完全抵免,双重课税仍不能完全消除。尽管如此,近年来无论是经济合作与发展组织国家还是欧盟,公司所得税税率都呈现下降的趋势。

2. 预提所得税(withholding tax)

预提所得税,又称扣缴税。严格地说,扣缴税不是一个特定的税种,而是一种与公司所得税相联系的特殊的税收形式,它是东道国政府对外国投资者在本国获得的股利、利息和特许权使用费,在税收源头上代扣代缴的税款。扣缴税的开征会减少外国投资者的投资报酬,从而阻碍长期投资资本的国际流动。

(二) 财产税

财产税是以一定的财产额为对象,向拥有或转让财产的纳税人课征的税收。世界上许多国家征收财产税,以其作为所得税和商品税的补充。财产课税的计税依据为纳税人拥有的财产价值或纳税人转移的财产价值。一般而言,国际税收涉及的财产税的征税对象是跨国财产价值。纳税人一般要就其在境内和境外拥有的财产一并向本国(居住国)政府纳税,而一国政府对在本国境内的一切财产包括外国人拥有的财产拥有征税权,因此财产的所在地和纳税人的居住地并不一定在同一国家。这样,财产与所得一样也存在着国际重复征税的问题。从19世纪中后期开始,资本主义国家之间的国际投资日益增多,财产国际化引发的财产国际重复征税问题开始受到重视。1872年,英国和瑞士签订了世界上第一个关于避免两国对遗产重复征收继承税的税收协定。此后,财产课税的国际协调与所得课税的国际协调一同成为国际社会避免双重征税的重要任务。

(三) 商品税

商品课税起源很早,早在古希腊、古印度等国就有盐税的课征。所谓商品税,就是指以商品和劳务的流转额为课税对象的税收,商品课税的税款一般都要通过提高价格转嫁给消费者和使用者,因而属于间接税。按照商品税税基、课税范围等基本要素的不同组合,大致可以把商品税划分为周转税、销售税、增值税和消费税四种主要类型。

1. 周转税

周转税(turnover tax)属于间接税,它是指在商品的生产、批发、零售或劳务提供的每一个周转环节对商品销售收入总额或提供劳务的营业收入总额进行征税。各国在计征周转税时,计征的方式和对象有所不同。周转税作为传统的商品税,曾经是最重要的商品税形式,但在实践中由于其具有无法克服的局限性,逐渐被销售税和增值税所代替。

2. 销售税

销售税是选择商品生产、批发、零售的某一环节,对商品销售收入全额进行征税。销售税与周转税比较,最明显的特点是把多环节征税改为单环节征税,可以在很大程度上减轻重复征税的问题,但这种做法将商品税的税收负担集中在一个流通环节,不利于企业间的税负平衡。

3. 增值税

增值税(value added tax)是以产品或劳务在生产经营各环节中新增加的价值为对象课征的一种税。增值税的优点在于可以避免周转税可能导致的重复计征,因此在越来越多的国家中推行。各个国家增值税的税率不尽相同,即使在同一国家,增值税率税率也会因商品品种的不同而异。

4. 消费税

消费税(excise duties)是选择少数商品在生产或销售环节,对商品销售收入总额进行课税。

二、各国税制的差异

各国税负上存在很大差别,决定各国税负大小的因素表面上看是各国税种和税率的不同。虽然税率的不同是造成各国实际税负差别的重要原因,但对各国政府规定的法定税率,往往不能简单地比较。一国的法定税率可能比较低,但其税收管理实行传统制度,应税所得范围广,费用的确认和分配有严格的限制,结果该国实际税负可能反而比较高。简单通过各国法定税率的比较就得出各国税负大小的结论是不科学的。所以跨国公司在作投资决策,制定税务计划时,必须注重对实际税负的考察。不同的税率仅仅是决定税负的因素之一,实际上各国税收制度在所得税制度、计税基础、税收征管制度等方面均存在着区别。

(一) 所得税制度

在各类税制中,所得税制属于比较复杂的类型,在税收中所占比重较大,各国对跨国纳税人的跨国收入或所得进行征税所使用的税种以及涉及的具体征税对象范围是有差异的。各国实行的所得税制度按课征方法的不同可以分为分类所得税制度、综合所得税制度和分类综合所得税制度。

(1) 分类所得税制度即对各类所得分别按不同的税率和方式进行课征,从而形成工薪所得税、利息所得税的等个人所得税制的子税种,分类所得税制一般采用源泉课征法,其理论依据在于不同性质的所得项目应适用不同的税率,承担轻重不同的税负,分类所得税始创于英国,但目前纯粹实行分类所得税的国家已经很少了。

(2) 综合所得税制对纳税人的所得不加区分,将其所得汇总以后按统一的税率和方式进行征税。综合所得税制课税的范围广,能体现按纳税能力课税的原则。大多数实行综合所得税制的国家,除一般所得税外,还征收社会保障税。该税实质上是一种社会保障基金筹集形式,一般在政府预算之外建立特别预算,专收专支,其税额多由雇主和雇员按比例分摊,用于退休金、救济金、医疗保险、失业保险和职工培训等。

(3) 分类综合所得税制实际上是一种分类和综合所得税制度的综合使用,该所得税的征收办法是对纳税人的各项所得,先以分类所得税制度的源泉征法按一定比例税率征收,然后在纳税年度结束时,汇总纳税人全年各类所得额,减去法定扣除项目后,得出其该年度的综合应税所得,再乘以应税所得所适用的累进税率,计算综合应纳税款。分类课征阶段已纳税款可以冲抵综合应纳税款,年度汇总后多退少补。分类综合所得税制一方面坚持了按纳税能力课征的原则,对纳税人不同来源的收入实行综合计算征收,另一方面该税制又对不同性质的收入实行区别对待,对所列举的特定收入项目按特定方法和税率征收税收,是当今世界上广泛实行的一种所得税课税制度。

(二) 收入和费用的确认

所得税的计征是以应税收益的确定为前提的,而应税收入和费用的确认又是确定应税收益的前提。世界各国对应税收益的定义与确认、费用的确认与分配以及资产的计价等不尽相同,导致计税基础不同,也造成法定税率和实际税率的不同。

1. 收入的确认

所得税的课税对象,即纳税人所得。自 18 世纪末所得税制度产生以来,各国经济学家对"所得"的概念在理论上有过不同的解释,其中最主要的是"净资产增加说"和"所得源泉说"。采用"净资产增加说"为所得税课征对象的国家对所得征税的范围要远大于采用"所得源泉说"的国家。世界各国在确定所得税的征税课体时,可根据本国的政治、经济和社会状况,按本国的财政经济政策确立。

所得税收入国际差异的产生不仅与所得课税的性质有关,而且与跨国所得的出现也是分不开的。跨国公司的应税收入,包括源于国内的收入和源于国外的收入两部分。当一国纳税人在境外取得所得时,这种跨国所得也要被纳入该国所得税的征税范围,这样国家之间的征税权就会发生交叉重叠现象,导致国与国之间所得税重复征税以及所得税收入国际分配问题的产生。对国外子公司或国外的分支机构的收入课税存在两种不同做法,体现为"属地原则"和"属人原则"两种不同的税收管辖权原则。属地原则是以地域为标准确定国家行使税收管辖权范围的一种原则,属人原则是以自然人或法人的国籍和住所为标准,确定国家行使税收管辖权范围的原则。从税收管辖权的具体实施情况来看,大多数国家都是兼用属地原则和属人原则,实行双重税收管辖权。大多数国家同时行使居民管辖权和地域管辖权,但其侧重点往往不同。一般来讲,发达国家资本输出规模较大,相应地,其居民来自境外的收入和存放在境外的财产也较多,因此,这些国家更侧重维护居民税收管辖权而限制地域管辖权的行使。发展中国家则相反,由于经济落后,资本输出较少,外国居民来自本国境内的收入和存放在本国境内的财产较多,因此更偏重于维护地域管辖权而要求限制居民管辖权的实施范围。除此之外,也有少数国家或地区行使单一的地域管辖权,如巴西、中国香港等。

2. 费用的确认

在各国的税收制度中,对同一费用采用不同的处理方法往往会造成各国纳税的差异。费用确认对税负的影响体现在确认费用的时间和范围以及内容上。

费用确认的时间也会对各国企业税负产生影响,一项支出越早确认为费用,对纳税者就越有利。各国政府对费用确认的不同认识,集中体现在资产使用寿命的规定上。对于同一项资产,不同国家所规定的摊销期限可能不同,这就造成不同国家的企业税负不同,对企业来说,资产摊销期限越短越有利。因此,有些国家或政府,为了鼓励和吸引国外投资者向本国经营投资,往往对某些资产作出特殊优惠规定。除费用确认时间上,费用的范围和内容对各国的税负产生很大的影响,比如某项支出能否作为税前费用在计算应税收入时予以扣除。

对费用确认的研究最主要的意义在于了解各国法定税率与实际税率之间的差异,判断各国真实税负的大小,从这个意义上讲,通过简单比较各国法定税率来评判某国税负的大小是不科学的。

(三) 商品税制模式

世界上绝大多数国家都征收两种或两种以上的商品税,由于各国在商品税组合的选择上有所不同,所以就形成了周转税制模式、销售税和消费税结合模式、增值税和消费税结合模式等不同的商品税制模式。

实行周转税制模式的国家,商品税一般仅选择周转税一种类型,由于周转税所带来的重复征税问题非常严重,发达国家基本废弃了该模式,但因周转税具有征管方便、征税普遍的优点,仍有少数经济相对落后、税收管理基础较差的国家实行周转税制。

实行销售税和消费税结合的国家,商品税一般选择销售税和消费税两种类型。美国是典型的实行销售税和消费税结合模式的国家。销售税作为一般商品税在生产、批发或零售环节对各种商品就其销售总额普遍征税,以单一税率为主。消费税作为选择性商品税,在生产或零售环节选择少数商品进行征税,一般实行差别比例税率,主要发挥商品税的调节功能。

实行增值税和消费税结合的国家,商品税一般选择增值税和消费税两种类型。增值税作为一般商品在生产、批发、零售各个环节对各种商品就其增值额普遍进行征税,税率差别不大,以体现税收中性。消费税作为选择性商品税,在生产或零售环节选择少数商品进行征税。欧盟成员国普遍采用的是增值税和消费税结合的商品税制模式。

第二节　跨国公司对跨国双重征税的避免

国际双重课税(international double taxation)是国家之间税收管辖权冲突的结果。它是指两个或两个以上的国家(或地区)基于各自的税收管辖权,对同一纳税人就同一征税对象在同一征税期间课征类似税种。国际双重课税影响了税负公平原则在国际上的贯彻和体现,加重了纳税人的纳税负担,对国际间投资积极性产生了消极影响。因此无论是对发达国家还是发展中国家,避免国际双重征税是各国共同面临的问题。在国际税收实践中,由于地域管辖权的重要性和所得来源国具有优先征税地位,采取减除国际重复征税措施的国家是实行居民管辖权的国家,或者说是跨国纳税人的居住国。也就是说,实行居民管辖权的国家承认所得来源国的优先征税地位。

一、抵免和扣除

跨国公司的外国分公司和子公司要面对其经营所在国各种各样的直接税和间接税,而且在外国取得的收入可能要面临着被外国和母公司所在国两次征税。避免国际双重课税的基本方法是抵免和扣除,通常包括税款扣除法、税款抵免法、免税法等三种。

(一)税款扣除法(method of tax deduction)

税款扣除法是指纳税人的居住国政府在行使居民管辖权时,允许本国居民用已缴非居住国政府的所得税作为向本国政府汇总申报应税所得的一个扣除项目,就扣除后的余额计征所得税。所得税税款的计算公式如下:

居住国应纳所得税额=(纳税人国内外全部应税所得-国外已纳所得税额)×居住国税率

例 15-1 A国居民法人甲公司在B国有一分公司乙公司,当年度甲公司在A国获利50万元,在B国获利30万元。A国的所得税税率为40%,B国的所得税税率为30%。A国甲公司应纳税额为:

甲公司应向B国纳税=30×30%=9(万元)

甲公司应向A国纳税＝(50+30-30×30%)×40%＝28.4(万元)

甲公司总税负＝9+28.4＝37.4(万元)

从上例可以看出，在国外的已纳税额不是充当国内税款，而是直接抵减应税收益，因此税款扣除法是一种减轻而不是完全消除国际双重课税的方法。由于税款扣除法不完全承认所得来源地的税收优先管辖权，而使国际重复征税仅仅被免除了一部分，跨国纳税人的所得与财产仍然被税负重叠所困扰，因此在避免国际重复征税的实践中，税款扣除法很少被采用。

(二) 税款抵减法(method of tax credit)

税款抵减法是指居民法人根据其来源于国内外的总收入计算应纳税额，但允许对其来自国外的已纳税款从应向国内缴纳的税额中全部或部分扣除。该方法是直接将已缴外国政府税款作为公司总部本国税款的扣抵数，而不是扣减应税收益，这是与税款扣除法的主要区别。

居住国应征所得税额＝国内外总收入×居住国适用税率－允许抵免的已缴国外税额

实施税款抵减法的政府实际上承认了收入来源国政府的征税优先权，但并不放弃居民税收管辖权。税款抵减法分为直接抵减法和间接抵减法。

1. 直接抵减法

直接抵减法(method of direct credit)适用于总分公司形式的跨国公司，由于分公司不是法人实体，它是总公司的组成部分，其所有利润完全属于总公司，所以分公司在国外缴纳的所得税可以看作是国内总公司缴纳的，可以在总公司向居住国政府缴纳的税收中直接抵减。直接抵减法又分为全额抵减与限额抵减两种。

(1) 全额抵减法。全额抵减法(full credit)是指居民法人在国外获得的收入，按来源国的税率计算的应纳税额，可以从国内的以国内外总收入为税基、本国税率计算的应纳税额中全部抵减。但如果国外的税率高于国内，那么不仅使国外的税负被抵免，而且来源于国内收入的应纳税额也被部分地抵免，这就使居住国政府的应得税收被转移给来源国。

居住国应征所得税额＝居民的国内外总所得×居住国适用税率－国外已征全部税额

例15-2 甲国的居民法人A公司的境内外总收入为500万元，其中300万元来自国内；200万元来自乙国。假定甲国的所得税税率为20%；乙国为30%。

A公司应向乙国政府缴税＝200×30%＝60(万元)

A公司应向甲国政府缴税＝(200+300)×20%-200×30%＝40(万元)

因为政府意识到全额抵减法的实施会引起国内资金外流，直接影响本国经济的发展，所以在国际税收实践中，除塞浦路斯、马耳他等少数国家外，其他国家普遍不采用。

(2) 限额抵减法。限额抵减法(ordinary credit)也称普通抵减法，它保证了居住国政府的利益，它与全额抵减法的不同是居住国政府对跨国纳税人在国外缴纳的所得税给予抵免时，数额不能超过按本国税率计算的应纳税额。具体地说，如果国外税率低于本国，那么在国外已缴税额可以全部抵免，如果国外税率高于国内税率，则只能部分抵免，形成抵免限额。可见，实行限额抵减法的国家虽然承认来源国优先行使地域税收管辖权，但并不完全放弃对本国居民的征税权力。进行税收限额抵减的目的是为了避免纳税人的跨国所得承受双倍的税收压力,并不能把跨国纳税人的税负从高税率来源国转嫁到低税率居住国。

抵免限额＝(来自居住国和来源国全部应税所得×居住国税率)×来源国应税所得/居住国与来源国全部应税所得

该公式适用于居住国采用累进税和比例税的情况,当居住国实行比例税时,公式可以简化成:

抵免限额＝收入来源国所得×居住国税率

例 15-3 甲国 A 公司该年度有总收入 100 万元,其中来自国外分公司 B 的有 30 万元,其余的都是甲国国内的收入,国内实行超额累进税率,如表 15-1 所示。

表 15-1 甲国税率表

应税所得(万元)	税率(%)
50 以下	10
50～60	20
60～70	30
70～80	40
80 以上	50

抵减限额＝(50×10％＋10×20％＋10×30％＋10×40％＋20×50％)×30/100＝24×30/100＝7.2(万元)

2. 间接抵减法

间接抵减法(method of indirect credit)是指一国政府对本国居民间接缴纳的外国所得税给予抵减的方法。间接抵减法适用于母子公司形式的跨国公司,国外的子公司是独立的经济主体,在法律上与母公司是两个不同的经济组织,因而税收上构成两个不同的纳税主体。母子公司是控股关系,所以子公司的收入并不完全属于母公司,而是把税后利润按股权比重分配给母公司。因此,母公司得到的来自子公司的股息收入已经负担了子公司所在国的税款,但这部分税款并不是母公司直接缴纳的,而是间接承担的,所以在母公司所在国缴纳税款时应获得间接抵减,抵减该股息收入承担的子公司已缴纳的所得税额。所以说间接抵减来源于直接抵减,允许抵免的国外税收是跨国纳税人间接缴纳的税收。

在国际税收中,当子公司向母公司支付股息时,还要代母公司向子公司所在国缴纳预提税,若不缴纳预提税,股息就不得汇出,可见预提税的实际纳税人是收取者母公司。母公司所在国对这笔预提税要用直接抵减法来减少国际重复征税,所以间接抵减法是伴随着直接抵减法一同进行的。间接抵减法按照控股层数的多少分为一层间接抵减法和多层间接抵减法。由于层数越多,计算的抵减限额就越大,对母公司所在国政府来讲损失就越大,所以母公司所在国政府往往要求领导层公司必须拥有其下层公司一定数量的有表决权的股票作为获得抵减的条件。

综合从居住国、来源国和跨国纳税人三者利益角度考虑,抵减法有较大优势,抵减法既承认来源国所得来源地税收管辖权的优先地位，又保留行使居民税收管辖权的权利。这样就不至于因免除国际重复征税而过分牺牲居住国的利益，也不会因一味保全居住国收入而阻碍国际重复征税的免除，从而加重跨国纳税人的税收负担。抵减法下对国内外收入同等征税，不会造成国内资金与资产外流。在避免国际重复征税的方法下，抵减法因同时兼顾居住国、来源国及跨国纳税人三方面的利益，从而在国际税收实践中被视为最佳选择，尤其是资本输出国更是如此。当然税款抵减法也存在一些不足，其缺陷在于在避免国际重复征税中要受到限制，比如无税收协定的情况下，有些国家不同意给予抵减，对于到高税率国家投资，投资者会存在顾虑，对到低税率国家投资，抵减后还需要补交差额。

（三）免税法(method of tax exemption)

免税法也叫豁免法，指纳税人居住国只对来源于本国的所得征税，放弃对来源于国外的收入征税的权力。这实际上是行使收入来源地税收管辖权，彻底免除国际重复征税。免税法的实施有全额免税法和累进免税法两种。

例15-4 甲国A公司在该年内总共获利500万元，其中来自本国的300万元，来自乙国分公司B的200万元，甲国实行超额累进税率，如表15-2所示。

表15-2 甲国税率表

应税所得（万元）	税率（％）
100以下	10
100～200	20
200～300	30
300～400	40
400以上	50

如果甲国实行全额免税法，甲国对A公司来自国外的收入完全放弃征税的权利，甲国仅按A公司来自国内的收入决定税率表中的适用税率。

甲国对A公司应征税额＝国内所得×适用税率＝100×10％＋100×20％＋100×30％＝60(万元)

如果甲国实行累进免税法，计算方法虽然与上基本相同，但在税率档次的选择上要依A公司在甲乙两国的总收入而定。

适用税率＝全额征收所对应的纳税额÷国内外全部收入
　　　　＝国内外全部应税所得×适用税率÷国内外总收入
　　　　＝(100×10％＋100×20％＋100×30％＋100×40％＋100×50％)÷500
　　　　＝30％

甲国应对A公司纳税 300×30％＝90(万元)

全额免除法不考虑因免除对国外所得征税造成的税基降低而导致适用税率档次降低的问题，仅以国内所得确定税率。累进免税法虽仍以国内所得为税基，但适用税率的确定是由国内外总收入确定的，所以在实际实行免税制的国家中多使用后者。当然，两种方法在实行比例税时无差别。尽管免税法可完全消除国际双重课税，但它是建立在居住国完全放弃居民税收管辖权并使所得来源国独占了税收管辖权，这势必导致居住国的财权利益受到损失。此外,这也为跨国纳税人进行国际避税提供了机会,他们可能会千方百计地把居住国的利润与财产转移到低税率的国家去。

二、国际税收协定

尽管避免国际重复征税可以由一国单方面采取措施来进行,但这种单边措施有很大的局限性,有些问题必须由有关国家和地区通过签订对双方都有约束力的税收协定加以解决,因此有必要通过国际税收协定协调和约束各国的税收管辖权。

国际税收协定(international tax convention)是调整国与国之间税收关系的一种法律规范,是指两个或两个以上的主权国家,为协调相互之间的税收分配关系,通过谈判而签订的一种书面税务协议或条约。从国际经济的角度来看,国际税收协定的基本任务在于消除国际重复课税现象及不合理的避税和漏税现象,这就从税收方面保证了国际资金、技术和劳务的合理流动,使得国际资源能够得到更为合理的配置,在总体上有利于世界经济的发展。从各国经济的角度来看,国际税收协定能够在对等的基础上保证缔约国国际税收权益和有关经济政策的贯彻。一方面各缔约国能够在规范对方缔约国地域管辖权的基础上,保证对本国纳税人有效地行使居民管辖权,同时也能更为有效地保证本国免除国际重复课税措施的实施。只有在对国际税收协定的缔约国各方的地域管辖权加以规范的基础上,才能有效保证各方的境外税收利益和免除国际重复课税措施的彻底性。另一方面,通过国际税收协定的缔结,各缔约国能够在行使地域管辖权课税的前提下,使本国的有关经济政策得到有效的贯彻。

目前各国之间缔结的避免双重征税协定,大都参照《经济合作与发展组织范本》和《联合国范本》,《联合国范本》是参照《经济合作与发展组织范本》拟定的,这两个范本结构基本相同。国际税收协定范本主要作用在于为各国签订税收协定提供一个规范性样本,为解决协定谈判过程中遇到的技术性难题提供有效的帮助。《经济合作与发展组织范本》最初被美国政府所抵制,后来在1977年被批准并在原则上接受。该协定包含29项条款,处理涵盖税收、人员和组织在内的很多问题。

国际税收协定可以是综合性的,也可以单独针对某一个问题。单项税收协定主要是关于对从事国际运输业务的海运企业和空运企业免除国际重复课税的税收协定。综合性国际税收协定主要是关于所得税课征问题的,而在某些国家之间缔结的这类协定还包括财产税课征问题。例如,1994年,美国和加拿大签署了一项协定来降低跨边境支付的股息、利息、特许权使用费的税率,直接投资股息的税率从10%降低到5%,利息的税率从15%降低到10%,特许权使用费税率从10%降低至0。

第三节 国际避税与反避税

国际避税与反避税是国际税务领域的重要问题之一。国际避税(international tax avoidance)是指纳税人利用各国税法上的疏漏或税法规定的优惠政策,在各国税收法规和有关税收协定条款许可的范围内,运用变更经营地点或经营方式等合法手段,达到规避和减轻国际纳税义务的目的。避税原是一个中性的概念,指通过合法手段减轻纳税义务的行为,在理论上,许多学者认为是否违反法律是避税和逃税本质的区别,但后来避税的合法性为越来越多的国家政府所否定,认为它是错用或滥用税法的行为,避税成为需要制止的活动,很多国家制定了反避税条例或条款。跨国公司的国际避税行为损害了有关国家的税收利益,扭曲了国与国之间的税收分配关系,导致跨国纳税人之间税负的不公平,妨碍了国际投资的正常进行,因此国际避税已引起各国和有关国际组织的极大关注。

一、国际避税的主要方式

对于跨国纳税人来说,在各国税法越来越完善的情况下,国际避税是一种更为隐蔽和安全的逃避税负的手段。随着国际间经济交往越来越密切,纳税人跨国活动增加,尤其是跨国公司的母子公司遍布许多国家,活动的范围遍布全球,国际避税形式也变得多种多样。

(一) 纳税主体的流动

纳税主体的流动是指一个国家税收管辖权下的纳税主体迁出该国,成为另一个国家(较低税负国家或避税地)税收管辖权下的纳税主体或没有成为任何一个国家的纳税主体,从而规避或减轻其总纳税义务的国际避税方式。纳税主体的流动可以通过纳税人居所的避免、纳税人居所的国际迁移、纳税人居所或住所的部分迁出、成为临时纳税人等方式实现。此外,还有一些国家对未有本国正式居民或公民身份的人,一概称为"临时入境者",这些人在被确认为完全的公民或居民之前一律不负纳税义务。还有一些国家为了吸引更多的外国专家来本国工作,采取向其提供税收优惠的办法,以补偿其出国工作的额外费用,这些税收优惠很容易被利用来进行国际避税。

(二) 纳税主体的非流动

所谓纳税主体的非流动是指纳税人本身并不离开原居住国或改变居民身份,而是通过别人在他国为自己建立一个相应的机构或媒介,通过使其所得或财产形式上与本人分离,达到本人在居住国避免就这部分所得或财产纳税的目的。一般地,通过他国相应的机构和媒介,主要采用信托的方式,来达到回避税收管辖权、减轻税负的目的。随着跨国公司全球化经营的蓬勃发展,利用信托进行国际避税已越来越受到跨国集团公司的青睐,成为跨国公司避税和低税融资的重要手段。跨国公司往往在避税地国家成立信托公司,然后把在高税国的财产信托给该公司经营。随着信托避税越来越引起有关国家税务当局的注意,通常也被列为反国际避税的打击目标,从而迫使跨国纳税人不得不尽量采取信托关系复杂化的办法来摆脱居住国对信托的控制。在实际避税活动中,除了信托形式之外,纳税人还可以运用订立各种形式的信托合同来进行国际避税。

(三) 纳税客体的流动

纳税客体的流动,又称为物的流动,是指跨国纳税人将其在一个国家税收管辖权下的纳税客体转移出该国,使之成为另一个国家税收管辖权下的纳税客体,以规避或减轻纳税人总纳税义务的国际避税方式。这里的纳税客体指的是跨国纳税人的各类所得、财产以及资金、商品、劳务、费用等相关要素。在国际避税活动中,跨国纳税人采用将课税对象从高税国转移到低税国来进行避税的方式更为常见,因为课税主体转移容易引起高税国的注意,容易成为高税国采取反避税措施的主要打击对象,而课税对象转移这种方式则更为隐蔽安全,难以发现,是一种有效的国际避税方式。

(四)纳税客体的非流动

跨国公司在对外投资时,可以选择不同的组织形式,在国外建立子公司或分支机构,建立子公司或分支机构对跨国公司的税负有着不同的影响。一般来说,由于国外公司在经营活动初期往往亏损较大,所以跨国公司可以在国外先设立一个分支机构,使其亏损冲抵母公司收益,减少母公司的税收负担,当国外的经营过了起步阶段,转向正常盈利后,再把分支机构改成子公司,母、子公司分别纳税,可以避免汇总纳税而提高税级。此外,一些国家税法规定只有当子公司的收益汇回母公司时,才予以课税。跨国纳税人可以针对各国延期纳税的规定,通过在低税国或国际避税地设立一个实体,进行所得和财产的积累而不在公司内部进行分配,或者有意识地降低应分配股息的比例,以延缓向居住国缴纳税收。延缓缴税实际上并不会减少纳税人应纳税额,但是对于高税国的跨国纳税人来说,延缓一段时间而迟缴的税款,相当于纳税人获得了一笔无息贷款,可以增加公司集团的流动资金。

(五)利用国际避税地进行避税

国际避税地的存在是当今世界经济中一个引人注目的现象。国际避税地是指以免征某些税收或压低税率的办法,为外国投资者提供不纳税或少纳税的国家或地区。避税地所实行的政策对国际资本的流动、投资分布状况、跨国公司收入与费用的分配格局以及有关国家的税收收入都有着不可忽视的影响。避税地具有多种功能,如积累资金、对付外汇管制、提供营业和财产保密等,跨国纳税人可以利用避税地来进行避税。跨国纳税人利用国际避税地避税的手段主要有两种,一是以避税地作为基地,建立基地公司,虚构避税地营业进行避税;二是虚构避税地信托财产进行避税。基地公司是避税地公司的典型形式,利用基地公司开展的避税活动可分为两类,一是母公司通过开展中介业务和转移定价等方式将各类所得和财产向基地公司转移,二是基地公司利用积累起来的资金向母公司或本集团内的其他公司进行贷款或再投资,以继续在只需要承担低税负的情况下赚取利润。当母公司或本集团内的其他公司向基地公司支付利息时,还可以获得费用扣除的好处。为避免高税率课税,跨国公司的这些收益一般不会寄回居住国而是保留在基地公司。

(六)转移价格

转移价格是跨国公司在世界范围内采取的一种非常重要的国际避税方法,跨国公司可以通过转移价格在公司集团内部转移利润,从而转移应税所得,使公司集团的利润尽可能多地在低税国或避税地的关联企业中实现,达到国际避税的目的。其基本做法是高税国企业向其低税国关联企业销售货物、提供劳务、转让无形资产、提供贷款时制定低价,低税国企业向高税国关联企业销售货物、提供劳务、转让无形资产、提供贷款时制定高价。跨国公司利用转让定价避税的具体手段将在下一节具体介绍。

(七)滥用税收协定

国际税收协定是主权国家为处理相互间内的税收分配关系而达成的书面协议。税收协定的签订,在协调国家之间税收利益矛盾的同时,也为一些原本不应享受协定优惠待遇的跨国纳税人的避税活动开辟了一个新的领域,很多跨国投资者通过特殊的安排获得了这种待遇,并因此逃避了其本应承担的税负。滥用税收协定,一般指的是第三国居民(非协定受益人)利用其他两个国家之间签订的国际税收协定从事经济活动,从而享受协定优惠待遇的行为,获得其本不应该得到的税收利益。通过滥用税收协定这种行为,非协定受益人往往得以逃避原应承担税负的一部分乃至全部,从而达到避税的目的。实践中,跨国纳税人滥用税收协定的方法主要有设立直接导管公司、设置脚踏石公司和设置外国低股权的控股公司等方法。

以上为跨国纳税人的常见避税方式,在现实生活中跨国纳税人为实现最大限度的避税,往往将几种方式结合使用。

二、国际反避税的措施

针对跨国纳税人利用国际避税港和其他方式的避税活动,各国政府采取了种种国际反避税(international anti-tax avoidance)措施,用以消除和制止国际避税行为。各国所采取的反避税措施,从一国范围内来看,主要是健全税务立法和加强税务管理;从国际范围内看,主要是加强政府间的双边或多边合作。

(一) 防止通过转移定价避税

跨国关联公司之间利用转移定价的方式大量转移利润和减少其应纳税额,会使有关国家的税源大量流失。为此,很多国家都以公平交易原则作为跨国内部交易价格的判定准则。美国税法明文规定,税务当局有权对跨国公司内部交易进行调查,并按公平交易标准对交易进行调整,从而使应税利润增加到税务部门认可的程度,对于调增的应税利润要补征公司所得税。由于美国在转移定价上的经验较其他国家丰富,因此美国的相关法规就成为其他国家效仿的标准。

(二) 对付避税港

阻止跨国公司利用避税港基地公司(tax havens)进行避税的有效措施就是取消对国外分得股利推迟课税的规定。如果跨国公司设在避税港的子公司无论是否将股利汇给母公司,失去了意义。除此以外,有一些发达国家虽然还没有颁布对付避税港的立法,但有一些国家有严格的外汇管制,限制本国居民在避税港投资,或规定投资利润必母公司居住国都要对这笔利润征税,那么跨国公司利用延迟纳税来避税的计划就须汇回本国,这实际上也起到了限制某些跨国公司以基地进行国际避税的作用。

(三) 对利用信托避税的防范

为防止纳税人滥用信托机构将财产和所得同所有人"分离"的功能,美国在《国内税收法典》中规定了"委托人信托"的特殊条款。如果委托人在信托中保留对财产相当程度的控制与支配权,或在信托中享有一定比例的将来应享有的利益等,则该信托被认定为委托人信托,委托人仍被视为信托财产的所有人,并对信托所得负有纳税义务。美国税法规定,只要外国信托有一个美国受益人,向该外国信托直接或间接转让财产的美国受托人将被视为信托所有人,不论该外国信托的所得当年分配与否,都要就应归属于该国委托人所转让财产的所得向美国纳税,这些严格的规定,在很大程度上约束了美国纳税人利用虚构信托机构避税的能力。

（四）限制利用改变国外组织形式避税

为了防止跨国公司利用改变国外公司组织形式的方式避税,许多国家在法律上采取了防范措施。例如,美国税法规定,外国分公司改为子公司后,分公司过去的亏损所冲减的总公司利润必须重新计算清楚,并就这部分被国外分公司亏损冲减的利润进行补税。英国的限制措施是通过限制本国居民公司向非本国居民转让经营业务的方法来阻止本国公司将国外的分公司改组为子公司,英国税法曾经规定,除非经财政部同意,否则如果一家英国居民公司迁往国外变为非居民公司,或者将企业的全部或一部分转让给非居民,将被视为非法。虽然英国国会感到此项规定导致财政部权力过大,也违法欧盟条约中关于企业可以在成员国之间自由迁移的规定,因此在1988年的财政法案中决定从1988年3月15日起停止执行此项规定,但财政法案并没有放弃对公司或企业迁移的限制,而是用税收办法代替了行政办法,规定对准备转变为非居民公司的英国居民公司征收未实现资本利得税以示限制。

（五）限制资本弱化

资本弱化是指跨国公司为了减少税额,采用贷款方式代替募股方式进行的投资或者融资。在跨国投资活动中,跨国公司为了达到避税的目的,往往把投资作为贷款来虚增利息支出,以此加大费用而减少应纳税所得额。资本弱化税制把企业从股东特别是国外股东处借入的资本金中超过权益资本一定限额的部分,从税收角度视同权益,并规定这部分资本的借款利息不得列入成本,这是很多国家针对跨国公司国际避税采取的又一重要措施。1987年OECD组织推出了《资本弱化政策》,1992年在重新修订的OECD范本中,又对联属企业条款注释中的"资本弱化"作了详尽的补充,为缔约国在其国内法中规定负债/权益比提供了依据。经合组织提倡采用两种方法对付资本弱化,即正常交易法和固定比率法。采用正常交易法,在确定贷款或募股资金的特征时,要看关联方的贷款条件是否与非关联方的贷款条件相同,如果不同,则关联方的贷款可能被视为隐蔽的募股,要按有关法规对利息征税。运用固定比率法,如果公司资本结构比率超过特定的债务—股权率,则超过的利息不允许税前扣除,并将超过的利息视同股息进行征税。目前发达国家税务当局在实践中采用的方法与OECD提倡的这两种方法一致。

（六）防止滥用税收协定

国际税收协定滥用作为一种国际避税的一种常用方式,使得税收协定的缔约国,特别是收入来源地国家的税收权益严重受损。鉴于跨国纳税人不正当地使用或滥用国际税收协定所造成的不良后果,世界各国都十分注重采取相应措施来防止滥用国际税收协定现象的发生,以保护正当税收利益。就目前情况来看,在国际税收实践中,各国主要采取禁止法、排除法、透视法、征税法、渠道法和真实交易规定等系列方法来判定外国公司的身份以制止第三国居民纳税人滥用税收协定。

（七）限制避税性移居

为了防范本国居民出于避税目的而向国外移居一些国家采取了一些立法措施,对自然人或法人居民向国外移居加以限制。对自然人利用移居国外的形式规避税收负担的限制,有国家规定,必须属于真正的和全部的移居才予以确认,方可脱离与本国的税收征纳关系,而对部分的和虚假的移居则不予以确认。对法人利用变更居民或公民身份的形式规避税收负担的限制,由于各国对法人居民身份的判定标准不同,因此其限制法人移居的措施也就不同。法人居民身份的改变目前多数国家已按照"主要管理机构所在地"的原则掌握,有的国家并对"主要管理机构"的标准作了较详细的规定,但由于没有统一的口径,仍有一些漏洞存在。

以上这些措施尽管未能完全消除国际避税行为,但对于遏制跨国纳税人的避税行为起到了重要的作用,随着各国税法的完善、严密税收征管制度的建立和各国间协调与合作的加强,国际避税行为将得到进一步的限制。

第四节 国际转移价格

国际转移价格(international transfer pricing),也称为划拨价格、调拨价格、转让价格,是指跨国公司管理当局从其总体经营战略目标出发,为谋求公司利润的最大化,在跨国企业内部母公司与子公司之间、子公司与子公司之间购销商品或提供劳务时所确定的内部交易价格。国际转移价格是跨国纳税人避税的重要手段,这种价格通常不受市场供求关系变动的影响。

一、制定国际转移价格的动机

运用国际转移价格是跨国公司实现国际经营战略和全球利润最大化的重要手段。跨国公司从总体经营战略的角度出发,不仅考虑所承担的税负最少,还要考虑跨国公司在全球范围内的整体发展。

(一)避税动机

跨国公司运用国际转移价格的一个重要目标是使其全球税负最低。税负包括关税和所得税。世界上大多数国家对公司的营业利润要征收公司所得税,对进出口商品要征收关税,跨国公司集团从整体利益出发,对国际收入和费用要全盘考察,利用各关联企业所在国的所得税和关税税率的差异,通过内部转移价格使全球范围的关联企业在整体上税收负担最轻。

1. 降低所得税

为了达到避税的目的,跨国纳税人基本的策略是利用各国税收政策,特别是税收负担的不同,通过货物销售价格的人为改变,费用分担的人为调整,无形资产转移中特许权使用费标准的人为确定等手段,调高税率较低国家的关联企业的账面利润,同时降低税率较高国家关联企业的账面利润,从而将利润转移到税负较低的国家。这样,就达到了降低总体税负的目的。

2. 降低关税

一般情况下,跨国公司对设在高关税国家的子公司,以低的转让价格出售商品,降低子公司的进口额,以降低从价关税。而当向设在低关税国家的子公司出口商品时,往往调高转让价格,以很少的关税增加代价换取出口国公司收益的增加。

由于所得税和关税之间存在的矛盾,跨国公司在安排关联企业交易价格时不仅要考虑有关国家的公司所得税税率,还要考虑进口企业所在国的关税情况。对进口方来讲,较高的关税就会导致较低的所得税计税基础,较低的关税会导致较高的计税基础,那么用较低的转让价格向该国的关联企业出售产品就不一定有利。这就需要跨国公司在所得税和关税之间作出权衡,最终使整体税负达到最小。

一般而言,两国所得税的差异与关税的差异之间的相差程度越大,跨国公司利用转让定价对进出口货物价格进行调整能够逃避的税收就越多。由于跨国公司集团面临的所得税通常要比进口关税税率高,所以在制定转让价格时,所得税是优先考虑的主要因素,即采取较高的转让价格转移到所得税率高的国家。在有些情况下,进口国根据国际定价来课征进口税,这时,该进口税根据国际定价来课征进口税,此时该进口税因素对转移价格不会产生影响。

(二) 获得竞争优势

跨国公司的子公司遍布世界不同国家,当在一个国家新创立子公司时,跨国公司会通过转让定价来扶持在国外新创立的子公司。在子公司刚刚发展起步时,为了能在竞争中迅速占领市场,获得有利形势,母公司除了从资金和技术方面提供有力的支持外,通常会以尽可能低的价格向新创立的子公司供应所需产品、原料,提供劳务,并同时抬高它产出商品的转让价格,从而夸大报告的收益和财务状况,树立良好的财务形象,进而有利于该子公司获得在当地投资的机会,削弱竞争对手的机会,控制当地市场,提高自身的竞争力。短期内该跨国公司其他的子公司可能会因此降低利润,甚至会带来跨国公司整体利润水平的暂时下降,但从长远来看,新创立子公司的迅速发展会给企业整体带来更大的收益。当然,从子公司内部来看,如果长期受到母公司的扶持,就会缺少竞争压力,使管理者产生依赖的思想,有可能不利于公司长期发展。

(三) 降低风险

跨国经营使企业的风险大大增加,而通过内部转移价格可在一定程度上避免风险,保持稳定的经营环境。为避免汇率波动的风险,跨国公司通过转移价格,在公司内部支付时间上作变动和调整,采用提前支付款项或推迟支付款项,以避免或减少外汇风险。此外,如果跨国公司某子公司所在国存在政治动荡的风险,那么它应尽可能快地将资本转移出去,转移价格有助于转移资本。

(四) 避免东道国的管制

东道国通常会对国内的外国企业施加种种管制措施,而作为跨国公司,则可以利用转移价格来有效地绕过管制措施。多数发展中国家为了保持国际收支平衡,都对外汇的自由流动加以严格限制,但对国际贸易中外汇支付的限制措施则相对轻松。于是,跨国公司可以利用转移价格,以贸易支付的形式绕过外汇管制,调出红利。为了避免跨国公司把大量资金抽回,许多东道国都对外国资本及利润汇回母国有时间上、金额上或税收上的限制,但对贷款和利息的汇出则无限制。跨国公司可以利用高转移价格向东道国子公司发货,将资本由子公司调回母公司。跨国公司可以利用高利贷方式,由子公司支付高额利息的途径将资金抽回。东道国政府为限制跨国公司在当地的经济活动,保护本国市场,维护本国居民的合法权益,大多会实行市场价格控制政策,并制定了反倾销法和反垄断法。跨国公司可以利用低转移价格,降低当地子公司成本来占领东道国市场。

除了上述动机外,跨国公司为了从合资企业中得到更多的利益,往往利用转移价格,减少该公司过高的利润,尽量在分配前将大部分利润转移到母公司或其他子公司。因为合资企业的利润必须根据合资各方出资比例分配,而且当合资企业经营效益很好时,产生的利润过高可能招致新的竞争者加入,也可能诱发员工要求增加工资及福利待遇。

二、国际转移价格的表现形式

国际转移价格在形式上不仅包括有形产品的转移价格,还包括无形产品的转移价格。具体来说跨国公司常用的国际转移价格的表现形式有以下几种:

(一)货物价格

在跨国公司的转移价格中,通过货物价格转移收入和费用占很大比重。货物价格包括生产过程中的原材料、零部件、中间产品、制成品和机器设备等。跨国公司通过对原材料供应与产品销售实行"低进高出"或"高进低出",使货物转移价格高于或低于正常交易原则下的市场价格,把收入转移到低税负方,把费用转移到高税负方,从而实现利润的转移,使跨国公司总体税负最小。

(二)劳务价格

在跨国公司体系中,除了产品外,还有不合常规劳务报酬的转移收入方式。例如,母公司与子公司之间以及子公司与子公司之间提供劳务时,不按照常规计算收入,收取高额或低额的服务费用,从而达到避税的目的。

(三)特许权使用费

通过对无形资产转让收取特许权使用费的价格操纵,母子公司互相对成本和利润施加影响。由于特许权使用费具有很大的不可比性,很难掌握其真实的价格,所以跨国公司可以在这方面灵活使用。

(四)贷款利息

在母公司对子公司的投资过程中,贷款相对于参股具有更大的灵活性。因为子公司用股息形式偿还母公司的投资,在纳税时不能作为费用扣除,但支付的利息则可作为费用扣除。母公司可以根据子公司情况确定利率的高低,以达到一定的目的。有些资金比较宽裕或贷款来源多的公司,若其税负相对较重,可采用低息贷款甚至无偿借款或支付预付款的方式将资金提供给跨国公司内部其他公司使用,这样,这部分资金需要支付的利息主要或全部由提供资金的公司负担,从而增加了高税率公司的成本,减轻了跨国公司的总体税负。

(五)租赁费

租赁费作为转移价格的一种形式,近年来获得了迅速的发展。利用有形资产租赁,通过较低的租赁费用可在跨国公司内部将一个公司的资产转移给另一个公司,影响其利润水平,实现其经营目的。

（六）管理费

向子公司索取过多的管理费用或额外将母公司自身的管理费用分摊入子公司的管理费用内,以此减少子公司的利润。

此外,在母公司与子公司之间或子公司与子公司之间人为地制造坏账损失、赔偿等,可以增大子公司的费用支出。通过控制固定资产的出售价格和使用年限,也可以影响跨国公司内部的成本水平。

第五节　国际税收筹划

国际纳税筹划(international tax planning)是指跨国纳税人利用两个或两个以上国家的税法和国际税收协定的差别、税法漏洞、税法特例和税法缺陷,采取变更经营地点或经营方式等公开的合法手段,规避或减轻纳税义务以达到全球税收负担最小化目的所作出的筹谋、策划。国际纳税筹划的目的是使跨国纳税人对外经济活动的所有管辖区的总所得实现最大化。

一、国际纳税筹划的特点

1. 国际纳税筹划是一种跨越国境的纳税筹划

跨越国境是指纳税人从一国税收管辖权范围内脱出,转移到另一国税收管辖权范围之内,或者置于两国税收管辖权范围均顾及不到的真空地带,来规避或减轻纳税负担。世界各国在税种设置、课税范围、税率高低以及税收征管手段等方面都存在很大差异。这样,跨国投资者通过对各国税法和国际税收协定的研究,利用其中的某些差别、漏洞、特例和缺陷,可以达到规避或减轻税收负担的目的。

2. 国际纳税筹划具有非违法性

税收筹划(tax planning)是指在税法规定的范围内,如果有多种纳税方案可供选择,纳税人则以税收负担最低的方式来处理财务、经营和交易等事项。国际避税与税收筹划很难区分,两者均不违反法律,但是避税和纳税筹划也有差别,前者虽不违法,但属于钻税法的空子,有悖于国家的税收政策导向,而后者是完全合法的,甚至是税收政策予以引导的,所以执法部门对待避税和税收筹划的态度并不相同。

二、国际纳税筹划的条件

（一）各国税收管辖权的差异

1. 两国同时实行居民管辖权

由于税收管辖权的不统一,使纳税人有机会逃避税收管辖权。同时实行居民管辖权的国家,由于法律确认居民身份的标准不同,容易为国际纳税筹划创造条件。比如在确定法人居民时,有的国家采用登记注册标准,有的国家采用总机构标准,还有的国家采用实际管理中心标准,这就为避税创造了条件。像英国是以实际管理机构认定法人居民身份,加拿大以注册地为标准。若有一家跨国公司在英国注册成立,而实际管理机构设在加拿大,那么该跨国公司按照加拿大和英国的国内法,都被判断为非居民。这样,该跨国公司就可以成功地在两国均逃避税收义务。

2. 两国同时实行地域管辖权

两国同时实行地域管辖权,由于有关国家采用的收入来源地标准不同,也可能形成真空地带,为避税提供可乘之机。目前,各国对于所得范围及其来源的判断不尽一致。有的国家规定某一所得属于所得税的征税范围,而有的国家则规定不征税。对于同一类所得,一国可能采用一种标准确定其来源地,另一国则可能采取另一种标准确定其来源地。

3. 一国实行居民管辖权,另一国实行地域管辖权

实行居民管辖权的国家,只要该跨国纳税人不是该国居民,就不向其行使征税权,实行地域管辖权的国家,只要该项收入不是来源于本国,也不进行征税。因此,一国实行居民管辖权,另一国实行地域管辖权,则更可能发生避税情形。

(二) 税收负担的差异

世界各国税收制度并非千篇一律,由于课税的程度和方式、税率、税基、税收优惠措施在各国间的不一致,导致各国(地区)或多或少存在税收负担上的差别,这就为国际纳税筹划提供了可能性。例如,美国为鼓励其企业对外投资,规定其跨国公司在国外的公司取得收入,在汇回美国之前,可以免缴公司所得税,只有当这笔所得汇回美国以后,才缴纳公司所得税。因此,有一段时间,几乎60%的美国海外子公司都拒绝将海外盈利汇回美国,造成大量避税。

(三) 税收征管水平高低

世界上许多国家虽然在税法上规定的纳税义务比较重,但实际操作中,有些国家的税收征收管理比较科学严密,征管人员素质也比较高,国际避税比较困难,而另一些国家征收管理水平低下,税负名高实低。对国际纳税筹划来说,这些差别是十分重要的。各国针对国际纳税筹划采用各自不同的征税筹划办法,这种征税筹划方法上的差异形成了纳税筹划的条件。

(四) 免除国际重复征税方法不同

各国从合理调整税收负担,充分运用国际资金方面考虑,都采取了免除国际双重征税的措施。但是,各国往往选择于自己有利的方法,有些国家采用免税法,有些国家采用抵免法;有些国家采用分国抵免限额,有些国家采用综合抵免限额,这就诱发了国际纳税筹划,使跨国纳税人有了可乘之机。

除了税收本身存在国际纳税筹划产生的因素外,像通货膨胀的刺激、技术进步的影响、外汇管制与住所的影响等非税因素也能刺激国际纳税筹划的发生。

三、国际环境下的纳税筹划

如前所讨论,国际经营的税收很复杂,各国的税收环境都不相同,国际纳税筹划要求跨国公司在决定进入外国市场和选取经营地点时充分考虑税收因素。当然,由于跨国公司总部的人通常不熟悉外国当地的税收法规,往往需要在各国当地获得税收和法律的帮助。

(一) 选择进入外国市场的方法

跨国公司选择进入外国市场的方法有出口货物、劳务或技术、设立分公司、设立子公司等方式。

1. 出口货物、劳务或技术

在出口货物或劳务时,跨国公司必须决定是从母公司所在国还是从国外提供货物或劳务,要考虑设立一家外国销售办事处的收益。如果一家公司允许技术输出,还需要关注预提税和有关的税收协定。

2. 设立分公司

设立分公司在国外经营可以获得一些独特收益,因为总分公司需要就其世界范围内的所得合并计算征收所得税,母公司可以用分公司的损失来抵销母公司的应税收入。分公司汇回利润不用像子公司那样缴纳预提税。

3. 设立子公司

外国子公司最主要的税收优惠是利润直至汇回母公司所在国时才在母公司所在国纳税。因为子公司的损失不能抵销母公司的收入,所以子公司这种组织形式在创办几年后,经营盈利时会更有价值。

(二) 选择外国经营地点

外国经营地点的选择主要受税收抵免、税率和税收协定等税收因素的影响。为鼓励投资的税收抵免通常包括各种形式的免税期,比如巴西政府为在贫困地区投资的公司提供了 10 年的免税期。墨西哥的东北地区和亚马逊地区不对外国投资者提供免税期,但对在城市地区以外的地方投资的外国公司提供税收抵免。税收抵免可以实质性减少一个投资项目需要的现金流,从而增加项目的净现值。这种税收措施可以改变一项投资决策的时间选择。税收协定对与股息、利息、特许权使用费的预提税相关的现金流也有非常重要的影响,能帮助投资者合法选择经营地。例如,美国和英国之间的预提税税率是 15%,根据双边协定,双方都与荷兰有一个预提税税率为 5% 的协定。一家美国公司可以在荷兰建立一家控股公司接受来自英国的股息,适用预提税税率 5%,荷兰公司再将股息汇回美国,适用预提税税率也是 5%,这和美国和英国之间 15% 的预提税相比,可以提高外国投资者的现金流。

要说明的是,在跨国纳税人的最终决定中,税收考虑不能与其管理控制和其他相关问题产生冲突,应在不会因取得税收利益影响其全球经营战略的实施的情况下,实现减轻总体税负的目标。

本 章 小 结

国际税收和跨国经营关系非常密切,由于各国的税种和税制存在很大区别,各国税收管辖权的重叠行使造成国际双重征税的问题,为避免对来源于外国的所得双重征税,可采用抵免和扣除以及税收协定法。跨国公司往往会利用各国税法上的疏漏或税法规定的优惠政策,在各国税收法规和有关税收协定条款许可的范围内,运用变更经营地点或经营方式等合法手段,使用各种方法来达到避税的目的。运用国际转移价格是跨国公司实现国际经营战略和全球利润最大化的重要手段,跨国公司从总体经营战略的角度出发,不仅考虑所承担的税负最少,还要考虑跨国公司在全球范围内的整体发展。针对跨国纳税人利用国际避税港和其他方式的避税活动,各国政府采取了健全税务立法和加强税务管理,加强政府间的双边或多边合作等种种反避税措施,用以消除和制止国际避税行为。跨国公司在进行对外投资决策时,要考虑到国际税收问题,进行国际环境下的纳税筹划。

练习题与文献阅读

(一) 单项选择题

1. 国际税收的本质是(　　)。
   A. 国家之间的税收关系　　　　　　B. 对外国居民征税
   C. 涉外税收　　　　　　　　　　　D. 国际组织对各国居民征税
2. 国际双重征税扩大化问题主要源于(　　)。
   A. 国家间税收管辖权的冲突　　　　B. 跨国纳税人的形成
   C. 直接投资的增多　　　　　　　　D. 国际法的复杂程度
3. 下列地区中,属于国际上著名避税港集中地的是(　　)。
   A. 靠近美国　　　　　　　　　　　B. 靠近亚洲
   C. 靠近非洲　　　　　　　　　　　D. 靠近中国
4. 当一国企业对外投资设立分支机构时,通常会产生的不利因素是(　　)。
   A. 法律手续比较复杂
   B. 不能享受当地政府为独立公司提供的减税优惠
   C. 不容易实施转让定价
   D. 分支机构在初期发生营业亏损时不能冲减投资者的总利润
5. 税收协定的受益人是(　　)。
   A. 缔约国政府　　　　　　　　　　B. 缔约国居民
   C. 非缔约国居民　　　　　　　　　D. 缔约国税务当局
6. 免除国际双重课税的最佳方法是(　　)。
   A. 减免法　　　　　　　　　　　　B. 扣除法
   C. 免税法　　　　　　　　　　　　D. 抵减法
7. 一家依美国法律登记注册的美国公司,其实际管理和经营控制中心设在邻国加拿大,则该公司应该(　　)。
   A. 只向美国纳税
   B. 既向美国交税又向加拿大纳税
   C. 只向加拿大纳税
   D. 不成为跨国纳税人,但应向美国纳税
8. 发展中国家偏重于选择的税收管辖权是(　　)。
   A. 居民税收管辖权　　　　　　　　B. 来源地税收管辖权

C. 公民税收管辖权　　　　　　　　D. 居民和公民税收管辖权

9. 一个国家或地区要成为避税港,一般无需具备的条件有( )。

　　A. 无税或低税政策　　　　　　　B. 政治上相对稳定

　　C. 便利跨国投资者出入境　　　　D. 远离高税国

10. 一居住在英国5年的美国公民仅有来自中国的收入,则他应该( )。

　　A. 只向英国纳税

　　B. 只向美国纳税

　　C. 只向中国纳税

　　D. 既向中国纳税又向英国纳税,同时向美国纳税

(二)思考题

1. 什么是国际税收?国家税收和国际税收有哪些区别?
2. 试评价避免国际双重课税的三种基本方法。
3. 跨国公司的转让价格的制定方法有哪些?各有什么优缺点?
4. 管理会计人员在跨国公司转让价格制定中的作用如何?
5. 跨国纳税人应如何进行国际环境下的税收筹划?

(三)文献阅读

1. 王松年主编.国际会计前沿(第三版).上海:上海财经大学出版社,2010.
2. 张小峰.转让定价的税收影响及其税收设计.哈尔滨商业大学学报,2013(3).
3. 王申亮.外资企业转让定价避税策略探究.财经界,2013(20).

教学支持说明

▶▶ 课件申请

尊敬的老师:

您好!感谢您选用清华大学出版社的教材!为更好地服务教学,我们为采用本书作为教材的老师提供教学辅助资源。鉴于部分资源仅提供给授课教师使用,请您直接手机扫描下方二维码实时申请教学资源。

任课教师扫描二维码
可获取教学辅助资源

▶▶ 样书申请

为方便教师选用教材,我们为您提供免费赠送样书服务。授课教师扫描下方二维码即可获取清华大学出版社教材电子书目。在线填写个人信息,经审核认证后即可获取所选教材。我们会第一时间为您寄送样书。

任课教师扫描二维码
可获取教材电子书目

 清华大学出版社

E-mail: tupfuwu@163.com	网址: http://www.tup.com.cn/
电话: 8610-62770175-4506/4340	传真: 8610-62775511
地址: 北京市海淀区双清路学研大厦B座509室	邮编: 100084